BREVIÁRIO
MAÇÔNICO

Para o dia a dia do Maçom

Proibida a reprodução total ou parcial desta obra, de qualquer forma ou por qualquer meio eletrônico, mecânico, inclusive por meio de processos xerográficos, incluindo ainda o uso da Internet sem a permissão expressa da Madras Editora, na pessoa de seu editor (Lei nº 9.610, de 19.2.98).

Rizzardo da Camino

BREVIÁRIO MAÇÔNICO

Para o dia a dia do Maçom

MADRAS®

© 2024, Madras Editora Ltda.

Editor:
Wagner Veneziani Costa (*in memoriam*)

Produção e Capa:
Equipe Técnica Madras

Revisão:
Natalia Gela

Dados Internacionais de Catalogação na Publicação (CIP)
(Câmara Brasileira do Livro, SP, Brasil)

Camino, Rizzardo da, 1918-2007.
Breviário maçônico/Rizzardo da Camino. – 8. ed. – São Paulo: Madras, 2024.

ISBN 978-85-370-0292-6

1. Maçonaria 2. Maçonaria - Rituais
3. Maçonaria - Simbolismo I. Título.
07-8525 CDD-366.12

Índices para catálogo sistemático:
1. Maçonaria: Simbolismo: Rituais:
Sociedades secretas 366.12

Proibida a reprodução total ou parcial desta obra, de qualquer forma ou por qualquer meio eletrônico, mecânico, inclusive por meio de processos xerográficos, incluindo ainda o uso da Internet sem a permissão expressa da Madras Editora, na pessoa de seu editor (Lei nº 9.610, de 19.2.98).

Todos os direitos desta edição reservados pela

MADRAS EDITORA LTDA.
Rua Paulo Gonçalves, 88 – Santana
CEP: 02403-020 – São Paulo/SP
Tel.: (11) 2281-5555 – (11) 98128-7754
www.madras.com.br

Desenvolver o hábito da leitura diária não é tão fácil como possa parecer; contudo, o Maçom deve decidir com firmeza e enquanto não puder caminhar com as próprias pernas, deve usar de muletas.

A comparação, talvez, não seja prosaica, mas é uma realidade; assim, esperamos que as "gotas" que oferecemos, despretensiosamente, possam servir, como se fossem doses homeopáticas de incentivo e alento.

Devemos alertar que não é suficiente a leitura apressada. Sente o Irmão Leitor em sua poltrona predileta, proceda à leitura, se possível com um fundo musical e um incenso aceso, e depois cerre as pálpebras e repense sobre a mensagem que lhe enviamos.

A nossa colaboração é muito modesta; no entanto, é válida porque é oferecida com amor fraterno; relevem os leitores as falhas, os erros e as imperfeições.

Fazemos votos que o nosso esforço tenha sido útil; deixamos nosso amplexo fraternal.

O Autor

ÍNDICE

Apresentação 19
Abóbada Celeste 20
Abóbada Sagrada 21
Abóbada de Aço 22
A Bolsa de Beneficência 23
Bolsa de Proposições e Informações 24
Abraço 25
A Acácia 26
Adormecer 27
Adornos 28
O Fogo 29
A Água 30
Águia 31
O Ar 32
Ajoelhar 33
Akasha 34
A Alavanca 35
A Alegoria 36
Alfa e Ômega 37
A Alquimia 38
A Alma 39
O Altar 40
A Ambição 41
Anúncios 42
A Anoia 43

ÍNDICE

Os Anjos 44
O Ângulo 45
A Âncora 46
A Amizade 47
O Amém 48
O Altruísmo 49
O Aprendiz 50
A Arca 51
Arqué 52
Arquétipo 53
Arte Real 54
Assiduidade 55
Assistência 56
O Astral 57
Astrologia 58
O Átrio 59
AUM 60
Aumento de Salário 61
Ausência 62
Autoridade 63
O Avental 64
A Balança 65
O Balandrau 66
O Barro 67
Os Bastões 68
A Bateria 69
O Batismo 70
A Beleza 71
A Beneficência 72
A Bíblia 73
Bom Pastor 74
Bom – I 75

Bom – II	76
O Buril	77
A Cadeia de União – I	78
A Cadeia de União – II	79
O Cálice	80
A Calúnia	81
A Câmara das Reflexões	82
O Caos	83
Cargos	84
A Caridade	85
Carisma	86
O Casamento	87
Caverna	88
Censura	89
O Centro da Loja	90
Cerimônia	91
A Chamada Ritual	92
Chave	93
Christós	94
Civismo	95
O Compasso	96
O Comportamento	97
A Concentração	98
A Consagração	99
A Consciência	100
Consentimento Unânime	101
Constituições	102
Construção do Templo de Salomão	103
Contemplação	104
O Coração	105
A Coragem	106
O Cordeiro	107

ÍNDICE

A Coroa	108
A Crença	109
O Cristianismo	110
A Cruz	111
O Culto	112
A Cultura	113
Debhir	114
Debates	115
A Defesa	116
A Maçonaria	117
Decadência	118
O Defumador	119
Degrau	120
O Delta Luminoso	121
Desbastar	122
O Destino	123
O Dever	124
O Diabo	125
Dimensão	126
O Dois	127
O Domínio	128
O Donativo	129
A Doutrina	130
O Ego	131
A Egrégora	132
A Eliminação	133
O Encerramento	134
A Enfermidade	135
Enigma	136
O Entablamento	137
Era Maçônica	138
Escada	139

A Escada de Jacó	140
Escola	141
A Escravidão	142
As Escrituras	143
O Escrutínio	144
A Escuridão	145
Esotérico	146
A Espada	147
A Especulação	148
A Esperança	149
A Espiga	150
O Espírito	151
A Espiritualidade	152
A Esquadria	153
O Esquadro	154
A Estabilidade	155
Estar a Coberto	156
A Estrela Flamígera	157
O Estudo	158
A Evolução	159
O Êxtase	160
Família	161
Fanatismo	162
A Fatalidade	163
A Felicidade	164
A Ferramenta	165
A Filantropia	166
Os Filhos da Luz	167
Filosofia	168
Fio	169
As Flechas	170
A Foice	171

ÍNDICE

A Fortaleza 172
A Fraternidade 173
A Fumigação (o incenso) 174
O Fumo 175
A Letra G 176
O Galo 177
A Genuflexão 178
O Graal 179
O Grão-Mestre 180
Os Graus 181
A Gruta 182
A Harmonia 183
A Hierarquia 184
A Honra 185
O Horário Maçônico 186
Hospitaleiro 187
A Hospitalidade 188
Humanidade 189
A Humildade 190
"Huzzé" 191
A Idade 192
O Ideal 193
A Idolatria 194
Igreja 195
Igualdade 196
Imoralidade 197
Imortalidade 198
Inconsciente 199
O Inefável 200
O Infinito 201
A Iniciação 202
Iniciado 203

Inovações	204
Inquietude	205
Insígnias	206
Tolerância	207
A Inveja	208
O Irmão	209
Israel	210
Justo e Perfeito	211
Labor Maçônico	212
Lágrimas	213
A Lâmpada	214
A Lealdade	215
As Leis	216
Lema	217
As Lendas	218
Levantar Colunas	219
Liberdade	220
Os Lírios	221
O Livre-Arbítrio	222
Livre e de Bons Costumes	223
O Livro	224
O Livro dos Sete Selos	225
O Livro Sagrado	226
Lógica	227
A Lua	228
As Luvas	229
A Luz	230
O Maço	231
Maçonaria	232
A Magia	233
Magnetismo	234
O Maná	235

ÍNDICE

Manto	236
O Mantra	237
As Mãos	238
A Marcha	239
O Materialismo	240
Medalhas	241
Meio-dia	242
Membro de uma Loja Maçônica	243
O Mestre	244
Mestre da Grande Obra	245
O Mestre de Cerimônias	246
Mestre Instalado	247
Metempsicose	248
O Milagre	249
Minerva	250
O Misticismo	251
Moisés	252
A Moral	253
A Morte	254
Mulher na Maçonaria	255
A Música	256
A Natureza	257
Neófito	258
"Ne Varietur"	259
O Nível	260
A Nobreza	261
O Novel Irmão	262
A Nudez	263
Números	264
Obediência	265
O Ocultismo	266
Oficinas	267

"Old Charges"	268
O Olho	269
A Oração	270
Ordem Maçônica	271
Ordens de Arquitetura	272
Oriente	273
Orla Dentada	274
Orvalho	275
O Ósculo	276
O Ouro	277
A Paciência	278
Padrinho	279
O Painel	280
A Paixão	281
A Palavra	282
Paramentos	283
Pavimento de Mosaicos	284
Pedra	285
A Pedra Bruta	286
Peixe	287
O Pelicano	288
O Pensamento	289
O Pentagrama	290
A Percepção	291
O Perdão	292
Perfeição	293
O Perfume	294
O Perigo	295
O Perjúrio	296
A Perpendicular	297
A Personalidade	298
Pesquisas	299

ÍNDICE 15

A Pobreza	300
O Ponto	301
Porta	302
Prana	303
A Prece	304
A Predição	305
Profanar	306
Profecia	307
Programas	308
O Progresso	309
O Proponente	310
As Propostas de Candidatos	311
O Proselitismo	312
Provas	313
A Providência	314
A Prudência	315
O Prumo	316
A Psicanálise	317
A Psicologia	318
A Punição	319
A Pureza	320
Qualidades de um Candidato	321
Os Querubins	322
Rabi	323
Ramalhete de Flores	324
Razão	325
Receber a Luz	326
Recepção	327
O Recipiendário	328
Reconhecimento Conjugal	329
Reconhecimento Litúrgico	330
Recreação	331

Recrutamento	332
A Recusa	333
Reencarnação	334
A Reflexão	335
A Régua das 24 Polegadas	336
Regularidade	337
A Religião	338
Renascimento	339
Reserva Mental	340
A Retidão	341
A Retórica	342
Rocha	343
As Romãs	344
A Rosa	345
Rosa-Cruz	346
A Sabedoria	347
Sacerdote	348
Saco de Beneficência	349
Sacrifício	350
Sacrilégio	351
Sagração	352
Sagrado	353
O Sal	354
A Sala dos Passos Perdidos	355
O Salário	356
Os Salmos	357
"Sanctum Sanctorum"	358
São João	359
O Selo	360
O Setentrião	361
O Sol	362
O Som	363

ÍNDICE

A Terra.. 364
A Torre de Babel... 365
O Trono do Venerável Mestre... 366
O 1º e 2º Vigilantes... 367
O Zodíaco... 368
Santo... 369
A Saudação... 370
Saúde.. 371
Sefirot... 372
O Segredo... 373
O Selo de Salomão.. 374
Os Sentidos.. 375
A Serpente.. 376
Sereníssimo.. 377
O Silêncio... 378
O Simbolismo.. 379
Sinal.. 380
O Socorro... 381
O Sofismo... 382
A Solidariedade... 383
Solstício.. 384

APRESENTAÇÃO

Apresentamos aos leitores maçônicos um "livro de bolso", que reputamos possa ser útil, tanto como elemento de meditação diária como conhecimento, quase em forma de dicionário e com amplo índice.

Nem sempre é possível proceder a uma longa leitura diária; afora os periódicos do dia e a documentação que nos passa pelas mãos, torna-se difícil, apenas como deleite, nos entregarmos à leitura de um livro.

Assim, formado o hábito de ler uma página por dia, teremos motivação para o recolhimento de alguns minutos com a finalidade de "repensar" o que se leu e ter um incentivo para não vacilarmos no trato com a Arte Real.

A meditação é um exercício necessário para robustecer a mente; possuindo um meio fácil que impulsione o exercício, muito lucraremos.

A vida moderna, em especial para os Maçons, causa um desgaste imenso, e para recompormos nossa psique não basta assistirmos semanalmente aos trabalhos da Loja.

O alimento que ingerimos para subsistir é diário; o organismo o necessita e, em hora mais ou menos certa, entregamo-nos às refeições.

Porém a vida exige muito mais; um alimento espiritual que complete, assim, a nossa ansiedade de bem-estar.

Além de viver, precisamos "evoluir" em conhecimento e sabedoria e, só assim, nos completaremos.

1º de janeiro

ABÓBODA CELESTE

O teto de cada Loja possui uma abóboda refletindo todo o firmamento; obviamente, essa abóboda é simbólica e nos induz a meditar que devemos "olhar para cima" nos momentos de angústia; não buscando soluções nas estrelas, mas erguer o olhar ao alto, onde está o mistério.

A ciência evolui e o homem "chegará lá", nesse universo do Cosmos, embora por mera "curiosidade", porque esse conhecimento anunciado de nada nos valerá para a praticidade da vida.

Cada um de nós tem a liberdade de visualizar a sua abóboda celeste maçônica; nesses momentos de meditação, devemos nos convencer de que no "mais além" há uma Inteligência; Deus ou o Grande Arquiteto do Universo, além de estar em nós, situa-se, com toda certeza, nesse "além", onde o homem deseja encontrá-lo.

Para alcançarmos o Grande Arquiteto do Universo não precisamos de naves espaciais, mas instruir nossa mente para que desenvolva pensamentos adequados. O pensamento é mais veloz que qualquer nave espacial e alcança o infinito e o desconhecido com extrema facilidade.

Basta educar a mente – e essa educação se inicia com o hábito da meditação. A abóboda celeste nos conduz a essa meditação. Em Loja, não sejam raros os momentos de contemplação do alto. Está ao alcance de nossa visão.

2 de janeiro

ABÓBODA SAGRADA

Quando em meditação fechamos os olhos e "chamamos" junto a nós, dentro de nós, o Firmamento. Nele, de imediato nos encontramos e passamos a conviver com os astros e com tudo o que povoa o firmamento, até os lugares desconhecidos, passando pelos buracos negros, até encontrarmos a razão de ser da nossa existência.

É a abóboda celeste de nosso universo de dentro.

Imersos na imensidão profunda, podemos encontrar surpresas, ainda mais se formos sensíveis à espiritualidade.

Como "subimos" para o universo, podemos descer nas profundezas dos oceanos.

Nossa mente é algo que está em nós, mas não conseguimos explorá-la.

Busquemos a velha poltrona; sentemo-nos, fechemos os olhos sentindo nossas pálpebras pesando.

Penetraremos no místico Templo interno e assim, embevecidos e deslumbrados, sentiremos o poder do Grande Arquiteto do Universo que nos projetou e construiu para a sua própria glória.

Nos momentos de desânimo, busquemos esse firmamento de dentro e teremos de imediato a resposta ansiosamente esperada.

3 de janeiro

ABÓBODA DE AÇO

A espada faz parte dos objetos usados pelos maçons, constituindo-se em símbolo que contém vários significados, como a justiça, a força e a proteção.

É formada, manejando os maçons que ocupam a câmara do meio, a sua espada, erguendo-a sobre a cabeça do irmão que lhes está à frente, cruzando com sua espada, pelas pontas, formando, assim, um túnel, sob o qual adentram ao Templo as Dignidades.

O maçom que adentra no Templo, sob a abóbada de Aço, recebe vibrações tão intensas que se fortalece e obtém proteção por muito Tempo.

As espadas juntadas pelas pontas ao centro do círculo atraem, por meio da força do aço, toda a energia mística, como se fora um imã a recolher as influências cósmicas.

Quando o maçom sentir-se frágil, feche os olhos e atraia a si essa abóbada e passe por ela, invocando a força do aço e sentirá de imediato a energia que lhe está fazendo falta.

Assim pensando, transforma-se o maçom em dignitário e, nessa condição, as benesses lhe serão mais valiosas.

4 de janeiro

A BOLSA DE BENEFICÊNCIA

A segunda bolsa é conduzida pelo hospitaleiro, que também faz o giro obedecendo à hierarquia funcional; oferece a bolsa aos Irmãos sem olhar para a mão que coloca o óbulo.

Contribuir financeiramente para a beneficência é um dos deveres mais sérios de todo maçom, uma vez que, junto com seu óbulo lança os seus "fluidos espirituais", que imantam os valores, dando àqueles que os receberem como caridade muito mais que valor material.

Quando colocamos nosso óbulo devemos visualizar o destinatário, enviando-lhe nosso carinho e votos de prosperidade. Nesses instantes decorridos com o giro, o maçom deve procurar estar em meditação, valorizando assim o seu gesto altruístico.

Não se exigem valores, mas qualidade! Uma simples moeda imantada pode resolver o mais grave problema financeiro; não esqueçamos do óbulo da viúva, nem da multiplicação dos pães e peixes.

Tudo é possível dentro de uma Loja, uma vez que ela é aberta sob os auspícios do Grande Arquiteto do Universo, que é Deus.

O "mais bem-aventurado o que dá, que o que recebe", é um preceito bíblico que deve estar sempre em nossa mente.

Não devemos apenas doar as sobras, mas aquilo que nosso coração determinar.

5 de janeiro

A BOLSA DE PROPOSIÇÕES E INFORMAÇÕES

O Mestre de Cerimônias, "girando" pela Loja, oferece uma bolsa aos presentes, obedecendo à hierarquia funcional, recolhendo propostas, sugestões, bilhetes, bem como prestando informações, evidentemente, por escrito.

É o modo prático de comunicação entre o Venerável Mestre e os Membros do quadro.

Essa comunicação não exige resposta imediata, uma vez que, após o giro, a bolsa é aberta e a sua coleta devidamente ordenada para apreciação oportuna.

Essa prática caracteriza um ato de democracia, quando todos têm o direito de manifestação, seja por via oral ou escrita.

O maçom pode, oportunamente, comentar sobre as suas informações, resguardando, se o desejar, a reserva.

O Venerável Mestre, quando não habilitado a responder a qualquer proposição ou informação, providenciará para obtê-las, seja nomeando comissões, seja buscando "luzes" com o Grão-Mestrado.

Todos os presentes, contudo, têm o dever de colocar a sua mão dentro da bolsa, mesmo sem apresentar qualquer escrito; é uma demonstração de igualdade, outra expressão democrática, devemos "aderir" a essa prática; será nossa útil colaboração para com a Loja.

6 de janeiro

ABRAÇO

Entre os maçons, quando do encontro, além do aperto de mão caloroso, há o fraternal tríplice abraço.

Porque chamaria muita atenção, esse abraço tríplice é dado apenas nas dependências da Loja.

Trata-se de um cerimonial místico, culminando pelas "pancadas" dadas nas costas.

É uma postura dinâmica com reflexos espirituais, relembrando o significado da trilogia, os juramentos feitos e recordando que, após a cerimônia da Iniciação, recebeu do Venerável Mestre o seu primeiro tríplice abraço.

Entre os dois Irmãos há uma permuta de energias, de extremoso amor fraterno, de sentir o "corpo a corpo" benéfico, simbolizando a união de todos os maçons que se encontram em suas respectivas Lojas.

Quando no mundo profano, dada a impossibilidade desse abraço, afora os que não se importam de enfrentar a crítica, o maçom não estará só; sempre encontrará alguém de sua família a lhe dar forças nos momentos de desânimo e tristeza.

Essas benesses devem ser cultivadas por todos os maçons, reforçando, assim, a própria Ordem.

7 de janeiro

A ACÁCIA

Entre nós, existem para mais de 300 espécies de acácias que se encontram nos bosques e nas cidades, nos jardins e nas floriculturas.

Trata-se de uma espécie facilmente identificável pelo formato de suas folhas, pequenas que preenchem um ramo, como se fosse uma espinha de peixe, ora mais delicadas, ora mais robustas, variando também a coloração, apresentando uma gama de verdes.

Toda acácia floresce e suas flores perfumadas são consideradas melíferas, atraindo as abelhas.

Quando notamos alguma árvore e a identificamos como acácia, de imediato o maçom terá sua mente atraída para sua Loja, para seus Irmãos, pois a acácia é um símbolo poético dos mais expressivos.

O maçom que possuir uma espécie de acácia em seu terreno terá motivação permanente para identificar-se com sua Loja.

Para os antigos, a acácia era um emblema solar, porque as folhas acompanham a evolução do Sol e param, retraindo-se quando inicia o ocaso; a flor imita o disco solar, com a sua "plumagem".

Lendariamente, é imputrescível, dando ideia de eternidade. Em junho, quando floresce, o maçom sempre traz um ramo para ornamentar seu lar, colocando-o em um vaso onde dura várias semanas.

8 de janeiro

ADORMECER

"Estar adormecido" significa o maçom afastado de sua Loja.

Cremos, porém, que esse "adormecer" tem várias nuances, como por exemplo: "estar sonolento", nem desperto nem em sono.

O maçom que se afasta de seus Irmãos e de sua Loja estará dando um passo impensado e cruel, uma vez que, com sua ausência, atingirá toda a Loja, rompendo a Cadeia de União, por ser ele um elo indispensável; sua ausência "enlutará" sua comunidade.

O maçom afastado sofre desgaste espiritual; mesmo que não se dê conta disso, o seu templo interior estará vazio e, assim, não poderá, em união, louvar o Senhor.

Mesmo que surjam divergências entre os Irmãos, o afastamento prejudicará a quem se afasta; os demais suprirão a ausência com a admissão de novos maçons.

A Loja não precisa de nós; nós é que necessitamos do convívio permanente.

Se você está afastado, por qualquer motivo, retorne e encontrará uma plêiade de Irmãos prontos a abraçá-lo.

Não interrompa o destino; participe da comunhão dos santos, da corrente da Fraternidade.

Coragem!

9 de janeiro

ADORNOS

O símbolo, em si, também pode ser considerado um adorno; porém, especificamente, considera-se adorno o objeto que é usado sobre o corpo do maçom, como o avental, a faixa, o colar, as comendas e outras alfaias.

Esses adornos diferem de rito para rito e de grau para grau.

O seu uso, afora o avental, não é obrigatório; nas sessões festivas, é recomendado que o maçom use todos os adornos a que tem direito.

Existem outros adornos recomendados que, embora não seja de uso maçônico, são inerentes a um bom maçom, como a simplicidade no trajar, a limpeza, o bom caráter, a compostura, enfim, o comportamento tanto maçônico como profano.

Apesar de existirem distintivos, anéis, fivelas e uma porção de adornos destinados a identificar quem seja maçom, o seu uso não é recomendável, como não é, enquanto no meio dos profanos, colocar-se em postura maçônica, fazer sinais, para buscar encontro com algum maçom desconhecido.

A simplicidade, o decoro, a prudência são adornos recomendáveis, uma vez que o maçom deve ser recatado, humilde e prudente.

Agindo assim, não despertará atenção, que às vezes se torna não muito recomendável.

10 de janeiro

O FOGO

O fogo é a prova mais difícil que um candidato enfrenta durante a sua Iniciação.

Símbolo de purificação, oposto ao da água, o fogo destrói, suprime e aniquila, reduzindo tudo a cinzas.

Embora constitua uma prova simbólica, o iniciando passa "muito perto" do calor e da luz emanados pelo fogo.

Em nosso quotidiano, luta-se constantemente pela sobrevivência enfrentando obstáculos.

Inexiste uma classificação a respeito dos obstáculos, mas cada maçom sabe, perfeitamente, quais os mais ingentes, os mais simples e os quase intransponíveis.

A Iniciação objetiva a preparação para esse enfrentamento permanente; somente os privilegiados de berço, de destino ou de prêmio é que não são atingidos pelos elementos da Natureza.

Os maçons, seres comuns, são perseguidos pelo infortúnio, uma vez que o "tentador" os seleciona para, como sucedeu a Jó, prová-los.

A prova de fogo premia o vencedor com a incolumidade vitoriosa e isso nos serve de alerta; o maçom vencerá todos os obstáculos, uma vez que deu prova disso na Iniciação.

Não se esqueça de que já foi provado e considerado limpo e puro.

11 de janeiro

A ÁGUA

A água, o dissolvente universal, é um dos minerais mais vulgares encontrados em toda a parte.

No passado, as famílias supriam-se de água recolhendo-a diretamente das fontes e dos rios; posteriormente, cavando poços, construindo cisternas, a água passou a ser industrializada e consumida através de encanamentos, dentro dos lares.

Assim como o ar, é indispensável à vida dos seres.

Trata-se de um dos quatro elementos da Natureza e simboliza, na Maçonaria, a purificação.

A cada sorvo de água ingerida, devemos pensar que, embora não se a classifique como alimento, ela atuará no organismo como elemento purificador, que substituirá – renovando-os – todos os líquidos e humores do organismo.

Trata-se de um elemento que refrigera e sacia a sede; o maçom, na sua vida sóbria, deve preferir a água a qualquer outra bebida, principalmente à alcoólica; ninguém abusa na ingestão de água; ao contrário, a bebida alcoólica induz aos excessos, com as consequências conhecidas.

A água nos recorda a temperança, o bom senso e a prudência.

O maçom deve buscar, sempre, a purificação em todos os mínimos detalhes de sua vida.

12 de janeiro

ÁGUIA

A águia é o símbolo do maçom que olha na luz astral e nela enxerga a sombra do passado, do presente e do que está por vir, tão facilmente como a águia olha o Sol.

Maçonicamente, é o símbolo do poder pela força, pela decisão, pela superioridade e inteligência.

Simboliza o solstício de inverno; representa a sabedoria e a liberdade.

Nos graus superiores, a águia é representada com duas cabeças, simbolizando o poder imperial dúplice.

Para os brasileiros, o gênio político e jurídico Rui Barbosa, pela sua inteligência e sobretudo "garra", foi apelidado de "A Águia de Haia", na célebre conferência que reuniu as nações do mundo.

Nesse apelido, que é também honraria, o maçom deve encontrar exemplo dignificante.

Oxalá cada maçom fosse uma águia em destaque pelo seu viver e pelo seu saber.

Sobranceira, a águia busca os cumes para seu ninho e voa mantendo alturas imensas, mas seu profundo olhar vislumbra a caça que alimentará os seus filhos.

Que o voo do maçom seja assim sobranceiro, livre, inteligente e independente.

13 de janeiro

O AR

Na Iniciação, o candidato foi submetido à prova do ar, que é um dos elementos da Natureza de maior grandeza, uma vez que é um dos elementos mais vitais; sem o ar não há respiração, portanto, vida.

A prova do ar não consiste na supressão do mesmo, pondo em risco a vida do candidato.

Trata-se, sim, dos efeitos do excesso de ar, traduzido em ventania, ciclone e similares, que tudo arrastam e destroem.

A ciência tem apresentado meios de preservação, com a construção de residências sólidas e refúgios suficientemente seguros.

Na vida, é constante o enfrentamento com esses distúrbios da Natureza; colhido por um vendaval, mesmo que passageiro, o maçom deve saber enfrentá-lo, com inteligência e prudência.

O vendaval surge quando menos se espera e produz danos, mesmo que leves.

Esses imprevistos desagradáveis devem ser enfrentados com galhardia e, sempre, tendo em mente que o maçom não deve sentir-se atingido, uma vez que, já na Iniciação, venceu a prova do ar.

A Natureza é adversa ao homem; ela se vinga das agressões sofridas; o maçom deve respeitá-la e dar maior importância à ecologia, que trata do equilíbrio em benefício de todos os seres.

O ar normal "alimenta", uma vez que, ingerido automaticamente, purifica nossos pulmões; há sempre algo positivo na anormalidade.

14 de janeiro

AJOELHAR

Consigna o dicionário: "Ato de pôr-se de joelhos, com a finalidade de orar, adorar, reverenciar, com humildade, submissão e súplica".

Nas cerimônias maçônicas, apenas o Mestre de honra e o candidato – quando presta seu juramento – ajoelham-se para abrir o Livro Sagrado (ato nem sempre seguido pela maioria das Lojas).

Afora esses casos, o maçom não tem a oportunidade de se ajoelhar, nem mesmo quando é feita a oração coletiva.

Além de ato místico, o ajoelhar é instintivo quando a pessoa encontra-se em perigo e, desesperada, atira-se ao solo com os joelhos para suplicar auxílio.

Esse ajoelhar pode ser realizado mentalmente; a pessoa, aflita por qualquer motivo, deve fechar as pálpebras, adentrar em si mesmo e, mentalmente, pôr-se de joelhos para, então, suplicar.

Trata-se de um hábito místico que não devemos esquecer, tanto no desespero, na dor e na aflição como no regozijo.

O maçom "ajoelha-se" diante da Natureza para "reverenciar" o Criador, responsável pela grandiosidade do universo.

Devemos ser gratos pela vida, pela fortuna, pelo prazer e pela satisfação e de "joelhos" (mentalmente) render nossa homenagem a quem nos propicia tanta benesse. A gratidão é uma virtude maçônica.

15 de janeiro

AKASHA

O significado de Akasha em sânscrito é: firmamento; o Cosmos invisível.

Akascha, ou simplesmente Akasha, é o deus invisível do Cosmos, fonte de vida e eternidade latente.

É o éter universal, onde a terra se move na sua trajetória constante, obtendo o vigor que a torna eterna. Maçonicamente é usado, ainda que raramente, significando a universalidade espiritual.

Tudo o que nos é desconhecido e intangível, mas que existe, deve nos preocupar; não será nossa ignorância a suprimir a ciência (astronomia) e a afastar nossos pensamentos da universalidade espiritual eterna.

Devemos nos preocupar com a grandiosidade do universo, que só se deixa penetrar pela mente; para tanto, devemos nos exercitar, preferencialmente à noite, contemplando o firmamento para uma divagação ímpar, na busca do ignoto.

Só assim constataremos nossa pequenez, reforçando em nós o pensamento sobre um Criador místico, um Grande Arquiteto do Universo, que o idealizou e construiu.

Alimentando, assim, nossa mente, cresceremos em volume e qualidade para sermos dignos em louvores a Deus.

16 de janeiro

A ALAVANCA

A alavanca é um símbolo que expressa a força; seu formato, de per si, sugere essa força; basta-lhe um ponto de apoio para erguer um peso enorme sob a simples pressão muscular de um braço.

Arquimedes dizia: "Dai-me um ponto de apoio que erguerei o mundo", manifestação filosófica no sentido de valorizar o "ponto de apoio".

Em nossa vida, quando deparamos com algum obstáculo a ser removido e que expressa um esforço impossível, o maçom deve evocar a alavanca e buscar esse "ponto de apoio".

Às vezes, a solução está perto de nós e não a visualizamos porque nossa atenção está voltada para o grande obstáculo.

A lição da alavanca é que não há peso que não possa ser removido e, assim, os obstáculos serão removidos, embora lentamente, pois a alavanca apenas suspende e, desequilibrando o peso, faz com que este se mova.

Existindo o problema, ao lado estará a solução; basta encontrá-la, o que não é tarefa ingente.

O "ponto de apoio" é que suporta todo o peso do obstáculo e, assim, revela-se a parte mais importante. Em uma Fraternidade, cada Irmão constitui um "ponto de apoio"; devemos aprender a usar esse poder que só a Maçonaria propicia.

17 de janeiro

A ALEGORIA

"Exposição de um pensamento sob forma figurada"; palavra de origem latina, que por sua vez é derivado do grego; raiz da palavra "alegórico".

De muito uso em Maçonaria, que apresenta sua filosofia por meio de símbolos e alegorias.

Alegoria é uma expressão filosófica que, por meio da imagem, apresenta a mensagem sutil. O homem é a maior expressão alegórica da Natureza porque reflete todos os mistérios do universo, desde o microcosmo ao macrocosmo.

Sendo o maçom uma "alegoria", ele deve se conscientizar de sua complexidade e buscar definir cada parcela, seja a microscópica ou a visível a olho nu, em especial aos olhos de quem o contempla.

Sendo alegoria, o maçom deve buscar a perfeição e zelar pela imagem, no seu dia a dia.

A Maçonaria, por meio da Iniciação, transforma o homem comum, ou seja, o dito "profano" em homem especial, selecionado e aperfeiçoado.

Não se deve deixar a cargo da Ordem a mantença dessa nova individualidade; o maçom tem o seu relevante papel a desempenhar; sendo alegoria, assim deve apresentar-se à sociedade profana.

18 de janeiro

ALFA E ÔMEGA

Primeira e última letras do alfabeto grego; simbolizam o princípio e o fim; representam o próprio Deus que, como justo e perfeito, é o início e o final da criação.

Nas sagradas escrituras encontramos: "eu sou o alfa e o ômega, o primeiro e o último, o princípio e o fim", "eu sou o alfa e o ômega, diz o Senhor Deus, aquele que é, que era e que há de vir, o Todo-Poderoso."

Essas duas letras são símbolos cujas figuras expressam um universo; o desenho é conhecido por todos os povos e o seu uso é universal em todas as expressões filosóficas, religiosas e místicas.

O alfabeto grego possui 24 letras; portanto, entre o alfa e o ômega temos outras 22 letras, que nos conduzem a meditar que todas elas expressam alguma coisa; entre o princípio e o fim há um "meio" que deve influir, pelo menos filosoficamente, em nossa vida; pensemos em nosso próprio alfabeto e concluiremos que dele extraímos os nossos nomes e o de nossos filhos; cada letra tem o seu valor específico. Assim, analisemos esses aspectos que nos conduzirão à meditação com resultados surpreendentes.

Entre o Alfa e o Ômega (que simbolizam Deus) estamos nós, os seres humanos. Meditemos sobre isso.

19 de janeiro

A ALQUIMIA

Houve época longínqua em que a Maçonaria dedicava-se ao estudo e à prática alquímica.

A alquimia é a expressão externa da filosofia hermética aplicada por meio da magia sobre os seres da Natureza, excluídos os animais, inclusive o homem; atua sobre os minerais e os vegetais. No entanto, descoberta a "pedra filosofal", com ela forma-se o "elixir da vida", com o propósito de dar-lhe longevidade.

Essa "pedra filosofal" seria uma composição química e teria a virtude de transformar metais comuns em ouro e prata.

Contudo, passados os séculos, o homem não conseguiu o que a alquimia preconizava, nem mesmo os laboratórios mais tecnicamente sofisticados.

O maçom deve preocupar-se com o racional e não esperar milagres com a manipulação de substâncias químicas.

O elixir da longa vida é a temperança; uma vida sóbria, sem excessos, sem vícios provocados pelas drogas nocivas, um comportamento equilibrado, sadio, como é o lema: *Mens sana in corpore sano*.

Os alquimistas são, simplesmente, noções passadas que nada de útil nos proporcionaram.

20 de janeiro

A ALMA

Certos pensadores e religiosos confundem alma com espírito; trata-se de um assunto de alguma profundidade, uma vez que cada maçom sente dentro de si a existência de "alguém" que não pode definir; esse alguém é ele próprio, o que definiria a alma.

O espírito é a parte invisível e impenetrável, uma vez que é Deus em nós; é a parcela teísta, é o Criador envolto com a criatura.

Diz-se que o espírito é imortal, enquanto a alma fenece quando do último suspiro; a alma morre com o ser.

Em caso de ressurreição, ou vida após a morte, a alma não abandona o corpo.

Os espíritas informam que a alma está ligada ao corpo por um "cordão de prata"; rompendo-se esse, a alma "sobe" e vai ocupar o seu lugar no Cosmos.

É dito que é a alma que sofre em nós quando o mal atinge o nosso corpo, incluindo a nossa mente; o espírito não é atingido por nenhum mal porque é a representação divina.

Busquemos contatar nossa alma por meio da meditação e encontraremos respostas surpreendentes.

Contudo, é possível ao homem contatar com o seu espírito por meio de exercícios, pertinácia e aventura.

21 de janeiro

O ALTAR

O Altar é um móvel colocado em local elevado, sendo suporte de algo sagrado, permitindo a presença do ser humano aos seus pés.

Na Maçonaria temos dois altares: o sagrado e o dos perfumes.

No Altar sagrado são colocados o Livro Sagrado, o Compasso e o Esquadro.

Essas joias são consideradas sagradas porque representam o trabalho orientado pela Lei Divina.

Impropriamente, diz-se que o Venerável Mestre e os Vigilantes ocupam os altares respectivos; o que vem a ser ocupado são tronos.

O maçom tem consciência que possui dentro de si um templo que construiu com seu próprio esforço e auxílio de seus Irmãos.

Nesse Templo existe um Altar, a cujos pés o maçom prostra-se reverentemente.

Nos momentos de entrega mental, o maçom deve prostrar-se diante desse Altar, íntimo, todo seu, e elevar aos páramos celestiais o seu pensamento de gratidão, pela vida que lhe é o bem maior.

Trata-se de uma liturgia intimista, que é praticada a sós, em um contato com o Criador a quem se suplica o recebimento das benesses a que se faz jus.

Altar invisível para o mundo, mas palpável para aquele que crê.

22 de janeiro

A AMBIÇÃO

O vocábulo é frequentemente mal empregado; sua raiz é latina, significando: "andar de um lado para outro", ou seja, estar em constante movimento.

Ambição não significa o desejo de sobressair e de conquista, mas de movimento.

O homem equilibrado deve ser ambicioso porque as suas aspirações não prejudicarão a ninguém.

A ambição compreende o movimento físico, como o de andar, gesticular, e o movimento mental, como a produção de pensamentos, a criação literária e o discurso.

O maçom deve estar sempre em "movimento" e ambicionar que esse reflita bons exemplos nos seus Irmãos.

Dentro da Loja, o comportamento estático é negativo; deve haver, sempre, uma dinâmica, uma vez que o exercício é um dos meios de desenvolvimento e progresso.

A mente do maçom deve estar, além de sempre alerta, criativa, uma vez que nem todos têm o "pique" da dinâmica; o exemplo é positivo e salutar.

A inércia vicia e prejudica; o entusiasmo contagia e beneficia.

Sejamos todos, no bom sentido, ambiciosos no viver.

23 de janeiro

ANÚNCIOS

Durante as sessões maçônicas, sejam econômicas ou exclusivamente litúrgicas ou iniciáticas, nenhum assunto poderá seguir-se a outro, sem um prévio anúncio.

Esse anúncio, o Venerável Mestre o faz diretamente ao Primeiro Vigilante, que por sua vez o transmite ao Segundo Vigilante, tomando a Loja conhecimento do fato; no Oriente, os Irmãos já prostrados, tomam conhecimento diretamente do Venerável Mestre.

Essa providência implica o "corte" imediato do assunto findo que não poderá ser renovado. O anúncio significa uma "pausa", para que os presentes possam ser receptivos e atentos.

Esotericamente, é a magia da palavra oral; do som peculiar que produz as vibrações necessárias para que o "novo assunto" ocupe dentro da mente o seu lugar e elabore o espaço adequado.

O Venerável Mestre, ao mesmo Tempo que anuncia, bate com o seu malhete no seu trono; também os Vigilantes procedem de idêntica forma com os seus respectivos malhetes.

O som de percussão anula as vibrações anteriores.

Todo maçom deve estar atento a esses anúncios para, assim, formar um todo imprescindível ao seguimento dos trabalhos.

Cada maçom deve receber esses anúncios como se tivessem sido feitos diretamente a ele.

24 de janeiro

A ANOIA

Significa, em grego, ignorância, ou o "não conhecimento".

Uma das missões da Maçonaria é o combate à ignorância, que é considerado o ponto negativo da história.

O ignorante presunçoso é o ser mais abjeto que possa existir, uma vez que se torna o pomo da discórdia em qualquer diálogo.

O país que possui um percentual volumoso de analfabetos luta para vencer e atingir suas metas progressistas.

Embora nem sempre o analfabeto seja ignorante, uma vez que a vida ensina muito.

O ignorante pernicioso é aquele que, tendo meios para instruir-se, não o faz julgando-se sábio.

Para ingressar na Ordem Maçônica, uma das principais condições que o candidato deve apresentar é possuir luzes suficientes para o convívio fraterno; não se exige o ingresso de sábios, mas de quem a Ordem possa usufruir conhecimento para elevar-se cada vez mais no conceito social.

Nos dias que transcorrem, não há mais justificativa para o não conhecimento; aquele que se sentir frágil deve buscar, no convívio, crescer em sabedoria, ler muito, contatar com os mais ilustrados e estudar – eis as metas que cada maçom deve buscar.

25 de janeiro

OS ANJOS

São, propriamente, seres alados, cujo mistério ainda não nos foi revelado, mas que pertencem à mitologia hebraica e são aceitos pela Igreja nas suas nove hierarquias, a saber: anjos, arcanjos, querubins, serafins, tronos, potestades, Dominações, virtudes e principados.

O anjo é o primeiro da hierarquia e é considerado como sendo "Mensageiro de Deus"; cada ser humano possui seu exclusivo anjo da guarda; logo, o seu número corresponde aos seres humanos vivos.

Os anjos e os demais da hierarquia são seres incriados; não fizeram parte da criação, mas da própria essência divina, eles "podem" ser comandados pelos homens, para que os sirvam, como serviram a Jesus, enquanto ser humano.

Na Maçonaria são aceitos como as personagens que transitavam pela escada de Jacó, vista no painel da Loja de Aprendizes.

Se cada um de nós possui o seu anjo da guarda, seria de grande eficiência chamá-lo para nos atender.

Na realidade, tudo confirma que o homem "jamais está só".

Quem se encontra isolado, deve buscar essa aproximação e o resultado será surpreendente.

A hierarquia celestial deve ser, sempre, invocada mentalmente.

26 de janeiro

O ÂNGULO

Além do ponto e da linha reta, que são as expressões mais simples da geometria, segue-se o ângulo, que é a figura geométrica formada por duas linhas que se encontram em uma de suas extremidades.

Maçonicamente, é usado o ângulo reto, representado pelo esquadro, simbolizando a retidão em caminhos diferentes, partindo-se de um mesmo ponto e que jamais se encontrarão porque um segue o universo cósmico e o outro o universo espiritual.

O Ângulo é o símbolo da virtude.

Os Aprendizes e Companheiros o usam em suas marchas dentro do Templo.

O ângulo formado pelo compasso apresenta outras características: a possibilidade de as linhas unirem-se, simbolizando a fusão da matéria com o espírito.

Não esqueçamos que nossa trajetória pelo mundo segue dois caminhos: o da materialidade e o da espiritualidade.

Não são caminhos paralelos, mas, de qualquer forma, unidos de forma mística.

É sempre a dualidade maçônica que todo maçom deve observar.

Ambos os caminhos percorrem linhas retas.

27 de janeiro

A ÂNCORA

Embora a Maçonaria não possua símbolos ligados à Marinha, a âncora, por tradição antiga, tem liames maçônicos.

Trata-se de uma peça marítima usada nos barcos, e que se lança ao fundo dos rios, lagos ou mares, para firmar a embarcação a fim de que não seja arrastada pela correnteza. No painel do Aprendiz é vista sobre a escada de Jacó, significando a esperança.

A Âncora é utilizada apenas nos locais rasos, uma vez que deve repousar na areia ou pedra para estabilizar o barco e "segurá-lo" contra a correnteza; um objeto tão pequeno consegue firmar um barco gigantesco.

Recorda a nós, os maçons, que pequenos feitos podem ter grandes significados e que sempre poderemos dispor deles para segurar nossa situação crítica na vida, dando-nos estabilidade.

A Âncora pode ser lançada, simbolicamente, para firmar uma amizade fraterna.

Nas correntezas da vida, podemos contar com apoio e segurança, mentalizando o papel e o significado desse símbolo maçônico.

No Painel, ela vem colocada sobre a escada, o que pareceria inapropriado, mas isso significa que a sua utilidade não se aplica exclusivamente às vias marítimas.

28 de janeiro

A AMIZADE

De origem latina, *amicitia,* com o significado de afeição, ternura e estima.

Sua raiz provém de "amor".

Na Maçonaria, o tratamento entre os seus adeptos é o de "Irmão", que supõe a existência de uma "amizade iniciática", ou seja, todos os que passaram pela Iniciação, forçosamente, recebem a faculdade de poderem amar-se uns aos outros.

É comum, especialmente na correspondência, iniciarem os maçons com as palavras: "irmão e amigo", demonstrando que podem existir paralelamente o amor fraternal e a amizade.

A amizade importa em uma intimidade maior, em um afeto mais profundo; o vocábulo, contudo, faz parte do tratamento fraternal; em resumo, todo irmão é um amigo.

A amizade importa em um culto, ou seja, deve ser cultivado com constantes demonstrações de afeto e carinho.

Em uma grande família como é a Maçonaria, sempre existem os grupos seletos; uns Irmãos, com atração maior que outros, formando-se um entrelaçamento mais íntimo.

Contudo, não se dispensa em princípio um tratamento igual: todos são iguais e dignos de serem Irmãos.

29 de janeiro

O AMÉM

É a palavra procedente do hebraico que conclui uma prece, com o significado de afirmação e louvor; é sinônimo da expressão "assim seja".

Trata-se de uma "autoafirmação", usada, também, na liturgia maçônica. O valor está no fato de ser pronunciada em voz alta, porque o "som" que produz tem a faculdade de "fazer subir" a prece ao alto; é usada, outrossim, como mantra.

É expressão de aprovação; em certas seitas religiosas, os crentes a pronunciam, abusivamente, para demonstrar a aprovação durante um sermão, um testemunho, ou mesmo um cântico; temos o "tríplice" amém cantado, usado para o encerramento de uma cerimônia religiosa.

A aprovação, contudo, pode ser apenas mental, cujo "som" é percebido pelos mais sensitivos.

O amém silente penetra com maior facilidade por ocasião do culto que se realiza dentro do templo interior.

O maçom, ao pronunciar o amém, deve ser equilibrado e aplicá-lo com sabedoria e no momento oportuno.

Amém!

30 de janeiro

O ALTRUÍSMO

Termo aplicado por Augusto Comte, fundador do positivismo, para expressar o sentimento de "dação", fundamento do amor fraterno. Esse termo, que tem a raiz latina *alter*, "outro", tem sido usado pelos maçons para expressar o culto à Fraternidade; é o termo oposto a "egoísmo", expressa o amor ao próximo e é colocado entre as maiores virtudes.

Quando surgir inopinadamente algum distúrbio entre Irmãos, é dever iniciático a busca da reconciliação.

O mais idoso deve ter a iniciativa de pôr em prática a virtude do altruísmo e procurar o desafeto (mesmo que de leve) para a reconciliação.

Não se admite que entre Irmãos se possa, às vezes por mínimo desajuste, criar-se antipatia ou malquerença.

A virtuosidade do altruísmo está no exercício que ele inspira, e assim, tornando-se hábito, jamais um mal-entendido será alimentado pelo egoísmo.

Se tu, meu irmão, tens alguma diferença com outro irmão, deves procurá-lo e lhe dar um abraço fraternal.

Esse é um passo para trilhar o caminho da perfeição.

Deves agir de imediato, pois os minutos contam para alargar uma distância.

31 de janeiro

O APRENDIZ

Maçonicamente, intitulava-se de Aprendiz aquele que pretendia ingressar nos mistérios da construção.

Hoje, Aprendiz é a passagem pelo Primeiro Grau de um ito, sucedendo-lhe o Companheiro para alcançar, finalmente, o Mestre.

Com falsa modéstia, há quem se intitule de "eterno Aprendiz" para demonstrar o seu desejo de aprender mais e mais; no entanto, o aprendizado não passa de uma primeira fase e, forçosamente, conduzirá ao companheirismo.

Na realidade, a vida nos ensina que constantemente estamos aprendendo alguma coisa; o Companheiro aprende para ser Mestre, e esse, para desenvolver-se e alcançar o misticismo, cumpre o que aprende.

O aprender é permanente; todo maçom deve conscientizar-se de que pouco sabe da Arte Real e esforçar-se para adquirir conhecimentos, não como Aprendiz, mas como quem aspira a um lugar mais elevado.

A Iniciação pertence ao Primeiro Grau, logo, o verdadeiro Iniciado é o Aprendiz; a elevação e a exaltação são complementos iniciáticos, apenas aperfeiçoamentos.

Essa perfeição é que o maçom deve perseguir com pertinácia, e assim, obterá resultados surpreendentes.

1º de janeiro

A ARCA

Arca significa "depósito", mas de elementos especiais e secretos; maçonicamente, é um recipiente onde são guardados os papéis importantes da Loja.

A Arca da Aliança, como relata o Livro Sagrado, foi construída por Moisés para guardar o "maná" do deserto; as "tábuas da lei" e a "vara de Aarão", considerada um objeto santificado que, contudo, após a invasão de Nabucodonosor, desapareceu.

Os hebreus a procuram até hoje, esperançosos de encontrá-la em alguma ruína de Israel.

Maçonicamente, a Arca simboliza a aliança com Deus; constantemente, o Criador alia-se à humanidade, permitindo-lhe benesses.

A cada dia que passa, recebemos os benefícios dessas constantes alianças, embora não o percebamos.

Cumpre que cada maçom faça a sua parte e reconheça em Deus, não uma potência severa, mas um aliado amoroso; a isso devemos incomensurável gratidão.

Devemos iniciar o exercício da gratidão pela própria Loja a que pertencemos e nos considerar não meros adeptos, mas aliados.

A Maçonaria encerra mistérios profundos; cabe a todo maçom o esforço para alcançá-los.

2 de fevereiro

ARQUÉ

Raiz de uma palavra grega, *arkhè*, que significa "o princípio".

Cada ser da Natureza e do próprio homem possui um "princípio". Por exemplo: os gens, que dão origem à estrutura final.

É um prefixo que origina um sem-número de palavras; na Maçonaria, origina a palavra mais usada, expressando a Deus: arquiteto, ou seja, "a única cobertura", o "princípio único".

Contudo, nem todos aceitam a presença de Deus na concepção cristã.

Uma maioria tece considerações a respeito da existência ou não de Deus, na concepção de Criador.

Certas Lojas abstêm-se de tecer qualquer comentário sobre o Grande Arquiteto do Universo; preferem silenciar que contrapor o *Landmark* correspondente a essa existência.

O maçom não deve temer expor sua crença, uma vez que será sempre respeitada.

É evidente que existe um "arqué" em tudo, e esse inspira uma pesquisa permanente.

Se eu existo, tive um princípio. Vale a pena descobrir qual foi ou ficar na expectativa de que outros o descubram, passando-nos a notícia?

O maçom, a partir da Iniciação, admitiu a crença em um Ser Supremo, e essa posição deverá manter, pois não escapará, também, do misterioso fim.

3 de fevereiro

ARQUÉTIPO

Do grego: "forma primordial", isto é, um modelo vindo do princípio criado; o arquétipo do homem é considerado Adão Kadmon. Jesus é o arquétipo do comportamento humano, simboliza o princípio que se deve observar, porque é perfeito; a Loja maçônica é o arquétipo do Templo de Salomão; o maçom é o arquétipo do Iniciado.

Em momento algum o maçom deve esquecer que, em certa época, passou por uma Iniciação.

Fincado entre milhões de homens, foi selecionado, admitido e feito maçom.

Esse aspecto permanente o distingue dos "profanos", ou seja, dos que não foram iniciados.

Trata-se de uma distinção ímpar que valoriza o homem.

Ser maçom é um orgulho, uma seleção, um princípio esotérico, uma expressão *sui generis* dentro do concerto das nações.

Esse amor-próprio é um fator de disciplina, pois induz o homem ao bom comportamento e ao excelente viver selecionado.

Nos momentos de incerteza, o maçom deve tratar de valorizar-se, porque na realidade, sem dúvida, é alguém "diferente"; o arquétipo da Natureza.

Essa condição deve ser continuamente propalada entre os Irmãos, que assim reagirão às incertezas e ao infortúnio.

4 de fevereiro

ARTE REAL

Esse termo é empregado em Maçonaria, abusiva e inadequadamente. Origina-se das constituições de Anderson, que em 1723 o utilizou pela primeira vez, no sentido de expressar a "arte de edificar" com o emprego da geometria e da arquitetura.

Com o surgimento da Maçonaria especulativa, a construção deixou de ser exclusivamente uma obra material, pois havia a necessidade de "reconstruir o homem espiritual", espelhado nos evangelhos.

Hoje, diz-se Arte Real o trabalho maçônico, sem distinção alguma, e isso cria muitas dificuldades em conceituar o trabalho da Fraternidade.

Ademais, para que o maçom se conscientize de que sua vida constitui um constante trabalho real, deve manter-se alerta e fazer de seu trabalho, sem tréguas, uma obra de arquitetura espiritual.

A realeza, aqui, significa "nobreza" no sentido espiritual, que em última análise é o início da construção do templo interno, a continuidade desse trabalho para alcançar a meta final, que é a conclusão.

Ninguém deseja possuir um templo inacabado dentro de si!

Cada maçom deve cuidar de empregar o epíteto "Arte Real" com justeza, pois está tratando com coisas espirituais sérias.

5 de fevereiro

ASSIDUIDADE

Do latim: *"assiduus"*, significando "aquele que permanece ao lado".

A assiduidade constitui uma das virtudes do maçom; não diz respeito apenas ao comportamento social, ao compromisso assumido, mas à participação em uma Egrégora que beneficia a quem "se encontra ao seu lado"; diz respeito ao elo da corrente; à necessidade para a formação do grupo. Quem se ausentar sem motivo aparente ou justificado estará solapando aos demais a oportunidade de reforçar as vibrações e a soma dos fluidos destinados à formação grupal.

Consoante as regras maçônicas, a falta de assiduidade impede o ato de votar, o "aumento do salário", ser votado, suspenso ou até eliminado do quadro. Isso não significa a eliminação da Ordem, porque a um Iniciado jamais se eliminará; terá ele, sempre, a oportunidade de reingresso em sua Loja ou Loja equivalente.

Maçom! A sua presença na Loja é vital; seja assíduo e receberá a recompensa destinada aos cumpridores de seus compromissos.

Sinta-se atraído à sua família maçônica.

Avante, pois.

6 de fevereiro

ASSISTÊNCIA

A decantada "mútua assistência" entre os maçons têm sido criticada porque lhe são dados limites. O maçom necessitado deve ser socorrido pelos seus Irmãos, desde, porém, que os motivos sejam justos e honestos. Não concordamos com essa limitação, pois onde encontramos Irmãos, senão em uma família?

Os filhos de um casal, Irmãos entre si, provêm dos mesmos gens e do mesmo sangue; se um deles cai em desgraça, seja por que motivo for, os seus Irmãos só o assistirão se os motivos dessa desgraça tiverem sido honestos ou justos? Jamais! Um irmão tem o dever recíproco de dar assistência ao outro, sem qualquer preocupação e limite dos motivos que o levaram a necessitar dessa assistência.

Uma vez assistido, retornando à normalidade, então a Fraternidade poderá analisar o comportamento de quem cometeu desvios para, evidentemente, reconduzi-lo ao bom caminho, fazendo com que se arrependa e, sobretudo, ressarça as possíveis vítimas dos prejuízos que lhes causou.

Caso contrário, como se poderia conceber o "amor fraternal"?

Esse amor deve ser fortalecido e jamais enfraquecido.

A família maçônica deve estar unida sempre.

A falha humana é comum; no entanto, quem errou merece oportunidades extremas.

7 de fevereiro

O ASTRAL

O astral é um plano cósmico entre a Terra e o limiar do que é celestial.

Mundo invisível, onde se movimentariam as almas desencarnadas. A origem da palavra vem de "astro", que é o corpo que gravita no espaço; contudo, com o acesso do homem a esses "corpos" no Cosmos, o astral distancia-se do que passa a ser visível e corpóreo.

Os cabalistas denominam de luz astral, ou AUR, a "alma do mundo", de onde tudo teria sido originado.

Em linguagem hindu, o homem possui em si um veículo de matéria astral denominado *Kamarupa,* que é o elemento intermediário entre o "corpo mental" e o corpo físico; o "corpo mental" possui centros de consciência denominados chacras.

Maçonicamente, nenhuma influência possui o astral.

Apenas se tem dado valor aos chacras, por serem "pontos vitais de referência".

O maçom crê em Deus e em uma vida futura, não perambulando por um astral, mas localizada em um Oriente Eterno.

Trata-se de um dos *Landmarks* a que o maçom está sujeito, seja por tradição ou por compromisso.

8 de fevereiro

ASTROLOGIA

É a ciência dos astros; desenvolveu-se entre os caldeus e sua origem é ignorada, mas sempre existiu; pelo menos, os escritos, tanto em pergaminho como em tábuas de barro ou esculpidas em pedra, como os "grafitos", revelam-nos isso.

A astrologia está ligada à religião desde os tempos primitivos, quando o homem via nas fases da Lua, nos eclipses solares, prenúncios que, interpretados pelos magos e adivinhos, descreviam o futuro.

Hoje, a astrologia, com o estudo do horóscopo, pretende dirigir a vida humana, prevendo o futuro.

Mapas astrológicos são apresentados por meio de sofisticados computadores, com resultados aceitáveis.

Em Maçonaria, porém, apesar de na "abóboda celeste" dos templos constarem Sol, Lua e planetas, são apresentadas constelações destinadas a influenciar sobre os maçons reunidos.

Trata-se mais de uma tradição artística ornamental simbólica do que de uma realidade científica.

O futuro pertence a Deus e não será revelado por artifícios aventureiros.

A Maçonaria não se preocupa com esse futuro, mas sim com um presente efetivo dando aos seus adeptos as benesses que lhe são peculiares.

9 de fevereiro

O ÁTRIO

O átrio é a antecâmara do templo, e para lá da sala dos passos perdidos é que o Mestre de Cerimônias conduz os Irmãos com a finalidade de prepará-los para adentrar no recinto sagrado.

O templo, após ser construído, é consagrado pelo Grão-Mestre e comissão designada, por meio de um cerimonial próprio e muito místico.

No átrio, o maçom medita, renova os seus propósitos de fidelidade à Ordem e por meio de uma autoanálise, prepara-se para a busca da perfeição, deixando os pensamentos negativos e abrindo o coração para amar os seus Irmãos de quadro.

Essa preparação é um exercício que deve ser repetido diariamente, uma vez que todo maçom adentra em si mesmo dentro do templo espiritual, onde venera o poder maior que é Deus e limpa-se dos "pecados cometidos", confessando a si mesmo as suas fraquezas e renovando os propósitos de ser melhor, digno de receber as benesses da ordem maçônica.

A permanência, mesmo que momentânea, em seu próprio templo, fortalece o corpo, a alma e o espírito.

O *confiteor* permanente transforma a criatura que diuturnamente é conspurcada pelo negativismo que o mundo profano lhe contagia.

O exercício diário constitui um alimento espiritual permanente.

10 de fevereiro

AUM

Vocábulo hindu pelo qual se designa a divindade. Seu valor está na sua vocalização, que produz um som prolongado, como se fosse um gemido; não basta, contudo, essa vocalização: é preciso obter a harmonia exata em um tom de voz adequado, para que o crente possa entrar em contato com Deus; situa-se como um mantra, de cujas benesses os ocidentais não chegam a usufruir.

Em Maçonaria temos "huzzé", que equivale palidamente ao mantra "Aum"; apenas a emissão do som não está regulamentada.

Cada Loja o entoa de modo diverso e até com acentuação diferente, contudo, resulta benefício, uma vez que em Maçonaria nada é executado em vão.

Ao pronunciar-se o "huzzé", com plena força pulmonar, expulsam-se os fluidos negativos.

O som que produz desperta energias ocultas; trata-se de uma benesse que a todos atinge.

Ignora-se o "huzzé" pode ser exclamado a qualquer momento e fora do templo.

Trata-se de um aspecto que merece pesquisa e exercício.

Porém, tudo o que beneficia deve ser considerado judiciosamente, a fim de não tornar profano o que é, para os maçons, sagrado.

"Huzzé, huzzé, huzzé!"

11 de fevereiro

AUMENTO DE SALÁRIO

Diz-se aumento de salário a passagem de um grau para outro, tanto no simbolismo como nos corpos filosóficos.

Contudo, possui outras interpretações, como o aumento de premiação espiritual pela assiduidade às sessões da Loja.

O perfeccionismo maçônico decorre desse aumento, que pode ser designado como acréscimo e conhecimento.

O aumento de salário decorre da passagem de grau para grau, após um determinado período de frequência e exames que, no passado, para os aprendizes, era de três anos e para os companheiros de sete.

Atualmente, esse período ficou restrito a um ano, de modo que um maçom diligente em dois anos alcança o mestrado.

O maçom não deve se preocupar com o recebimento de salário, mas sim com fazer jus a esse recebimento.

Mais importante é conhecer o grau em uma amplitude maior que trocar de avental ou de coluna.

A assiduidade é a parte principal para o acréscimo de salário; a diligência no preparo das peças de arquitetura e o cultivo do amor fraternal são complementos de todo indispensáveis.

O maçom deve ser ativo, pertinaz e diligente.

Assim, galgará as posições hierárquicas aspiradas.

12 de fevereiro

AUSÊNCIA

O maçom jamais estará "ausente" aos trabalhos, mesmo que se encontre fora e longe da Loja, pois está ligado permanentemente pela Iniciação e pela Cadeia de União.

No entanto, essa ausência apresenta aspectos negativos em certas circunstâncias; o ausente que não se comunica mentalmente com a Loja no momento da sessão e que "esquece" o seu compromisso sofre um desgaste maior, uma vez que não pode energizar suas baterias.

Uma vez Iniciado, sempre Iniciado, é o lema espiritual.

Para manter a união, a Loja deve, por sua vez, invocar a presença espiritual do ausente. Em especial durante a formação da Cadeia de União.

Se, por motivos imperiosos, o maçom não pode assistir aos trabalhos de sua Loja, no momento convencional (horário estabelecido para o início dos trabalhos), deve recolher-se em si mesmo e pôr-se em meditação e, assim, sua mente integrar-se-á ao grupo e a sua participação será "notada" e o elo aliado aos demais para a corrente fraternal.

A frequência à Loja deve ser encarada com seriedade, uma vez que o maçom é um adulto responsável e a instituição maçônica não é um mero clube social ou de serviço.

Busque o maçom cumprir os compromissos assumidos na sua Iniciação.

13 de fevereiro

AUTORIDADE

A autoridade é um princípio muito respeitado na Maçonaria, dentro dos escalões da sua organização.

A palavra de um Grão-Mestre, de um Venerável Mestre, é respeitada por um princípio de obediência hierárquica; aquele que ingressa na Ordem Maçônica presta sérios juramentos de obediência à autoridade hierárquica.

Dentro de uma Loja, os oficiais maiores, ou seja, Vigilantes, Orador, Secretário, possuem autoridade em suas decisões.

A liberdade que é cultivada com muito rigor não prescinde do princípio da autoridade, pois somente assim haverá ordem e respeito.

Além do mais, trata-se de uma disciplina construtiva, que exercita o maçom, no mundo profano, a respeitar a autoridade constituída e o carinho para com os mais doutos, os mais velhos, os patrões, enfim, todos os que gravitam na sociedade.

A Maçonaria, diz-se, também é uma escola onde o aprendizado é vasto e abarca um universo.

O respeito à autoridade é um bom hábito.

Respeita se quiseres ser respeitado. É a lição quotidiana.

14 de fevereiro

O AVENTAL

Aparentemente, o uso de um avental sugere proteção, uma vez que cobre partes do baixo-ventre, onde se situa o órgão reprodutor.

O homem sempre teve a tendência de se proteger, primeiramente das intempéries, depois de tudo que lhe era adverso ou inimigo.

Hoje, temos aventais de toda espécie, inclusive de chumbo, para proteger os que lidam com radioatividade.

Em Maçonaria, contudo, essa proteção é simbólica e diz respeito ao cuidado para não "manchar" o avental, matendo-o imaculado, simbolizando pureza.

Porém, para o cotidiano, que lição nos apresentaria o avental?

Em nossa imaginação maçônica, temos o dever de sempre usar o avental, mesmo que não haja a matéria, mas apenas uma imagem mental, porque assim teremos em nós, desperto, o cuidado, o zelo e o propósito de servir.

A prática evangélica de maior bem-aventurança para quem serve, que para o servido, é a lição que devemos preservar como proteção, não deixando livre o egoísmo e a esperteza de "levar vantagem".

O avental deve ser "vestido"; logo, revistamo-nos permanentemente dessa proteção simbólica, para que nossa vida seja proveitosa.

15 de fevereiro

A BALANÇA

Balança corresponde a libra em latim; signo do zodíaco, é formado por oito estrelas.

Originou-se pela igualdade do equinócio de outono, quando os dias e as noites apresentam a mesma duração.

É o sétimo signo do zodíaco, abrangendo o período entre 21 de setembro a 21 de outubro; é o signo ativo de Vénus; é o segundo signo do ar.

Os nascidos nesse signo possuem intelectualidade, sensibilidade artística; são sensuais, simpáticos, afetuosos e amáveis, pelo equilíbrio constante em suas vidas.

Maçonicamente, é o símbolo da retidão e da justiça.

Nas doze colunas zodiacais do templo são inseridos os correspondentes símbolos dos signos.

Maçonicamente, o zodíaco nada tem a ver com a astrologia; apenas são símbolos hauridos das constelações existentes no Cosmos.

Todo maçom deve espelhar-se nesse símbolo que lhe propicia equilíbrio, igualdade, temperança e justiça.

Os nascidos sob esse signo destacam-se na sociedade pelo bom senso de suas atitudes e pela tranquilidade no desempenho de seu trabalho.

O símbolo da libra é uma balança com dois pratos, mantendo o fiel no centro.

16 de fevereiro

O BALANDRAU

O uso do balandrau em Loja maçônica continua gerando dúvidas, uma vez que a tradição silencia a respeito, mas hoje é usado uma indistintamente, como uma peça de vestuário cômoda, igualando, como se fora um uniforme, a todos.

Dentro da série de dúvidas, há aquela que diz respeito ao avental, se deve ser colocado sob o balandrau ou sobre o mesmo.

O negro, que significa ausência de cor, empresta às sessões um clima pesado de luto; igualando a todos, não haverá distinção para analisar qualquer personalidade; todos emergem em um oceano negro de neutralidade.

Que lição poderemos tirar desse costume maçônico? Que a parte externa de nós mesmos, em certas oportunidades, mostra-se em trevas, ansiando todos por uma luz.

O traje escuro do maçom é cerimonioso e conduz à neutralidade, que nem sempre é recomendável, uma vez que a Loja maçônica tem seu multicolorido alegre, iniciando pela abóboda azul e o colorido dos colares, das joias, das alfaias, enfim, dos próprios rostos que se animam quando cultuando o amor fraterno.

Em nossa vida cotidiana devemos nos afastar de tudo o que simboliza tristeza e luto e não confundir o traje maçônico com algo lúgubre como sugere o balandrau, que deve ser usado apenas em certas cerimônias.

17 de fevereiro

O BARRO

O Barro é formado com o pó da terra e água que originou o corpo humano no simbolismo da criação universal.

À terra e à água, o Criador juntou o seu sopro vital.

Maçonicamente, é a união dos quatro elementos: terra e água, cozida ao fogo e esfriada ao ar.

Significa o "zelo maçônico" e entre nós destaca-se a imagem do "joão-de-barro", pássaro "barreiro" que constrói sua "casa" transportando em seu bico barro devidamente amassado.

Esse pássaro simboliza a arquitetura primitiva.

Se observarmos o pássaro construindo sua casa notaremos o cuidado no transporte do barro, a paciência em juntar porção por porção e a técnica de deixar uma abertura protegida voltada para o Norte.

A Maçonaria tem sua origem na arte de construir; portanto, esse pássaro barreiro deveria ser um dos seus mais expressivos símbolos.

O barreiro fecunda a fêmea somente após concluída a sua construção, de modo que alia seu meticuloso trabalho à organização da família, dando-nos o exemplo segundo o mote dos antigos: "quem casa quer casa".

E o exemplo da Natureza, que na sua simplicidade contém lições magníficas.

18 de fevereiro

OS BASTÕES

O surgimento dos Bastões na Maçonaria, usados pelo Mestre de Cerimônias e os Diáconos ocorreu na Maçonaria Inglesa, do Tempo da cavalaria e das pompas dos reis, significando "comando".

Na Loja de aprendizes, o Mestre de Cerimônias e os Diáconos transitam pela Loja, sempre portando seus bastões.

A sua origem procede da "férula", que na mitologia grega significa o bastão oco em que Prometeu escondeu o fogo furtado dos deuses, quando passeava pelos céus no carro do sol.

Os bastões usados pelos Diáconos são encimados por uma pomba, símbolo do mensageiro; ao formarem o baldaquim, sob o qual o Venerável de Honra ou o Orador abre o Livro Sagrado, os Diáconos e o Mestre de Cerimônias cruzam seus bastões.

Quando por acaso (o que é raro) algum maçom não mantém a postura recomendada, o Diácono da respectiva coluna posta-se à sua frente e bate no piso com seu bastão, à guisa de advertência.

Todo maçom que se preza tudo fará para evitar a silenciosa censura, que lhe seria humilhante.

Dentro do templo, o maçom deve comportar-se à altura do local que sabe ser sagrado.

19 de fevereiro

A BATERIA

Em linguagem maçônica, Bateria significa "aplauso" e "ordenamento"; os aplausos são feitos pelo bater das mãos; os que empunham malhetes aplaudem batendo-os no tampo do trono.

A bateria pode ser simples ou tríplice; ela é feita em diversas modalidades: bateria do grau, com tantos golpes quantos forem os anos dos graus; incessante, quando os golpes de malhete e as palmas são contínuos; em caso de luto, a bateria é feita por leves golpes com a palma da mão direita sobre o antebraço esquerdo.

Ao abrirem-se os trabalhos da Loja, é feita a bateria e a exclamação; o som "abafado" de percussão destina-se a neutralizar os fluidos negativos existentes.

Usa-se, também, para interromper alguma discussão áspera e inconveniente; o Venerável Mestre ergue-se empunhando o malhete e diz: "pela ordem", determinado que todos se levantem e passa a comandar uma bateria; depois, senta-se e reencenta os trabalhos interrompidos; a pausa tem o dom de "acalmar" os excessos.

O ponto principal da bateria é o som específico que emite e que envolve a todos os presentes.

A bateria é feita ao abrirem-se os trabalhos e no encerramento.

A forma compassada do bater das mãos cria um ambiente favorável percebido pelos presentes.

20 de fevereiro

O BATISMO

O dicionário esclarece que o Batismo é um sacramento da Igreja ou uma Iniciação religiosa ou ablução.

Maçonicamente, no entanto, é usado de forma equivocada, uma vez que diz respeito à cerimônia de adoção de *Lowtons,* ou seja, dos filhos de maçons que a Loja "adota" enquanto menores, na falta dos pais.

Trata-se de uma cerimônia comovente e paramaçônica; todos os maçons, não obrigatoriamente, podem levar seus filhos menores de 14 anos a essa cerimônia, onde é escolhido um padrinho, sendo porém a Loja responsável pelo amparo do menor até a sua maioridade – isso, como foi dito, em caso de faltarem os pais.

Esses adotados denominam-se *Lowtons* (pequenos lobos) e a Loja tem o hábito de reuni-los frequentemente, dando-lhes conselhos e mantendo um liame espiritual com os mesmos.

As festividades são organizadas pelas esposas dos maçons que, após a cerimônia de adoção, proporcionam uma recepção festiva com doces e refrigerantes.

Essas festividades ocorrem nos dias de São João, ou seja, a 24 de junho de cada ano. Algumas Lojas adotam meninas e rapazes; outras, somente rapazes.

21 de fevereiro

A BELEZA

Sabedoria, força e beleza constituem a saudação feita na correspondência maçônica, usando-se a abreviatura: SFB.

É o nome da coluna do sul e vem representada no sentido arquitetônico pela ordem coríntia; uma das colunas da entrada do templo, e que tem inserida a letra "J", destina-se à coluna do sul, comandada pelo Segundo Vigilante.

Essa coluna é considerada "feminina", tendo como representação a estátua de Minerva.

O feminismo, aqui, diz respeito apenas ao dualismo, no sentido de oposição à força, que simboliza a coluna do norte.

É evidente que envolve a beleza do caráter do maçom, a educação, a civilidade, a delicadeza com que os Irmãos devem tratar-se mutuamente.

O trinômio sabedoria, força e beleza, expressa o resumo da Arte Real.

Jamais devemos nos distanciar desse trinômio, uma vez que constitui o alicerce da construção espiritual.

Toda construção envolve a beleza de seu projeto, de suas linhas e de sua conclusão.

As coisas belas são apreciadas por todos, em especial pelo maçom.

22 de fevereiro

A BENEFICÊNCIA

Em toda reunião maçônica é cultivada a beneficência, não tanto como ato caritativo mas sobretudo para manter a tradição operativa da Loja.

Oficialmente, os recursos captados para essa beneficência provêm da coleta recolhida pelo tronco de beneficência.

Obviamente, os recursos arrecadados são mínimos e são destinados a algum necessitado, não obrigatoriamente maçom.

Oficiosamente, cada maçom sente a necessidade de amparar o próximo carente; a sua formação espiritual lhe dá esse impulso; o maçom pratica a caridade no sentido material.

A finalidade da Maçonaria não é fazer benefícios no sentido material, mas se é feito, traduz apenas o encobrimento do seu real sentido; a beneficência é esotérica, pois o benefício que cada maçom recebe é espiritual.

A Maçonaria distribui um sem-número de benesses que alcança os pontos mais sensíveis do amor ao próximo; ela prepara o maçom para ser um cidadão exemplar e, como tal, preocupar-se com o infortúnio alheio.

A beneficência pode ser exercitada "mentalmente", enviando por meio da Cadeia de União a "força" necessária para aliviar o aflito e o necessitado.

23 de fevereiro

A BÍBLIA

Para a Maçonaria cristã, o seu livro sagrado é a Bíblia; o vocábulo tem origem grega, significando "os livros"; dessa palavra surgem biblioteca, bibliografia, etc.

Presentemente, é o livro de maior circulação na face da terra, traduzida para todas as línguas e para uma série de dialetos.

O maçom não só deve ver o livro sagrado como joia em sua Loja, mas também como um livro de leitura diária que resume todos os aspectos da vida, exemplificados por homens do passado, sábios e santos.

Nenhum trabalho maçônico é encetado sem antes ler-se um trecho de um livro sagrado. Na atualidade, a maioria maçônica do mundo é cristã, posto o Islamismo seja a religião maior representada; os maçons maometanos são poucos, quase inexpressíveis.

A leitura da Bíblia conforta; se diariamente abrirmos a esmo as suas páginas, em qualquer trecho, e lhe fizermos a leitura, receberemos resposta imediata para as nossas aflições.

Sua leitura reconforta, uma vez que cada trecho é uma mensagem de vida.

É dito que a Bíblia é a "palavra de Deus"; o cristão crê com fé nessa luz e faz da leitura o seu alimento espiritual.

Trata-se de "um dos caminhos" para a redenção espiritual.

24 de fevereiro

BOM PASTOR

A Maçonaria usa essas palavras para variadas funções; o bom pastor é o nome dado a Jesus e se origina de uma das suas mais expressivas parábolas, quando o pastor de ovelhas, após contá-las uma a uma, quando recolhidas no aprisco, nota que falta uma; aflito, põe em segurança as noventa e nove e parte para localizar a centésima, que obviamente se perdera, e o faz com pressa porque a noite aproxima-se e, no campo, os lobos podem devorá-la.

A preocupação do Venerável Mestre pelos Irmãos faltosos que não se unem em Loja com os demais é comunicada ao grupo, que por sua vez se preocupa e, diligentemente, acompanha seu "pastor" na busca pelo irmão extraviado.

Sendo a Loja uma família, nenhum irmão deve se perder; a falta causa tristeza e preocupação.

Nas Lojas, cada membro deve auxiliar o Venerável Mestre a trazer para o "Aprisco" aquele que abandonou o rebanho, uma vez que no campo (mundo profano) muitos são os perigos e o risco de uma perda.

O amor fraternal não pode ser abalado; o todo deve comungar e unir-se; a cada elemento faltoso, surge o abalo que atinge o grupo.

Hierarquicamente, o bom pastor maçônico seria o Grão-Mestre que, por meio de sua palavra semestral, une a si toda a jurisdição.

Cada ovelha deve zelar pela outra, e só assim existirá um rebanho.

25 de fevereiro

BOM-I

É palavra derivada de BEM, que tem vários significados, como a parte positiva de um comportamento; a dádiva ou benesse; é uma virtude e a parte que mais se destaca do dualismo: "bem e mal".

A Bondade é inata no indivíduo comum e normal, pois dificilmente se pode cultivá-la.

Depende, porém, de muitos fatores; diríamos que o principal é a saúde mental e física, sob todos os aspectos; uma pessoa carente dificilmente será bondosa.

A liberdade é outro fator relevante; o próprio animal, quando preso, transforma-se em ser agressivo, irritado e mau.

Certa feita, um discípulo chamou Jesus de "bom Mestre", o que suscitou de sua parte um comentário sábio: "Por que me chamas de bom? Só há um bom, que é o Senhor".

Portanto, podemos afirmar que a bondade é um atributo divino.

Ser bom seria o natural do homem, porque quem o criou desejou criar algo perfeito e definitivo, porém fatores estranhos alimentaram os aspectos negativos com maior cuidado, deixando o bem em um lugar secundário.

A Iniciação maçônica pode transformar o ser humano e despertar dentro de si a virtude que jazia aprisionada. Um renascimento como é a Iniciação dará uma nova personalidade onde as virtudes positivas afloram.

26 de fevereiro

BOM - II

O bem nem sempre é demonstrável; ele pode existir sem que seja percebido; nem todo gesto bom reflete bondade; o déspota que distribui alimento aos famintos não está demonstrando qualquer ato de bondade, mas, na realidade, uma atitude despertada por um interesse às vezes escuso, como o de evitar que os famintos se revoltem.

A espontaneidade deve fazer parte da bondade; deve haver um impulso vindo da parte íntima do ser que, sem qualquer interesse, o faça bondoso. Se após ouvir uma palavra sobre a bondade, alguém impressionado pratica atos generosos, estes serão de nenhum valor, porque foram provocados por fatores externos.

Maçonicamente, trata-se de uma virtude, e todo maçom tem o dever de cultivá-la a fim de que ela resulte em um ato vindo de seu interior.

Ser bom é ser tolerante.

Dizia um sábio: "O mal que me fazes não me faz mal; o mal que eu fizer, esse é que me faz mal".

Ser bom é cultivar o amor fraternal.

É amar o próximo como a si mesmo.

Quotidianamente, a Maçonaria induz o maçom à prática do bem como exercício, buscando na espontaneidade todo o amor existente em nós.

A bondade é um impulso inicial; as benesses lhe sucedem; isso tudo deve ser zelosamente cultivado.

27 de fevereiro

O BURIL

Para desbastar a pedra bruta usamos o escopro; para burilá-la usamos o buril que é um instrumento mais delicado, e mais preciso.

O maçom nada pode fazer sem o auxílio do escopro; o buril, contudo, é usado ou pelo Venerável Mestre ou pelos Vigilantes ou por nós mesmos.

O Venerável Mestre e os Vigilantes usarão o malhete para bater no buril; pelo formato, o malhete não passa de uma miniatura de um maço; é um instrumento contundente, porém mais suave.

O Venerável da Loja não é o único "supervisor" de nosso comportamento, nem os Vigilantes.

A nossa humildade deve aceitar os "mais autorizados" como conselheiros; jamais refutar conselhos e orientações, uma vez que são expressões dirigidas para o nosso bem.

Não são os defeitos e as grandes ações inconvenientes que mais nos prejudicam, mas aquelas atitudes mínimas que costumeiramente demonstramos, parecendo inocentes, mas que contêm veneno, que nos transformam de pedra polida em pedra bruta.

Usemos o buril para a retirada das pequenas arestas quase imperceptíveis e o malhete para a pressão, e então estaremos na direção certa do aperfeiçoamento maçônico.

28 de fevereiro

A CADEIA DE UNIÃO –1

É formada na Loja, colocando-se os maçons ao redor do Altar, entrelaçados pelas mãos e unidos pelos pés e pelas mentes.

É a força espiritual da Loja.

Deve ser formada obedecendo à tradição, esvaziando as mentes e abrindo o coração.

Cada maçom é um elo; foi assim forjado na Iniciação, e a união dos elos forma a cadeia, também denominada de corrente.

Os elos são unidos uns aos outros sem solução de continuidade, e assim é toda a Loja que se entrelaça.

A força da mente conduz à purificação do todo, e essa força somada retorna para cada elo como energia.

A palavra semestral une as mentes quando é passada de ouvido a ouvido a todos os elos.

Portanto, após recebida a mente, apenas obedece a um comando, que é o do Venerável Mestre; subjugada pelo amor fraternal, forma-se um único pensamento que é dirigido àqueles que necessitarem de amparo.

A Cadeia de União tem mais poder que a coleta da bolsa de beneficência; ambas constituem benesses maçônicas e elas devem ser usufruídas por todos os inscritos na Fraternidade Branca Universal.

Todos os maçons devem contatar-se uns com os outros.

1º de março

A CADEIA DE UNIÃO – II

Sendo a mente a irradiadora de energias, forma-se dentro da Cadeia de União um aglomerado de forças que, sob o comando do Venerável Mestre, atinge os maçons necessitados.

Frequentemente, dentro da Loja são solicitadas formações de cadeias da união em benefício de Irmãos enfermos ou necessitados.

Essa força energética não tem fronteiras e a sua emissão é instantânea, uma vez que a velocidade do pensamento supera todas as demais.

Quando um maçom não pode assistir a sua Loja, deve fazer alguns momentos de meditação, em comunhão com os seus Irmãos de quadro, e assim receberá por doação amorosa as benesses de que necessita.

A força mental emanada por uma Cadeia de União pode atingir os profanos, minorar os males sociais, apaziguar a terra.

Essas benesses não ficam adstritas à condição maçônica; podem ser exercitadas em favor de quem as solicita, direta ou indiretamente, por intermédio de um maçom.

Isso tem a ver com a "oração dos justos".

"O pensamento" surgido dentro de uma Cadeia de União tem traços de sacralidade.

Cada elo deve desprender de si todo potencial de que dispõe e doá-lo para o necessitado. Isso é o conceito claro do exercício da caridade.

2 de março

O CÁLICE

O cálice é um elemento comum a todas as religiões que possuem atos iniciáticos em sua liturgia.

O cálice, a taça, o Graal e outras denominações são sinônimos e destinam-se a conter alguma bebida sagrada ou consagrada.

O vaso recebe, normalmente, o vinho tinto, que era e é feito com uvas – seja por simbolizar o sangue, seja porque sendo o seu conteúdo alcoólico leva à embriaguez – consoante as oportunidades, o vinho era feito com uvas, ou com ambrósias, ou com romãs; algumas bebidas conduzem à embriaguez, outras a alucinações, com efeitos rápidos ou prolongados, e como sucede com o suco de romãs fermentado, à excitação sexual, como se depreende lendo o cântico dos cânticos.

Em Maçonaria existem várias cerimônias em que é ingerido vinho; na Iniciação maçônica, a bebida tem o poder de ser inicialmente doce, para transmutar-se depois para terrivelmente amarga.

Nas festividades maçônicas, o uso de vinho não é recomendado, porém, se for distribuído, o maçom deve ser temperante e em hipótese alguma exagerar a ponto de se embriagar, tornando-se inconveniente.

O suco de romãs fermentado é afrodisíaco; o seu consumo é recomendado em caso de frigidez sexual.

Mas... em tudo deve haver prudência e sabedoria.

3 de março

A CALÚNIA

Um dos graves defeitos do ser humano é caluniar.

A calúnia consiste em atribuir a alguém fato definido como crime, atingindo a honra alheia; na maioria das vezes tem raízes na falsidade.

Constitui no Brasil um crime previsto no Código Penal; em certas ocasiões, as ofensas caluniosas são punidas mesmo que surja a exceção da verdade, pois o espírito do legislador foi o de preservar a sociedade.

Atribuir a alguém, em público, a alcunha de ladrão, mesmo que o seja, está atingindo toda a sociedade; se alguém rouba, o caminho certo é chamá-lo às barras do tribunal.

Os regulamentos maçônicos são rígidos a respeito do caluniador.

O maçom deve pensar várias vezes antes de, em um ímpeto nervoso, chamar alguém de criminoso.

Se... esse alguém for um irmão, o delito torna-se mais grave e o ofensor está sujeito às penas da lei maçônica.

Quem cultiva o amor fraterno jamais cometerá a leviandade de caluniar o seu próprio irmão.

Paralelamente ao impulso fraterno está a tolerância, que é uma das maiores virtudes maçônicas.

4 de março

A CÂMARA DAS REFLEXÕES

A Câmara das Reflexões constitui o lugar ultra sigiloso de uma Loja, onde o Iniciado só penetra uma única vez em sua vida.

Ela é construída em lugar oculto, fora do conhecimento dos obreiros, cuidadosamente camuflada, com entrada secreta, de diminuto tamanho, imitando, quanto possível, o "ventre da terra", uma gruta ou um túmulo.

A primeira parte da Iniciação é desenvolvida nessa câmara, que, por esse motivo, assume grande relevância. Ninguém poderá ser regularmente Iniciado se não passar um Tempo determinado dentro dessa câmara.

Grosso modo, podemos descrevê-la como um recinto cujas paredes e teto são pintados de negro; uma mesa e um banco toscos; sobre a mesa, uma ampulheta, um tinteiro, um crânio humano, um recipiente com sal, uma vela acesa e papéis para serem preenchidos; nas paredes, tiras de papel com inscrições alusivas ao ato.

O candidato é introduzido, devidamente vendado, no recinto; fechada a porta, não chega qualquer ruído do exterior.

O iniciando medita.

Todo maçom deveria, pelo menos uma vez, passados os anos, retornar à câmara de reflexões para um exame de consciência e alertar-se de que, na realidade, é maçom.

5 de março

O CAOS

O vocábulo caos é de origem grega e significa "desordem e confusão universal".

Quando Deus se dispôs a construir o mundo, tinha como elemento uma massa informe, úmida e confusa; daquele desordenamento, separou inicialmente as trevas da luz, a água da terra, dela exsurgiu o vegetal, para depois criar os animais e, por fim, o homem.

Em todas as religiões e civilizações há a presença de um "caos", obviamente com variadas denominações: "Svabanat", para o budismo; "Akasha" para os Puranas; "Tohu-va-Bohu", descrito no livro do Génesis; "Neith" para os etruscos etc.

Maçonicamente, diz respeito à intelectualidade; a ignorância seria o caos mental.

A Maçonaria combate a ignorância, o que equivale a combater o caos. A ignorância conduz a uma série de males, uma vez que impede o uso da mente, sufoca a inteligência, anima a soberba, enfim, a vida exige cautela e discernimento.

O maçom deve aprimorar sua educação e ampliar o seu conhecimento em um esforço constante e, assim, afastar o caos que tem sido a raiz dos males sociais.

6 de março

CARGOS

Dentro de uma Loja maçônica inexistem cargos maiores ou cargos menores; todos são importantes.

Todos são cargos honoríficos e desempenhados com interesses dentro de suas atribuições, obedecendo a funções fixas, que independem de serem ordenadas e tomando parte da programação estabelecida com antecedência.

Para que os membros da Loja possam executar com experiência as suas funções, é de todo conveniente que iniciem com as funções mais simples; o futuro Venerável Mestre deverá ser um maçom que tenha passado pela secretaria, oratória e vigilâncias; somente, então, estará apto para conduzir os destinos da Loja.

As Lojas que obedecem critérios maduros têm o cuidado de preparar os futuros veneráveis mestres que deverão ter, além da experiência administrativa, pleno conhecimento da legislação maçônica.

Ademais, devem possuir qualidades de liderança, afeto e, sobretudo, tolerância, compreensão e amor fraternal.

O maçom não deve insistir em galgar um lugar para o qual não possui aptidões; a distribuição de cargos não raro tem propiciado inconveniências e fracassos. O maçom deve aceitar o que lhe é proposto e gerir o seu cargo com respeito, diligência e tolerância.

7 de março

A CARIDADE

Para que um maçom revele seu caráter caritativo, faz-se necessário despertar nele o sentimento de altruísmo e solidariedade, dirigindo o seu interesse em direção aos demais, ao próximo e aos necessitados.

A caridade é uma das primeiras virtudes do cristão, formando a trilogia: Fé, Esperança e Caridade, que muitos traduzem por amor, que no caso apresenta-se como sinônimo.

Fazer caridade não constitui, simplesmente, em auxiliar a outrem, mas em exercer uma virtude capital com toda plenitude.

Além do exercício individual da caridade, a Loja em conjunto, por intermédio do hospitaleiro, faz de forma discreta a caridade, em duplo aspecto; dando os óbulos recolhidos em cada sessão aos necessitados; dar amparo moral a quem precisa, buscando a aproximação para amenizar o sofrimento.

O maçom deve cultivar essa virtude iniciando como se fora um hábito; a quem lhe estende a mão, deve atender; o pouco dado pode amenizar a necessidade; quando surge um esmoleiro, o maçom tem dois deveres a cumprir: o social e o vindo de seu coração.

A caridade, em si, é uma permuta, pois quem doa receberá (como diz o povo) em dobro.

Para colher, é preciso dar. Mas... dar com amor.

8 de março

CARISMA

Do grego *Kháris,* com o significado de alguém possuidor de um dom. É a qualidade que uma pessoa tem de atrair sobre si a atenção, o interesse e a curiosidade.

Os líderes têm como ponto de partida esse dom, e é por isso que conseguem liderar um determinado movimento.

A liderança não exige beleza física, simpatia, bondade, mas inteligência para aproveitar o dom recebido.

A Maçonaria em si é uma escola de liderança, pois exercita em suas sessões a liberação das qualidades que por timidez são sufocadas; toda vez que encontramos um líder no mundo "profano", podemos ter a certeza de que as suas raízes estão profundamente, e com muita solidez, fixas em terreno fértil.

Cultiva-se o carisma; basta evidenciar-se com humildade e simplicidade.

A Maçonaria transforma o pusilânime em líder; o fraco em forte, o tímido em ousado.

Todos podem ter uma liderança, iniciando-a na própria família, no trabalho e na Loja, local onde será fácil, uma vez que as oportunidades são maiores, não havendo constrangimento, dado que todo o grupo é considerado como conjunto de Irmãos.

Seja, cada maçom, um líder no seu meio ambiente, e assim terá construído a sua vitória.

9 de março

O CASAMENTO

Trata-se de uma cerimônia universal e de tradição milenar; propriamente, inexiste na liturgia maçônica.

O maçom que casa sente o prazer de apresentar a sua esposa aos seus coirmãos, e isso é feito em um cerimonial apropriado, que se denomina: "confirmação do casamento" ou "reconhecimento matrimonial". Durante a cerimônia, que é suave, romântica e emotiva, os nubentes repetem a intenção de se manterem fiéis um ao outro, durante toda a vida; a cerimônia é realizada dentro do templo.

Esse cerimonial não substitui a cerimônia civil ou religiosa; não é oficialmente reconhecido e não passa, portanto, de um ato social, levado a efeito na intimidade de uma Loja.

Nos dias atuais, o instituto do casamento sofre agressões impiedosas; a juventude afasta-se do cerimonial civil e religioso; há, apenas, um "acasalamento".

As separações e os divórcios crescem em escala geométrica, e tudo leva a crer que em breve o cerimonial do casamento passe a ser coisa do passado.

O maçom, contudo, deve manter o instituto e sobretudo a parte esotérica, qual seja, a da mútua fidelidade em benefício da família; a confirmação maçônica reforça esse propósito que, sendo universal, deveria ser permanente.

10 de março

CAVERNA

A caverna foi o primeiro abrigo que o homem encontrou para refugiar-se das intempéries e dos inimigos naturais, as feras.

Ainda hoje, essas habitações são encontradas nos povos incultos, em certas tribos africanas e nos místicos-hindus os gurus ou enviados divinos que escolhem as cavernas naturais para meditar e dali enviarem os seus pensamentos filosóficos aos que vêm a eles.

As cavernas foram muito usadas como sepulcros naturais pelas antigas civilizações.

Filosoficamente, diz-se que o homem permanece em sua própria caverna para significar que o seu pensamento não evolui.

O espírito da caverna significa o espírito inferior que foge da luz, preferindo o isolamento e o ostracismo.

O maçom nunca deve sentir-se só; ele pertence ao grupo e por esse motivo jamais se instalará em qualquer caverna.

Todos nós devemos fugir do isolamento e buscar o convívio com os Irmãos e com eles comungar.

Sobranceiramente, devemos buscar as altitudes para deslumbrar o que é livre.

Na Iniciação, já estivemos uma caverna; não retornaremos a ela porque ficaremos libertos das nossas paixões.

11 de março

CENSURA

Sendo a tolerância um dos fundamentais princípios da Maçonaria , só em casos extremos e por motivos relevantes que não possam ser desculpados de imediato é que a Loja aplica uma moção de censura. A forma dessa punição depende do que a Loja estabelece no seu regulamento interno.

Genericamente, porém, é solicitado ao maçom faltoso que "entre colunas" esclareça o seu caso; a seguir, é convidado para sair do templo e, por escrutínio, a Loja decide, por maioria, censurar ou não o faltoso; readmitido, é-lhe comunicada a censura, que recebe com humildade.

O Venerável Mestre, contudo, após feita a censura, pode "anistiar" o faltoso, determinando que o fato não seja registrado em ata.

No processo, destaca-se o comportamento do irmão dado como faltoso, que, com humildade, coloca-se no meio da entrada para justificar-se, após ouvir a acusação.

Recebida a censura, o maçom a acata, sempre com humildade, dando uma lição de política de grupo, submetendo-se à decisão da maioria.

Por sua vez, o Venerável Mestre, espontaneamente ou atendendo a um pedido de irmão presente, pode comprovar a virtude da tolerância e anular a censura. Embora anulado o fato, não deixa de calar fundo o faltoso e os presentes, que aplaudem a decisão como demonstração de carinho fraternal.

12 de março

O CENTRO DA LOJA

A Loja maçônica tem a forma de um quadrilátero; portanto, desenhadas as suas diagonais, na inserção das linhas surge um ponto que se denomina de centro geométrico da Loja.

Nesse centro será colocado o Ara ou Altar.

As catedrais são construídas obedecendo rigorosamente o ponto central; porém, a sua situação geográfica não condiz com uma exatidão geométrica.

O ponto central que é conhecido é o traçado da grande pirâmide de Quéops, pois é realmente o ponto que corresponde ao centro dos meridianos e atinge em linha vertical um ponto esotérico no Cosmos.

Esse centro, contudo, deve ser considerado como "simbólico", pela impossibilidade prática de consegui-lo.

Por outro ângulo, o maçom, dentro da Loja, constitui o seu centro, considerando que cada maçom possui o seu próprio templo interno.

O maior dos símbolos maçônicos é o próprio maçom, e assim é o centro de toda liturgia, de todo trabalho e de todo o interesse.

Portanto, como centro, o maçom deve conscientizar-se de que possui inestimável valor nas sessões maçônicas.

No Cristianismo, o homem também é o centro vital da Natureza, uma vez que o Cristo habita nele.

E como centro, o maçom assume maior responsabilidade, em tudo.

13 de março

CERIMÔNIA

A cerimônia exige certas normas a serem observadas, o que lhe empresta respeito, emoção e seriedade; um cerimonial não é exclusivamente religioso, pois o há, também, no plano civil e militar.

Em tudo, porém, o que é praticado obedece a certas normas, seja de educação, bom gosto, temperança etc.

Na Maçonaria, tudo é realizado em obediência aos rituais que exigem atos sucessivos de cerimônias.

O que se destaca em um feito cerimonioso é a perfeição como ele é conduzido, face ao hábito, à experiência e ao zelo empregados para que resulte em eficácia.

Quando a cerimônia sofre algum "senão", esse é denominado de gafe.

Para se evitar essas gafes tão comuns, tudo o que se pratica deve, antes, ser planejado com critério e sabedoria.

O falar, o apresentar sugestões o decidir devem ser repensados mais que uma vez.

Essa prudência leva à perfeição, evitando-se, assim, constrangimentos e críticas.

O maçom deve estar sempre *in vigilando,* ou seja, alerta para a sua atuação não resultar em leviana.

Quem age com cerimônia jamais errará, será admirado e benquisto.

14 de março

A CHAMADA RITUAL

É assim denominado o ato de bater à porta do templo; cada grau possui golpes distintos para identificação. Aqui chamamos a atenção de que apenas o Mestre de Cerimônias tem essa prerrogativa de bater à porta do templo. No caso de um retardatário (que a rigor não há), ele dará as batidas convencionais, mas a porta não lhe será aberta; é necessário que o Mestre de Cerimônias, devidamente autorizado, saia do templo, para depois retornar às batidas, pois ninguém pode adentrar uma vez iniciados os trabalhos, para que a harmonia dos mesmos não venha a ser quebrada.

Essa prática vem do Cristianismo, pois o Mestre dos mestres dissera: "Batei e abrir-se-vos-á", porém no sentido de que só ele, o Cristo, poderá fazê-lo. Como disse mais tarde o apóstolo São Paulo: "Cristo é quem bate em mim", ou seja, é o espírito crístico em cada um que poderá bater às portas do reino dos céus.

Essa prática é profundamente esotérica, e a Maçonaria prima na observância desses preceitos.

Para que o maçom possa "bater" à porta de seu templo interno, deve invocar a presença crística, pois só o Cristo o poderá fazer.

O assunto é profundo, mas sempre aceito para a meditação de quão amplo é o sentido cristão em cada ser.

15 de março

CHAVE

Esse objeto implica a existência de uma "fechadura"; o engenho é de antiga construção, e uma lenda em torno da Arca da Aliança informa que essa era "fechada com uma chave".

A história sagrada, contudo, não faz alusão a respeito.

A chave é o símbolo da inteligência, da prudência, da segurança e das coisas que devem permanecer ocultas.

Na Maçonaria, a chave é um símbolo exclusivo dos graus filosóficos, pois, por ocasião da Iniciação ao Grau de Mestre secreto, é entregue ao Iniciado uma chave de marfim.

O conhecimento é considerado uma chave que abre todas as portas dos mistérios, do desconhecido e do Universo.

O maçom recebe a chave como símbolo de que deve manter em segredo os ensinamentos recebidos e guardá-los em seu coração, que considera o "escaninho" esotérico e inviolável.

A Igreja tem na chave um símbolo religioso que teria sido entregue a São Pedro pelo Cristo, com o significado de "abrir todas as portas do céu". Nas Lojas maçônicas, o símbolo do tesoureiro são duas chaves entrelaçadas; uma para abrir o que está guardado; outra para abrir os valores espirituais.

O maçom deve manter sob "sete chaves" os segredos da Ordem, ser discreto e leal.

16 de março

'CHRISTÓS'

Trata-se de uma palavra grega que significa "ungido". Os cristãos o adotaram após a morte de Jesus, significando em hebraico: o Messias.

Os hebreus aguardam até hoje a vinda de um Messias; não aceitaram a pessoa de Jesus, o esperado Messias, aquele que reinaria com justiça e de forma permanente.

Jesus é denominado Cristo e mencionado como Jesus Cristo; em algumas línguas, os dois vocábulos unem-se, como no italiano "Gesu cristo"; no entanto, o correto será dizer: "Jesus, o Cristo".

Em certos ritos maçônicos não usados no Brasil, o maçom, ao atingir o último grau, é considerado um "ungido" e é denominado de "Christós", sem que isso signifique ato de profanação do aspecto religioso cristão.

Os cristãos, contudo, têm consciência que possuem dentro de si o Cristo a quem reverenciam de fora para dentro e a quem suplicam as benesses aspiradas.

São Paulo dizia: "Não sou eu que vive, mas Cristo vive em mim".

O maçom, por sua vez, pode afirmar a existência desse Cristo interno, base de sua fé cristã.

É a parte espiritual que não deve ser desprezada, mas sim cultivada, uma vez que se trata do maior valor possuído.

O comportamento de quem possui dentro de si o Redentor obviamente deverá ser digno dessa situação.

17 de março

CIVISMO

O civismo é o respeito à pátria, nela compreendida a autoridade que a administra.

Os maçons "juram" fidelidade à pátria e aos governos legitimamente instalados.

A Maçonaria cultiva o civismo, comemorando as datas históricas pátrias, a bandeira, o escudo e os vultos que se destacaram.

Apesar de a Maçonaria ter caráter universal, pátrias sem fronteiras; o culto à pátria onde tem sua sede lhe é sagrado; qualquer evento histórico maior sempre irá inspirá-lo, seja como maçom individual, seja como instituição.

Contudo, não bastam as festividades; é preciso tomar parte nos eventos do dia a dia, prestar auxílio aos necessitados, empreender tudo para que os governos administrem com justiça e equidade.

Orientar a própria família para que os filhos possam ser cidadãos leais; instruir-se para conhecer os hinos patrióticos, os feitos de nossos heróis.

Participar das discussões preliminares que culminam em leis, enfim, participar com o seu voto para que haja democracia.

O maçom, antes de tudo, é um democrata.

Luta para manter essa democracia, que lhe garante a liberdade de reunião e de pensamento.

18 de março

O COMPASSO

A régua das 24 polegadas, o Prumo, o Nível, o esquadro e o compasso são os instrumentos simbólicos que o maçom deve aprender a manejar com maestria.

Filosoficamente, o homem constrói a si mesmo, e, para que resulte em um templo apropriado para glorificar o Grande Arquiteto do Universo, torna-se indispensável saber usar cada um dos principais instrumentos da construção.

Dos alicerces ao teto, todos eles são indispensáveis, e quando surgir em nosso caminho algo com aparência de incontornável, lancemos mãos da alavanca. Removido o obstáculo, teremos uma edificação gloriosa que nos honrará.

O compasso mede os mínimos valores até completar a circunferência e o círculo. Sejamos o centro desse círculo, onde fixamos uma das hastes do compasso e, girando sobre nós mesmos, executaremos com facilidade o projeto perfeito.

O entrelaçamento do compasso com o esquadro será o distintivo permanente da Maçonaria. Nossa vida é uma prancheta onde grafamos os projetos que, estudados e calculados os seus valores, resultarão no caminho completo para a construção de nosso ideal.

19 de março

O COMPORTAMENTO

O comportamento é um reflexo da personalidade e, obviamente, pode ser, por meio do conhecimento (instrução), alterado; a moral é o elemento básico do comportamento; a sociedade espera que seus membros aperfeiçoem o comportamento; normalmente, o comportamento tende a seguir pelo caminho do bem; em sentido inverso, o mau comportamento passa a ser um desvio de conduta.

Com a Iniciação maçônica, a instituição não pretende transformar o homem profano em um ser perfeito, diferente dos demais, criando uma figura especial.

Obviamente, como acontece nas religiões, o indivíduo que se dedica a amar o próximo exteriorizará um comportamento social cada vez melhor.

No entanto, o comportamento maçônico difere do comportamento profano. A diferença reside no fato de o maçom viver em Loja e conviver com outros maçons, em uma permuta constante de suas virtudes que afloram do seu interior espiritual.

Diz o sábio ditado: "Dize-me com quem andas, que te direis quem és".

O maçom deve ter sempre presente o fato de que pertence a um grupo seleto, formado por iniciados.

O seu comportamento deve ser excepcionalmente bom, em todos os sentidos.

20 de março

A CONCENTRAÇÃO

É a fixação de todas as forças mentais, dirigidas para determinado ponto.

Em Maçonaria, inexistem atos de concentração, mas sim de meditação; a diferença entre esses dois atos consiste em que a meditação é conduzida de modo natural, sem esforço mental; na Cadeia de União, a meditação conduz a mente para seu "interior", de modo suave e imperceptível.

Para a hipnose, usa-se a concentração do paciente, o que vem comprovar a diferença.

Para o maçom ingressar em meditação, basta fechar os olhos e o desejo; de imediato a mente é ativada e, "solta", viaja para qualquer ponto, desejado ou não.

A concentração decorre de um esforço prolongado para dirigir o pensamento a um ponto definido; na hipnose, a finalidade da concentração é que o paciente caia em sono, inicialmente leve, para em seguida ser profundo; o comando para a prática de atos como o de não sentir dor, de não fumar ou de libertar algum membro semiatrofiado, é dado quando o paciente se encontra em profundo sono.

A concentração causa cansaço, enquanto a meditação, alívio.

Dentro da Loja, o maçom deve procurar afastar-se de atos de concentração, pois os resultados seriam negativos.

21 de março

A CONSAGRAÇÃO

O vocábulo significa tornar sagrado um templo, isto é, habilitá-lo para receber os adeptos com a finalidade de honrar e cultuar uma divindade.

A Maçonaria consagra os seus Templos usando um ritual apropriado por meio de tocante cerimônia; o uso da consagração é relativamente moderno, pois as constituições de 1717 e 1723 não fazem referência a esse respeito.

A consagração, porém, não é ato exclusivo que respeite a um templo, pois todo "novo maçom", logo após a sua Iniciação, é consagrado pelo Venerável Mestre, que coloca a lâmina de sua espada sobre sua cabeça e pronuncia a fórmula consecratória com o malhete na lâmina por três vezes.

Na época cavalheiresca, os cavaleiros eram consagrados, também, com a espada, batendo a lâmina nos ombros; difere da cerimônia maçônica, pois, na realidade, quem consagra não é a espada, mas sim as "vibrações" que os golpes do malhete produzem e que penetram na parte íntima do Neófito.

Todo maçom deve recordar, sempre, que além de Iniciado foi consagrado para sua maçônica missão.

Sagrado significa "selecionado".

22 de março

A CONSCIÊNCIA

O homem apresenta, *grosso modo*, três momentos: a consciência, a subconsciência e a hiperconsciência. Esses momentos podem receber outras nomenclaturas; usam-se os mais comuns, uma vez que pouco importa a definição, mas a compreensão exata.

Diz-se consciência, a sala dos passos perdidos; subconsciência, o átrio, e hiperconsciência, o templo. Assim, a consciência do maçom será a manifestação externa de seu ser; a subconsciência, o homem íntimo, o que afine com o coração, hiperconsciência, a sua parte divina, mística, esotérica, enfim, seu templo interior.

Com essa simples divisão, compreenderemos a diferença entre ego e eu.

Alexis Carrel é autor de um livro magnífico: *O homem, esse desconhecido*.

O homem viaja pelo Cosmos exterior e vislumbra o infinito, porém tem dificuldade para incursionar dentro de si mesmo, onde poderá encontrar tanto infinito como jamais pensou que possa existir.

A busca é uma experiência particular de cada maçom que, por meio da meditação, pode "adentrar-se" e "descobrir-se", mesmo que alcance apenas o umbral.

Cada um de nós deve encetar essa busca o quanto antes.

Hoje mesmo.

23 de março

CONSENTIMENTO UNÂNIME

Consentir significa aprovar, permitir, concordar; nos primórdios da Maçonaria moderna, muito antes de 1723, o candidato proposto somente era aceito pelo consentimento unânime; nessa votação era empregada a fórmula secreta, porque uma única oposição bastava para que o proposto nunca mais encontrasse oportunidade de ingressar na Instituição.

Hoje prossegue a tradição, pois, por ocasião do escrutínio levado a efeito pelas esferas negras e brancas, quando são colocadas duas ou mais esferas, a repetição do ato deve aguardar o espaço de um ano; existem exceções, dependendo do que a legislação de cada obediência determine.

Quando surge apenas uma esfera negra, há possibilidade ou de uma nova votação ou de que quem votou em negro possa esclarecer de forma particular ao Venerável Mestre o porquê do seu voto negativo.

O Venerável Mestre tem o poder de transformar esse voto em aprovação, pois, frequentemente, a negativa depende de interpretação equivocada do votante.

O ato de votar é de suma responsabilidade; trata-se do recebimento na família de um novo membro.

No escrutínio, o maçom deve estar consciente do ato que pratica, não ser leviano nem exigente em demasia.

O equilíbrio é de todo necessário.

24 de março

CONSTITUIÇÕES

São as leis maiores de todo agrupamento organizado, essenciais para que haja ordem no caos.

Cada potência maçônica isolada, seja uma grande Loja ou grandes Orientes, deve possuir a sua Constituição.

A Constituição em si não é tão importante como a sua Instituição; para constituí-la é necessário convergir a vontade do povo maçônico, sendo assim, a expressão máxima de como aquela obediência pode subsistir legitimamente.

Uma Constituição é um instrumento genérico que contém as linhas-mestras de uma Instituição, pois visa disciplinar, quase que permanentemente, as regras de comportamento.

Quanto mais antiga uma Constituição, mais sábia ela resultará.

Não existe propriamente, hoje em dia, uma constituição abrangente e uniforme, e por esse motivo, a espinha dorsal maçônica ainda são as constituições de Anderson de 1717 e 1723.

Todo maçom deve possuir um exemplar dessas constituições básicas, para compará-las com as constituições de sua própria obediência.

Os princípios que essas constituições observam são fruto de um longo e judicioso trabalho que, embora não seja perfeito, possui suficiente credibilidade para subsistir até hoje.

O maçom deve ser fiel às leis de sua Ordem.

25 de março

CONSTRUÇÃO DO TEMPLO DE SALOMÃO

Essa expressão é usada de modo simbólico e diz respeito ao trajeto que o Aprendiz deve percorrer até conseguir colocar-se diante do Altar, para contemplar a Deus.

É a construção interior do grande templo espiritual, individual e coletivo, ao mesmo Tempo.

Diz-se, também, quando uma Loja resolve construir seu templo material, onde, como oficina, desenvolverá seu trabalho.

A construção do templo interior individual deve iniciar-se com a seleção das pedras de alicerces, ou seja, escolher as pedras brutas que se prestarem ao esquadrejamento, para depois desbastar-lhes as arestas.

Ao construírem-se os alicerces, devem ser empregados os instrumentos próprios da construção, e isso com conhecimento.

Se o Aprendiz não souber usar o Nível e o Prumo, as paredes que pretende erigir cairão e o trabalho terá sido em vão.

O templo interior coletivo será a soma dos Templos individuais, onde serão convidados os Irmãos para, em coro, primeiramente louvar ao Senhor, e depois cultivar o amor fraterno.

Na Cadeia de União unem-se como elos os Templos individuais do interior.

O trabalho na oficina maçônica será global e coletivo.

26 de março

CONTEMPLAÇÃO

O vocábulo sugere a caminhada em direção de um templo; trata-se de uma postura estática que precede o ingresso pela meditação ao mundo espiritual.

É o instante em que o maçom, na formação da Cadeia de União, dispõe-se a penetrar no mundo ignoto, mas atraente da mente, buscando penetrar na mente do irmão que lhe está ao lado para uma fusão, e assim desaparecer a individualidade, para que os elos formem a cadeia.

Os hindus empregam, para o início contemplativo, o mantra, que é o pronunciamento de determinada palavra, cujo som conduz à meditação.

A meditação é o ato de interiorização; a contemplação é o ato de exteriorização; o maçom "contempla" os símbolos, envolvendo-os com o seu olhar, para depois buscar "adentrar" nos mesmos com a finalidade de absorver uma mensagem.

A contemplação é a antessala da meditação.

A visão participa ativamente; após a contemplação, dentro da Cadeia de União de todos os semblantes que a formam, o maçom cerra as pálpebras, mantendo na mente as imagens que são gravadas e conduzidas para o templo interior.

A formação da Cadeia de União exige conhecimento e adestramento. O maçom deve buscar, sempre, a informação respectiva.

27 de março

O CORAÇÃO

Esse órgão sempre foi considerado o "centro vital" do organismo; "amar com o coração" é a expressão poética.

Maçonicamente, o coração é o símbolo das emoções, e no Grau de Companheiro, a postura correspondente é feita colocando a destra, sob forma de garra, sobre o coração.

O rei Salomão ordenou, nas exéquias de seu grande artífice Hiram Abiff, que seu coração fosse conservado em uma urna.

Em certos graus da Maçonaria Filosófica, há várias alusões sobre o coração; no julgamento de Ísis, o coração do morto é pesado para ver se as suas boas obras preponderam sobre a má conduta.

A "cordialidade", o "ser cordial", provém do vocábulo coração, que tem origem latina. A cordialidade é um atributo maçônico.

A Igreja venera os corações de Jesus e Maria e os representa flamejantes, ou seja, em sua forma anatômica, envoltos em pequenas chamas.

Em determinado grau filosófico, é feita referência ao símbolo do "coração flamejante".

Nas catacumbas romanas notam-se as lápides dos cristãos primitivos adornadas por corações, simbolizando o amor.

O maçom deve amar, profundamente, com todas as forças do coração, aos seus Irmãos.

28 de março

A CORAGEM

A coragem deriva do vocábulo "coração", significando a disposição anímica para enfrentar o perigo.

O ato de coragem surge diante de um perigo e é um impulso que vem de súbito, sem prévia preparação.

Durante a Iniciação maçônica, são feitas frequentes menções a respeito da coragem que o candidato deve manter para vencer os obstáculos.

Trata-se, sem dúvida, de uma virtude.

Na Maçonaria, a coragem é posta à prova do candidato que enfrenta um perigo invisível. É necessário, por outro lado, revestir-se de coragem para resistir ao vício e à tentação.

O perigo invisível é muito mais temível que o visível.

Na vida, nas mínimas coisas, deve-se resistir, demonstrando uma coragem consciente.

Para tudo a coragem deve ser exercitada, não apenas para os fatos graves, mas até para retirar da mente pensamentos que não convêm.

A coragem é uma reação que parte do coração, como impulso espontâneo, viril e decidido.

O ato que a provoca decorre de princípios os mais salutares, e por esse motivo é que o maçom é considerado virtuoso e corajoso.

29 de março

O CORDEIRO

A raiz da palavra cordeiro continua sendo a mesma do coração; o cordeiro é o carneiro ou a ovelha recém-nascidos, cujo período vai do nascimento até que, espontaneamente, ingere a primeira folha, em sua Iniciação em busca do próprio alimento; é o símbolo da candura, da pureza, do amor, da paz, da bondade e da salvação.

No Cristianismo, simboliza Jesus.

Em astronomia, quando o Sol entra em Áries (cordeiro) dá início ao equinócio da Primavera, simbolizando a ressurreição, quando o reino vegetal desabrocha.

Na Maçonaria, o cordeiro passou a ser o símbolo da pureza, tanto que é dado ao Aprendiz um avental feito de pele de cordeiro.

Em alguns graus da Maçonaria Filosófica faz-se alusão ao cordeiro, em especial no Grau 18, quando na ceia são servidos pão, vinho e cordeiro assado (cerimônia que foi simplificada suprimindo o assado).

No livro do apocalipse é feita menção ao cordeiro, simbolizando Jesus, o Cristo, e representado por um livro do qual pendem sete selos, que são os véus que encobrem, ainda, os mistérios que hão de ser desvendados ao final do ciclo de nossa era.

O maçom deve manter a mente "imaculada" às agressões exteriores, como se participasse da candura de um cordeiro.

30 de março

A COROA

Coroa é um adorno cujo nome provém da mesma raiz da palavra "corno" (os cornos na cabeça de Moisés); o adorno usado pela realeza significa poder; inicialmente, era formada com ramos de certas espécies de plantas que possuíam atributos mágicos, como o louro, a oliveira, o mirto e a hera; faziam-nas com flores para os adolescentes e mulheres.

Posteriormente, os ramos foram substituídos por adornos leves de ouro; reis e imperadores passaram a usá-las; os lombardos usavam-nas de ferro.

O poder e a majestade, no caso de Jesus, foram substituídos pela humilhação, na forma de coroa de espinhos.

Em certas cerimônias, a Maçonaria usa a coroa, em especial nos graus superiores filosóficos.

A coroa simboliza, também, a proteção; quem a usa estará protegido pelo poder superior.

Com o surgimento da universidade, o estudante, alcançada a etapa final, recebe o capelo, substituto da coroa; os magistrados usam-no simbolizando estarem sob a proteção da lei.

Os atletas vigorosos recebem a coroa de louros.

Os cristãos que mantêm a fidelidade, ao final de sua etapa, recebem a coroa da vitória.

Esse ideal deve ser perseguido por todos os maçons.

31 de março

A CRENÇA

A crença reflete uma convicção em alguma coisa esotérica, mística ou religiosa.

Sendo uma ação empírica, ela é produto de fé.

Maçonicamente, constitui um dogma; a Maçonaria exige do candidato e, posteriormente, de seu adepto que tenham crença em Deus, como base fundamental de sua convicção maçônico-filosófica.

A liturgia é composta de efeitos místicos traduzidos em sinais, palavras e posturas.

Tudo tem uma razão de ser nessa liturgia, e o maçom a aceita como se fora um culto.

Entre si, os maçons cultivam o amor fraterno como se fosse uma crença; trata-se de uma postura mística, uma vez que sem o afeto, o respeito e a amizade, nenhum corpo maçônico poderia sobreviver.

Essa amizade revertida em amor produz seus frutos, que são a tolerância, a compreensão, o afeto e a sinceridade, entre outros.

Não é a Instituição que institui o amor fraterno, mas é cada maçom individualmente que propugna por esse comportamento.

Um aperto de mão caloroso, um abraço afetuoso, palavras gentis, compreensão, o aceitar conselhos, o aconselhar, enfim, o comportamento essencialmente familiar faz do maçom um ser humano seleto.

1º de abril

O CRISTIANISMO

Apesar de os evangelhos, os Atos dos apóstolos, as cartas apostolares e o apocalipse não mencionarem o vocábulo "religião" *(religare,* ou seja, tornar a ligar), o Cristianismo é considerado uma religião.

Cristianismo significa: o culto a Cristo; a doutrina cristã é muito difundida no Brasil e no Rito Escocês Antigo e Aceito, que é o mais difundido pela Maçonaria brasileira, filosoficamente é considerado cristão.

Em todos os graus existem referências, títulos e toques reveladores do Cristianismo; no Grau 18, denominado de príncipe Rosa-Cruz, esse príncipe seria Jesus, o Cristo, e a cerimônia é uma celebração da Santa Ceia do Senhor.

Apesar disso, o culto maçônico não constitui uma religião e a Maçonaria aceita em seu meio qualquer elemento que creia em Deus, e não necessariamente cristão.

Porém os cristãos maçons não separam a sua crença no Cristianismo da Filosofia Maçônica.

O maçom cristão deve se revelar um excepcional cristão, uma vez que ambas as filosofias mantêm uma direção única; o ser humano, como criatura de Deus, em direção ao amor pregado no evangelho.

Bom maçom, bom cristão.

2 de abril

A CRUZ

Em todos os povos, a cruz é símbolo de veneração, mesmo abstraindo-se o significado de sacrifício por ter sido usada para crucificar Jesus.

A cruz é formada por dois ângulos retos, encontrando-se os seus vértices; vem representada em várias formas, com um braço simples formado por meia linha horizontal sobre uma linha maior, vertical.

Os gregos a apresentam na forma de uma de suas letras do alfabeto, o tau, e tem o formato de um T maiúsculo; temos a cruz latina, a ansata, a suástica ou de Santo André, no formato de um X; cruz Radiada, a patriarcal formada por duas barras transversais; a Perronée, cruz que assenta sobre degraus.

Existem as cruzes compostas, como o "Pirou", formado por um X superposto à letra P e a Rosa-Cruz, uma cruz cuja inserção central apresenta uma rosa.

Na Maçonaria, são aceitas como símbolos a cruz latina e a cruz patriarcal, essa como símbolo do Grau 33 do Rito Escocês Antigo e Aceito.

Entre os cristãos, a cruz é usada como adorno, formada em ouro, de pequeno volume e trazida como colar, tanto por homens como por mulheres.

Os colares usados na Maçonaria são de uso interno na Loja e não como adorno individual no mundo profano.

3 de abril

O CULTO

Culto significa adoração, homenagem, veneração à divindade; é o ato de "cultivar", ou seja, o cuidado para com os que se iniciam em algum trabalho, como, por exemplo, na agricultura; é um cuidado, um estudo, uma tarefa.

O culto tem sido usado mais para expressar uma religiosidade, sendo a tendência do ser humano para com o "mistério", para com o "incognoscível".

A Maçonaria presta culto ao Grande Arquiteto do Universo, bem como à ciência e à filosofia, sem esquecer o culto à pátria, às virtudes, à beleza, enfim, ao que merece respeito e veneração.

A essência maçônica, porém, no que diz respeito ao culto, vai em direção a Deus.

Como reflexo, retorno e consequência, esse culto vai em direção a todos os Irmãos de Ordem, resumindo-o em uma frase: culto ao amor fraternal.

O culto exige uma atenção especial; momentos de dedicação em que a mente preocupa-se exclusivamente com o ato.

Como o maçom crê na existência de um templo interior, o melhor culto a Deus será o da interioridade do maçom.

As nossas preces devem ser dirigidas não para o "alto", nem para a frente, mas para "dentro"; Deus não está lá, mas aqui.

4 de abril

A CULTURA

O vocábulo deriva de "culto", mas no sentido de enriquecimento da mente, pelo estudo e pelas práticas escolares e universitárias.

O homem culto sobressai dos demais e conquista o respeito dos seus semelhantes.

O oposto da cultura é a ignorância, que avilta o homem.

A Maçonaria, no intuito de aperfeiçoar os seus adeptos, tem na cultura a base de sua organização.

Para o ingresso na Ordem Maçônica não é exigido título universitário, bastando que o candidato prove ser alfabetizado.

Contudo, o estudo, quer Iniciado na infância, quer na maturidade, leva a pessoa a adquirir uma habilitação para que seu trabalho encontre melhor remuneração.

A cultura, porém, pode estabelecer-se em uma mera instrução; boas leituras, interesse pelas artes, diálogo bem constituído, tudo pode conduzir o maçom ao respeito dos seus Irmãos.

O nivelamento da "classe" deve ser sempre por cima e jamais por baixo.

Para a compreensão da Maçonaria, o maçom deve adquirir sua biblioteca especializada e ler muito, pois somente assim poderá compreender a filosofia maçônica.

5 de abril

DEBHIR

Essa palavra é referida no Primeiro Livro dos reis e pode traduzir-se como "lugar muito santo", que passou em latim como *Sanctum Sanctorum*.

Em uma Loja Maçônica Simbólica, o Oriente denomina-se de *Sanctum santorum,* ou seja: "Santo dos Santos".

No Grau 4 da Maçonaria Filosófica, as exéquias de Hiram Abiff realizam-se no *Sanctus Sanctorum,* ou *Debhir.*

Como as Lojas são apenas um pálido reflexo do Grande Templo de Salomão, o seu "Santo dos santos" é modesto e não tem a sacralidade que o nome indica; é denominado assim porque no Oriente, onde se encontra o trono do Venerável Mestre, sobre o dossel encontra-se o "triângulo sagrado"; trata-se de um pequeno triângulo de cristal tendo em seu centro a palavra hebraica *Iod,* que significa Deus.

Representaria a presença divina na Loja, pálida e simbolicamente.

No templo interior, que todo maçom possui, existe esse "Santo dos santos", que deve ser venerado.

Embora se trate de um assunto por demais esotérico, todo maçom tem o dever de conhecer esse seu interior; do conhecimento resultará uma grandiosa benesse.

6 de abril

DEBATES

Em Maçonaria, são comuns os "debates" programados ou permitidos quando, em Loja, surge a oportunidade de esclarecer um tema ou enriquecer um conhecimento. Os regulamentos maçônicos são rígidos em disciplinar todo debate. Não há que se confundir o uso da palavra com o debate; quando um maçom solicita a palavra, pode ser contestado logo a seguir, obedecendo a ordem programada por outro irmão; nesse caso, quem deu origem a essa contestação terá o direito de retomar a palavra, mas uma única vez.

A palavra não pode "retornar" aos Irmãos que perdem a oportunidade de manifestação.

O debate é a permissão de intervir em um assunto programado, sucessivas vezes, até esgotar o Tempo predestinado. Assim, o Venerável Mestre poderá programar um debate sobre determinado assunto e, previamente, destacar alguns Irmãos para tomarem parte na troca de opiniões.

Aqui, os Irmãos devem ser prudentes e concisos, sem alongamentos supérfluos.

Por mais acirrados que forem os debates, o maçom jamais poderá usar expressões ofensivas, uma vez que em toda e qualquer situação sempre deve predominar o equilíbrio, a tolerância e o bom senso, sinais de amor fraterno.

7 de abril

A DEFESA

O defensor é um cargo transitório, nomeado quando surgir a necessidade de processar algum irmão faltoso.

O defensor pode ser indicado pelo irmão processado ou pelo Venerável Mestre; existem Lojas que procedem a eleição do cargo.

A defesa é um direito sagrado do maçom.

Para iniciar-se um processo, os indícios devem ser claros e sólidos; não bastam suspeições ou equívocos.

Quando em uma Loja surgir a necessidade de processar um dos membros de seu quadro, nunca se deve esquecer que se trata de alguém que foi Iniciado!

A tolerância é a melhor das defesas, pois faz parte do processo fraternal; esgotada a tolerância e todos os meios para que o faltoso se redima, em caso extremo, haverá o processo.

Nem sempre uma decisão judicial profana tem reflexos na Loja Maçônica, em especial se o processo profano julgar o réu justificado ou se a ação for declarada extinta.

A Loja só deve processar o maçom que cometeu um delito maçônico, jamais profano.

Têm ocorrido graves injustiças nas Lojas quando o interesse de afastar um irmão é escuso.

Todo cuidado é pouco, pois devem prevalecer a verdade e o amor fraternal.

8 de abril

A MAÇONARIA

Definir Maçonaria é tarefa ingente, uma vez que a instituição define-se no dia a dia, dentro e fora das Lojas.

A definição mais comum pode ser: "instituição que tem por objetivo tornar feliz a humanidade, pelo amor, pelo aperfeiçoamento dos costumes, pela tolerância, pela igualdade e pelo respeito à autoridade e à religião".

É evidente que as virtudes nomeadas, em qualquer terreno, prestam-se a redimir a humanidade.

No entanto, a definição é individual, vista por duas óticas: pelo próprio maçom procedendo a uma autocrítica; pelos profanos diante do comportamento individual do maçom.

Um deslize cometido por um maçom compromete a definição, uma vez que o profano não compreende a instituição como um todo.

Logo, a responsabilidade individual torna-se relevante, e cada maçom, de per si, deve observar a si mesmo e conter os ímpetos distorcidos dos seus Irmãos.

Ser maçom não é apenas ser membro de uma Loja Maçônica, mas sim comprovar ter sido Iniciado.

Um autoexame periódico seria mais que conveniente.

Se cada um puder definir-se, o conceito de Maçonaria ressaltará para os profanos.

9 de abril

DECADÊNCIA

Diz-se estar uma Loja em decadência quando os valores filosóficos e administrativos são destruídos.

Uma Loja passará a ter seus trabalhos decadentes até "adormecer abatendo colunas", isto é, suspendendo definitivamente os trabalhos.

Nesse caso, de quem será a responsabilidade?

À primeira vista, dos dirigentes, porém essa responsabilidade será de cada membro da Loja.

É muito fácil abater as colunas de uma Loja; basta que o maçom deixe de frequentá-la, de dar sua contribuição financeira, social e moral; de, como "sonolento", deixar todas as iniciativas para outrem, sem conscientizar-se de que ele é um elo da Cadeia de União.

Fundar uma nova Loja é tarefa difícil, uma vez que se torna necessário arregimentar um grupo de Irmãos, com o cuidado de não retirá-los de outra Loja, a fim de não enfraquecê-la.

Oxalá cada maçom, ao assistir aos trabalhos de sua Loja, comporte-se como membro indispensável, como se tudo dependesse dele e, assim, trabalhar ativamente, jamais negar qualquer missão, mas estar sempre disposto a prestar colaboração.

Uma Loja decadente significa a decadência de seus filiados!

Os maçons devem evitar, sempre, situações decadentes.

10 de abril

O DEFUMADOR

No livro do Êxodo, capítulo 30:34 a 38, encontramos a fórmula de um "defumador": porções de igual peso de estoraque (benjoim), craveiro, gálbano e incenso puro.

Ao final, porém, vem a advertência: "Porém o incenso que fareis, segundo a composição deste, não o fareis para vós mesmos; santo será para o Senhor. Quem fizer tal como este para o cheirar, será eliminado de seu povo".

Trata-se de uma severa advertência.

Hoje em dia, usam-se defumadores nas cerimônias maçônicas, sem qualquer precaução e seleção.

É hábito, também, as pessoas queimarem seus defumadores nos lares, sem a mínima ideia sobre sua conveniência ou não.

É de se recomendar a esses usuários toda cautela, pois nem sempre o que cheira bem é saudável. As substâncias referidas nas sagradas escrituras mereceriam acurado estudo; ressalta-se que algumas versões da Bíblia referem outras substâncias, como o cinamomo (canela).

De qualquer forma, o maçom deve estar atento sobre o defumador de sua preferência, usando-o com critério e sabedoria.

O que se aspira do defumador é seu fumo, que penetra nos pulmões, podendo até causar mal-estar e conduzir ao vício; veja-se, por exemplo, a aspiração da papoula seca, que se transforma em alucinógeno.

11 de abril

DEGRAU

Degrau é um elemento para subir ou descer de um plano; diz-se para os que galgam posições que subiram um ou mais degraus na vida.

Degrau é sinônimo de "geração", ou seja, de "grau", que significa uma posição superior ou inferior; tanto se pode subir em graus como descer.

Maçonicamente, os degraus são elementos que fazem parte da decoração da Loja; do Ocidente para o Oriente, existem quatro degraus; dentro do Oriente para subir ao trono, mais três degraus, formando uma "escada de sete degraus", que possui simbolismo esotérico.

Os quatro primeiros degraus representam força, trabalho, ciência e virtude; os últimos três: pureza, luz e verdade.

Alguns autores dão o significado aos sete degraus como símbolos de comportamento do maçom: lealdade, coragem, paciência, tolerância, prudência, amor e silêncio.

Erroneamente, diz-se que cada degrau da escada de Jacó representa a ascensão dos graus de um rito.

O maçom deve ter em mente, ao transpor os degraus de sua Loja, que, se ascende, fatalmente deverá descer.

Deve, portanto, ser prudente quando receber honraria ou encargos, pois é muito difícil alguém manter-se sempre em posição de destaque.

A subida sempre é lenta e difícil; a descida é rápida e imprevista.

O maçom deve lembrar-se constantemente disso.

12 de abril

O DELTA LUMINOSO

Sob o dossel e às costas do Venerável Mestre, quando em seu trono, vemos o Delta Luminoso, polígono geométrico que lembra a Santíssima Trindade e traz à consciência toda gama tridimensional simbólica da tríade.

O delta é iluminado, seja pela incidência de um foco de luz, seja porque há uma luz dentro de si, luminosidade que chama a atenção e empresta características divinas.

Com o seu "olho", inserido em seu centro, sentimos "uma presença" dominadora.

Essa presença Vigilante deve nos acompanhar em tudo, mesmo fora do templo.

Como símbolo, é a homenagem que o homem faz a Deus, atraindo sua presença.

O Delta Luminoso é um objeto, mas ao mesmo Tempo uma invocação, uma vez que, permanecendo na escuridão, ao abrirem-se os trabalhos da Loja, lhe é dada luz.

Devemos manter na memória esse símbolo, conscientes de que fazemos parte dessa divindade; seria uma religação constante com o poder maior.

13 de abril

DESBASTAR

Desbastar a pedra bruta significa transformar uma pedra "de alicerce" informe, dando-lhe forma adequada para o seu aproveitamento na construção de uma obra de alvenaria.

Porém, em um sentido esotérico, esse desbastamento diz respeito ao próprio Aprendiz; desfazer-se das "arestas" para formar um elemento humano, despertando virtudes, banindo vícios e transformando algo "bruto" em utilidade para si próprio e para a sociedade.

Mesmo que da pedra bruta sejam retiradas as arestas, essas subsistem como "refugo", mas deverão ser reutilizadas, pois nada se perde de uma pedra bruta.

O desbastamento equivale ao aprendizado; lentamente, o Aprendiz adquirirá formas definidas; paulatinamente, ele burilará essa pedra, para finalmente dar-lhe polimento; refletirá nela, então, a sua nova personalidade.

Nenhum maçom pode afirmar que já não possui arestas, pois essas podem retornar e ferir com maior profundidade.

A cada dia devemos perguntar a nós mesmos: vejo ou noto em mim alguma aresta?

Após um rápido exame, se não a encontrarmos, podemos então dar início à construção de nosso templo interior.

14 de abril

O DESTINO

O destino sempre foi uma preocupação dos homens; na mitologia era um deus, filho do Caos e da Noite — portanto, um presságio negativo.

O psicólogo húngaro dr. Zund esclarece a possibilidade de uma "terapêutica do destino"; o divã do dr. Freud, precursor da psicologia moderna, conseguia "alterar o destino" dos seus consulentes.

Na Maçonaria não há maior preocupação quanto a definir o que possa ser o destino porque, esotericamente, não há propriamente uma predestinação; sendo o maçom uma "nova criatura", deixa na Câmara das Reflexões o "homem antigo"; essa perda é total, incluindo o destino. Se cremos em um Grande Arquiteto do Universo, ele pode, perfeitamente, na sua oniciência, "construir" um destino adequado, em direção à justiça e à perfeição.

O que for perfeito jamais se alterará, e o fim do "Tempo" para aquele novo maçom será global, vitorioso e feliz.

No entanto, para o incauto e imprudente, o destino faz-se presente e ele obedecerá o que o próprio homem vaticina.

Aquele que crê no Senhor sabe que seu porvir será glorioso e na vida futura o seu descanso será no seu seio, confortável e eterno.

Ninguém deve temer o destino; devemos encarar a vida com firmeza, de frente, e aceitar-lhe o desafio de viver; a sobrevida será um prêmio que trará felicidade permanente.

15 de abril

O DEVER

O dever é uma obrigação que é observada como princípio; existem múltiplos deveres a serem observados pelos homens, sendo os principais: deveres para com Deus; deveres para com a família; deveres para com o próximo; deveres com a pátria e deveres para consigo mesmo.

Os deveres maçônicos não vêm catalogados, mas brotam ao passo quer surgem, por meio do conhecimento.

Nada é imposto na Maçonaria, mas o maçom tem consciência do que deve cumprir e observar.

Os deveres marcham paralelamente com os direitos; ninguém poderá exigir um direito enquanto não observar os deveres.

O maçom, para obedecer os preceitos dos regulamentos, deve seguir as normas que lhe são estabelecidas.

O impulso interno comanda os atos que o maçom deve praticar ou abster-se de produzir. Obviamente que a cada grau que o maçom alcança, novos deveres deverá observar; o ato de prestar auxílio ao próximo não constitui em si um dever, mas o reflexo de uma personalidade bem formada.

A maioria, no mundo profano, pleiteia direitos sem dar-se conta dos deveres que lhe são impostos.

O maçom cumpre seus deveres porque é um Iniciado.

16 de abril

O DIABO

Diabo é um misterioso "ser"; o fanatismo impõe a crença de que é um ser palpável, inimigo de Deus.

No entanto, significa: o caluniador e opositor, semeador de discórdias. Encontramos, com riqueza de detalhes, essa figura mítica nas Sagradas Escrituras com diversos nomes, a saber: Satanás, Belial, Demônio, Belzebu, Lúcifer, Leviatã, príncipe do Abismo e das trevas.

Diabo seria o gênio do mal, o desobediente, o tentador, aquele que semeia dúvidas.

Maçonicamente, não é considerado.

Na realidade, o diabo é criação humana e ele se manifesta por meio dos pensamentos que originam atos nocivos.

Não é necessário com eles uma maldade; basta deixar de exercer a caridade, de amar ao próximo, de amparar o irmão para que essa parte negativa exsurja, provocando o mal.

A falta do cumprimento de um dever constituirá, sem dúvida, uma ação diabólica.

A parte humana do ser é propensa à prática da maldade, da frieza e do egoísmo; a parte divina, porém, deve sufocar esse instinto que tanto prejudica a nós próprios e aos demais.

O maçom crê no Grande Arquiteto do Universo, que constrói o que é perfeito, justo e bom; logo, em seu coração não há lugar para o cometimento de maldades.

17 de abril

DIMENSÃO

Dimensão é medida; diz-se que a dimensão de uma Loja é composta de três partes: altura, comprimento e largura.

Diz-se, também, dimensão, os estados de consciência ou as hierarquias celestiais.

Os três estados de consciência: consciência, subconsciência e hiperconsciência aplicam-se à sala dos passos perdidos, o átrio e o templo.

Na sala dos passos perdidos, permanece o efeito do profano, uma vez que o maçom ingressa no edifício onde está instalado o templo e mantém diálogos profanos, cumprimentos, assuntos interrompidos da semana passada, enfim, o dia a dia comum.

Lentamente, prepara-se o ingresso no átrio, que é o subconsciente; tudo o que é profano permanece na sala dos passos perdidos; há momentos de meditação preparatórios para a entrada no templo.

Uma vez preparado, o maçom ingressa no meio fraternal, onde se reúne com seu povo para a glória do Grande Arquiteto do Universo.

Todo ser humano é dimensionado, basta a conscientização disso de modo que seu comportamento deve ser medido e pesado.

O maçom não pode atuar levianamente, mas saber que o templo é o lugar santificado onde, por prêmio (Iniciação) lhe foi permitido ingressar.

18 de abril

O DOIS

Dois, esse número possui mil e uma interpretações; do ponto de vista numerológico, não passa do segundo algarismo da escala dos nove números; por si só, nada representa, porém, filosoficamente, constitui-se no "dualismo"; nesse sentido, é muito importante, porque reflete a "complementação" de todas as coisas; alguns querem que seja considerado como sendo o símbolo da imperfeição; em absoluto, pois nada é imperfeito na matemática.

O "dualismo" é um conceito natural.

O homem apresenta dois aspectos em tudo, como o é na Natureza; o dia e a noite; o bem e o mal; a desgraça e a felicidade, enfim, esses opostos que todos conhecemos, usamos e sofremos.

Já foi dito que um é o ativo, dois o passivo; um é Deus, dois a Natureza; um é o homem, dois é a oposição, ou seja, a estagnação.

Maçonicamente, o dualismo é parte filosófica do Grau do Companheiro.

O maçom deve ter um comportamento definido, deixando o dúbio dualismo de fora.

A sua parte material não pode sobrepujar sua parte espiritual.

Embora opostos, os números andam sempre aos pares.

O segredo é saber encontrar em tudo a unidade e o dualismo.

19 de abril

O DOMÍNIO

Uma das finalidades da Maçonaria é ensinar o maçom a dominar as suas paixões e emoções.

Enquanto em Loja, o "sinal gutural" é a postura que se transforma em exercício desse domínio.

O maçom, antes de tudo, aprende em seus primeiros anos de atividade a dominar a si mesmo, para então habilitar-se a "dominar" todos os aspectos da Natureza e de seu semelhante.

As emoções afloram repentinamente, colhendo o maçom desprevenido, e por esse motivo mantém ele, quando de pé e à ordem, a postura adequada para dominar essas emoções.

As paixões já são residuais; quando o maçom adentra no templo, ainda conserva em si as paixões do mundo profano, que não conseguiu eliminar quando de sua estada no átrio.

O maçom deve aprender a dominar a si mesmo; sereno, tranquilo, ele saberá comportar-se como elemento conciliador, calmo e sábio.

As emoções do momento são traiçoeiras; quem possui um gênio, vulgarmente denominado de "pavio curto", deverá esforçar-se para o domínio, e só assim atingirá um patamar de perfeição.

O controle em Loja refletirá no controle no seio de sua família e de sua profissão, e, assim, a felicidade estará próxima.

20 de abril

O DONATIVO

O dar-se a si mesmo constitui um ato virtuoso; quando em Loja o maçom coloca no "tronco de beneficência" o seu óbulo não está colocando simplesmente uma contribuição expressa em moeda, mas retira de si mesmo as energias necessárias para "imantar" esses valores que, entregues ao necessitado, produzirão efeito extraordinário; essa é a forma esotérica do Donativo.

Ao mesmo Tempo, quando o maçom retirar a sua mão da bolsa, traz com ela as vibrações daqueles Irmãos que o precederam.

O óbulo é entregue e ao mesmo Tempo retribui.

Em toda expressão caritativa (religiosa), o óbulo é acanhado; dá-se o mínimo, o supérfluo, o que tem à mão, sem preocupação anterior de planejamento.

Não é correio; a beneficência é uma obrigação primeira do maçom, pois ela atende aos menos afortunados.

Quem doa o supérfluo não está exercitando a caridade, mas apenas um ato simbólico vazio.

O maçom, antes de sair de seu lar em direção à Loja, deve munir-se da importância que deverá ser doada, mas importância expressiva, reveladora de seu amor ao próximo, uma vez que esse próximo é sofredor e necessita de auxílio.

O maçom não deve desprezar a máxima franciscana: "É dando que se recebe".

21 de abril

A DOUTRINA

A Maçonaria, em certo sentido (como sendo escola) é denominada de doutrina (do latim *docere).*

Doutrinar significa incutir ideias filosóficas na pessoa, mas genericamente diz respeito a um ensinamento religioso. A doutrina pode ser exclusivamente moral ou de filosofia, ou de fé, oculta, exteriorizada, esotérica, ideológica, enfim, quantos nomes lhe possam atribuir.

Cada Grau Maçônico dentro do Rito Escocês Antigo e Aceito, bem como de outros ritos, constitui uma "doutrina em separado". Assim, podemos afirmar que a Maçonaria esparge múltiplas doutrinas entre os seus adeptos.

As doutrinas secretas são muito atrativas; os antigos mistérios foram preservados durante milênios; hoje não existe mais nenhuma doutrina secreta; a universidade, as bibliotecas e a informática revelaram tudo e todo o saber humano.

Quando o homem não alcança a compreensão do que lhe é ensinado, isso não significa que possa existir alguma coisa absolutamente secreta; a própria Maçonaria, que se ufanava em manter secretos os seus ensinamentos, hoje nada mais tem para ocultar, seja aos seus próprios adeptos, seja em relação aos profanos.

Logo, a Maçonaria não é uma doutrina secreta.

22 de abril

O EGO

Profunda é a diferença entre eu e ego, pois enquanto o ego significa a pessoa humana vivente, o "eu" é a parte divina dentro do homem.

Eu é o nome de Deus. O maçom não pode dizer: "eu sou maçom", porque pretenderia tomar o lugar de Deus. O eu comanda o espírito; o ego, a consciência.

Da palavra ego origina-se de "egoísmo", que é a forma negativa da personalidade humana.

Porém, em certas ocasiões, o homem necessita desse egoísmo; quando zela pelos seus interesses, seu bem-estar, sua saúde, o egoísmo é salutar. Na máxima bíblica: "Ama ao próximo como a ti mesmo", encontramos a expressão egoísta de que, "antes de amar o próximo", o homem deve aprender a amar a si mesmo, como exercício e como campo experimental, para depois poder com eficiência amar o próximo.

O maçom deve observar esses aspectos "lapidares", tanto na sua vida maçônica como profana.

Não pronunciar o nome de Deus em vão; o "eu sou" que é o nome de Deus deve ser evitado, como por exemplo: "eu sou bom"; "eu faço isto ou aquilo".

O maçom deve ser prudente no falar.

23 de abril

A EGRÉGORA

Deriva do grego *egregorien* com o significado de "vigiar".

A Maçonaria aceita a presença da Egrégora em suas sessões litúrgicas. A Egrégora é uma "entidade" momentânea; subsiste enquanto o grupo está reunido; é formada pelas partículas espirituais de cada maçom presente.

Para que surja a Egrégora, é necessária a preparação ambiental, formada pelo "som", pelo "perfume" do incenso e pelas vibrações dos presentes; surge quando da abertura e leitura do Livro Sagrado; brota do livro como ténue fio espiritual, adquirindo corpo etéreo com as características humanas.

Os mais sensitivos percebem essa entidade; ela se mantém silenciosa, mas atua de imediato em cada maçom presente, dando-lhe a assistência espiritual de que necessita, manipulando as "permutas" de maçom para maçom, construindo assim a Fraternidade.

Para cada Loja forma-se uma Egrégora específica. Quando as Lojas reúnem-se em congressos e se apresentam ritualisticamente, observada a liturgia, essas entidades específicas podem formar uma Egrégora para cada grupo.

Os céticos não aceitam essa entidade; porém o maçom espiritualizado deve procurar os seus efeitos e esforçar-se para visualizar a sua Egrégora.

24 de abril

A ELIMINAÇÃO

A eliminação é um ato de banimento definitivo da Ordem Maçônica, após um julgamento previsto pelos códigos e constituição maçônicos.

Antes da eliminação geral e definitiva, o maçom deverá ser excluído do quadro de sua Loja; após, o Grão-Mestre homologará o ato e fará a comunicação ao "mundo maçônico" sobre aquela eliminação.

Esotericamente, porém, nenhum maçom poderá ser eliminado, porque a Iniciação é ato *in aeternum;* sendo a Iniciação um "novo nascimento", é óbvio que ninguém poderá ter esse nascimento eliminado!

O maçom que incorre em falta, grave ou não, deve ser julgado, mas a sentença jamais chegará à eliminação, que simboliza a "morte maçônica", o que é ato impossível.

O maçom, como Iniciado, passa a ser "parte" espiritual dos outros maçons. Como eliminar, então, parte de si mesmo porque essa parte pecou?

O bom pastor deixa as 99 ovelhas em segurança no aprisco e sai em noite tempestuosa enfrentando riscos em busca da centésima ovelha perdida; encontra-a e carinhosamente a leva ao aprisco, onde as outras 99, aflitas, rejubilam-se pelo retorno daquela que acreditavam morta.

Jamais devemos, levianamente, julgar um irmão; é preciso que a falta tenha sido na realidade grave; nesse caso é de se recomendar a autoeliminação, quando então o maçom faltoso adormecerá para, algum dia, retornar ao aprisco.

25 de abril

O ENCERRAMENTO

Os trabalhos maçônicos encerram-se de forma ritualística; o início dos trabalhos exige atos litúrgicos precisos, uma vez que o adentrar no templo é ato relevante; a retirada constitui o retorno do "homem místico" para a vida comum, profana.

O encerramento é feito com muito respeito, os maçons retirando-se em silêncio, mantendo alfaias e aventais.

Em alguns altos graus filosóficos, os trabalhos não se encerram, mas apenas são suspensos, pois a "atividade" maçônica é permanente, constituindo-se o viver uma atitude maçônica, e o estar em templo, um ato de devoção.

O maçom, ao sair do templo, leva consigo as benesses hauridas durante a sessão, considerando "recarregadas" as suas baterias, pronto a enfrentar as dificuldades que o mundo profano impõe.

A mente do maçom deve permanecer sempre ativa e considerar-se constantemente em templo; o pensamento deve permanecer junto aos seus Irmãos e o conjunto de maçons lutar na sociedade para aperfeiçoá-la.

Cada seção constitui uma novel abertura de conhecimento, e esses passam a constituir uma herança permanente, sólida e indestrutível.

Todos devemos nos conscientizar que o encerramento dos trabalhos implica a saída de um templo e não de um local comum de reuniões; a sacralidade de um templo nos acompanhará, e, por isso, seremos os "iluminados".

26 de abril

A ENFERMIDADE

Todo ser humano passa pela enfermidade e, sendo maçom, conta com o apoio da Fraternidade; um membro frágil deve ser amparado, tanto pelo carinho como por assistência médica e, sobretudo, espiritual pelo poder esotérico da Cadeia de União.

A enfermidade supõe o dever da "visitação"; o hospitaleiro tem esse encargo, e nos dias de reunião deve informar a Loja sobre o estado de saúde do irmão enfermo.

Sendo a Loja formada por elos, quando um deles é acometido pela enfermidade, toda a Loja é atingida; daí, até por interesse comum, a Loja deve tudo envidar para a recuperação da saúde daquele irmão enfermo; quando ele retornar à Loja, será motivo de grande júbilo.

O maçom enfermo sente-se mais apegado à Loja, aguardando a visita dos Irmãos; quando essa visita não ocorre, há uma grande frustração, e então, certamente, atingirá a todos, uma vez que, além de lembrados pelo enfermo, há uma desconsideração e a quebra do compromisso de visitação.

O irmão que ama seu irmão, obviamente, o atenderá nos momentos de necessidade.

Cada maçom, cumprindo seu dever, faz com que a família sinta-se segura, uma vez que se hoje estamos gozando saúde, amanhã poderemos ser aquele enfermo que ansiosamente espera visitação.

É na Cadeia de União que todos expressam os votos de pronto restabelecimento.

27 de abril

ENIGMA

Para uma compreensão mais clara e simples do que possa ser um enigma, basta contemplarmos, no Cairo, Egito, a esfinge que ao lado das três maiores pirâmides está a desafiar a argúcia dos sábios.

Passam-se os séculos e ninguém define sobre aquela gigantesca estátua (monumento) que tem corpo de leão e cabeça de mulher.

Na Maçonaria temos muitos enigmas de difícil interpretação, chegando a depender da fé do maçom, pela dificuldade de encontrar um esclarecimento adequado.

A força da Cadeia de União é um enigma; a palavra "Huzzé"; as posturas em Loja; o grito de socorro são outros enigmas que somente a experiência poderá definir.

A vidência, a visão espiritual denominada de "terceira visão", o toque, o aperto de mãos, as marchas, enfim, dezenas de enigmas desafiam os maçons diariamente.

Porém, o maior dos enigmas que o homem tenta desvendar, milímetro por milímetro, é o próprio homem!

A meditação lenta e constante contribui para o desvendamento desse mistério, desse enigma da Natureza e de Deus.

É dito que o homem, ao transpor o umbral da morte, receberá todo o esclarecimento que o preocupa.

No entanto, o ideal seria que cada um pudesse desvendar a si mesmo.

28 de abril

O ENTABLAMENTO

A colocação das derradeiras pedras que sobressaem ao alto das paredes de uma obra de alvenaria, seja edifício ou qualquer outra construção arquitetônica, denomina-se entablamento; assim, também é denominada a cornija, a arquitrave e o friso, que ficam logo acima das colunas.

Em linguagem maçônica, entablamento significa o "enriquecimento" intelectual que o maçom obtém em cursos especializados sobre a Arte Real.

Cada um dos maçons constrói a própria "morada" (templo), como o faz o pássaro "joão-de-barro", parte por parte, com extrema paciência e constância, até o último pedaço que transporta em seu bico.

O maçom fala muito em alicerce, pedra bruta ou polida, mas esquece o "acabamento".

A obra só é concluída quando a construção estiver pronta, sólida e bela; essa construção tem a sua parcela intelectual, que constitui um compêndio sólido de conhecimentos.

Para se adquirir esse conhecimento, faz-se necessário executar um trabalho de pesquisa, memorização, prática, até se acumularem todos os módulos existentes.

Sem uma adequada instrução, o maçom em sua escola (a soma do conhecimento dos três graus simbólicos) não poderá progredir sem o exame final, que o tornará apto a receber a "licença", ou seja, o documento comprobatório que o habilitará a ser um membro dentro da Arte Real.

29 de abril

ERA MAÇÔNICA

Trata-se de uma determinação simbólica do surgimento da Maçonaria; como inexiste data conhecida do início da Instituição, é adotado o calendário hebraico.

As mil e uma hipóteses apresentadas não passam de mera especulação; documentos em pergaminho, em tablitas de barro, em esculturas em baixo-relevo existem, mas são relativamente recentes, de quinhentos ou pouco mais anos; a tradição, por sua vez, é pálida; assim, inexiste uma data iniciática.

Pode-se supor, face os princípios filosóficos, que a Instituição venha do passado, mas não das brumas.

Nada há de oficial, pois a Maçonaria não estabeleceu, pela impossibilidade de fazê-lo, o dia e ano em que surgiu.

Na correspondência maçônica, oficialmente, é aposto "E.V.", significando "Era Vulgar", ou seja, a atual; colocando o ano judaico, apõe-se "E.M." ou "A.L.", que significa "Ano Luci" ou seja, Ano Luz.

Contudo, a maçonaria, para o maçom, inicia na data de sua própria iniciação.

Buscar provas é tarefa ingente, apropriada aos arqueólogos; pelo menos no Brasil não temos campos de pesquisa e somos dependentes do conhecimento europeu, pois a Europa é o único local onde podem existir documentos e literatura apropriada.

30 de abril

ESCADA

Trata-se de um símbolo maçônico significando "ascenção"; uma escada é formada por duas hastes verticais dividida em hastes menores horizontais, denominas degraus, subir uma escada significa alcançar posições superiores. Cada grau de um rito formará uma escada específica.

A escada não é representada exclusivamente pelas hastes horizontais entremeadas pelas verticais; pode ser uma escadaria, em qualquer construção, com a finalidade de ascender de um plano inferior para um plano superior.

Assim, dentro do templo há uma escada com três degraus, que dá acesso do Ocidente para o Oriente; e outra escada com quatro degraus que dá acesso do Oriente até o trono.

Os painéis dos graus de Aprendiz e companheiros apresentam: o primeiro uma escada e o segundo uma escadaria.

Erroneamente, diz-se que quando o Aprendiz é aumentado em seu salário, "subiu mais um degrau da escada de Jacó"; a escada que vemos no painel do Aprendiz nada tem a ver com o progresso no conhecimento dos maçons.

Trata-se de uma escada (escadaria) onde transitavam os anjos; ora, maçom não é anjo, portanto a comparação é inadequada.

A escada de valores é uma expressão literária apenas; todo maçom deve ascender, em sua trajetória, a escada que o eleva às alturas – tudo, porém, como símbolo.

1º de maio

A ESCADA DE JACÓ

Jacó, a personagem bíblica, certa noite, quando se encontrava em busca de uma terra onde pudesse viver em paz, fora do alcance de seu irmão Esaú, que lhe dedicava ódio, deitado no chão, tendo como travesseiro uma pedra, teve um sonho ou uma visão. Viu que havia à sua frente uma majestosa escadaria na qual desciam e subiam anjos.

As interpretações místicas, históricas, míticas, filosóficas e maçônicas desse evento bíblico tornaram a escada de Jacó um símbolo do Grau de Aprendiz, sendo inserido no painel do grau.

Erroneamente, quando um maçom passa de um grau para outro superior, diz-se: "subiu mais um degrau na escada de Jacó".

O fato de subir um degrau não está errado; o erro consiste em sê-lo na escada de Jacó, pois nela quem descia e subia eram anjos e não pessoas.

Esses anjos não puseram os pés na terra; após estar a escada vazia, desceu um anjo que tomou a forma humana, passando a noite em colóquio e luta corporal com Jacó, a quem não conseguiu vencer. Esse anjo foi e anunciou a Jacó que Jeová lhe daria outro nome: o de Israel.

O maçom deve ver na escada de Jacó os símbolos que representa, meditando sobre o evento bíblico e de como Deus manifesta-se para os seus desígnios.

Não esquecer que daquela escada desceu um anjo que, materializando-se, lutou corporalmente com Jacó.

2 de maio

ESCOLA

Do latim e grego: *schola*. Diz-se que a Maçonaria também é escola, pois ela "ensina", com disciplina e regras rígidas, o Aprendiz, como se fora uma criança, dado o fato de que a Iniciação faz "nascer de novo" um homem para a educação, conduzindo-o ao caminho da perfeição.

Houve época – e muitas Lojas ainda na atualidade mantêm a interpretação materialista – de que a Maçonaria tinha o dever de propiciar às crianças, filhos ou não de maçons, o estudo escolar; há cerca de sete décadas, existiam no Brasil aproximadamente 150 escolas mantidas pelas Lojas maçônicas.

Como trabalho operativo e social, essa iniciativa mereceu aplausos, especialmente considerando que prédios imensos permanecem ociosos durante o dia.

No entanto, jamais seria nesse sentido uma função obrigatória, uma vez que, quando uma Loja invade o mundo profano com qualquer empreendimento, por mais nobre que possa ser, ela estará desvirtuando sua função, e em breve verá o esforço operativo fracassado e os trabalhos maçônicos enfraquecidos.

A mantença da escola cabe ao governo; aos maçons, a contribuição por meio do professorado, do pagamento dos impostos e dos deveres de cidadão.

O maçom, antes de vir a ser Mestre, deve passar pela escola como discípulo.

3 de maio

A ESCRAVIDÃO

A escravidão constitui um "estado de consciência"; as paixões e as emoções conduzem à escravidão.

Hoje em dia não existem mais escravos no sentido de ser o homem propriedade de alguém; mas a cada dia que passa, mais se acentua a escravidão do vício; na atualidade, o pior mal da humanidade são as drogas.

As dependências físicas e psíquicas prosperam com a continuidade do consumo da droga a ponto de escravizarem a pessoa; para vencer o vício, faz-se mister um prolongado tratamento médico e uma decisão firme ao retorno da liberdade.

O homem jamais será livre para entregar-se ao vício, porque esse impulso em direção a uma pretensa liberdade o transforma em escravo.

A Maçonaria, quando exige que um candidato seja "livre e de bons costumes", indubitavelmente inclui as drogas na relação dos fatores que constituem o vício.

Hoje está sobejamente divulgado o quão nocivo é para o homem e para a sociedade o uso da droga; o tóxico envolve não só as partes física e psíquica, mas também a moral e a espiritual.

O maçom tem o dever não só de repelir o uso de qualquer droga que o torne viciado, como envolver-se nas campanhas sociais para evitar que os seus semelhantes busquem no vício uma ilusória liberação.

Essa batalha, o maçom deve iniciá-la dentro de sua própria família.

4 de maio

AS ESCRITURAS

As escrituras são sagradas ou profanas; as sagradas são constituídas dos livros religiosos de todos os povos.

Em uma Loja predomina o uso do Livro Sagrado referente à religião da maioria de seus membros; se essa maioria for maometana, o Livro Sagrado a ser colocado no Altar será o Alcorão.

Para os maçons que "pendem" para o materialismo, como o fazem os do rito francês moderno, o livro a ser colocado no Ara (não se concebe, no caso, possa ser um Altar) será o livro da lei (ou a constituição do país ou a constituição da instituição).

Criou-se certa confusão nas Lojas, visto que há uma corrente que insiste em denominar o Livro Sagrado de livro da lei.

No entanto, em um país como o nosso, onde predomina a fé cristã, o Livro Sagrado a ser cultuado será evidentemente a Bíblia, que também vem intitulada como escritura sagrada.

O maçom cristão tem o dever de zelar pela tradição de expor em Loja e dele fazer sua leitura, as sagradas escrituras, ou seja, a Bíblia, uma vez que as pressões para substituir o sagrado pelo profano são frequentes e incisivas.

A espiritualidade de uma Loja fixa-se no Altar onde está o Livro Sagrado, como se fora "lâmpada para os pés", "luz divina" e nascedouro da Egrégora.

5 de maio

O ESCRUTÍNIO

Seguindo a tradição da cavalaria, dos séculos passados, a admissão de um novo membro ao grupo é feita por intermédio do escrutínio, que consiste em colocar bolas brancas na bolsa e, eventualmente, negras para a rejeição.

A rejeição deve ser um ato raro, visto que a predisposição do maçom será aceitar o novo membro, com alegria e satisfação; assim, a colocação da esfera negra é uma decisão frustrante; uma derrocada no sentimento, uma decepção em eliminar quem já tinha lugar no afeto.

O escrutínio é um ato de suma relevância, e não há lugar para leviandades; se o maçom tinha conhecimento de algum fato impeditivo, a sua obrigação é revelar de imediato a condição e não aguardar a realização do escrutínio.

Uma eliminação é sempre dolorida; trata-se de uma perda quase irreparável, visto que, se houver uma repetição de proposta, passado algum Tempo existirá sempre a nódoa como precedente.

Para evitar situações constrangedoras, o maçom deve estar alerta e acompanhar de perto os trâmites administrativos das sindicâncias e com isso votar com sabedoria.

Deve haver cuidado extremo para a admissão de um novo maçom, mas cuidado redobrado para a rejeição.

6 de maio

A ESCURIDÃO

Constitui o símbolo do "nada", da "ausência", da "ignorância" e da falta de luz.

A escuridão relativa (pois a absoluta só pode ser produzida mecanicamente) conduz à meditação.

Para a formação da Cadeia de União recomenda-se a penumbra, que é um estado que se aproxima da escuridão.

Nas Lojas maçônicas, a escuridão é representada simbolicamente pelo negro (que não é cor, mas ausência de cor); assim, o balandrau, que é a capa que o Mestre usa, simboliza a total ausência do ser, destacando-se apenas o rosto; as mãos estão ocultas dentro das luvas; na penumbra, com o uso do chapéu, o rosto passa a ser encoberto.

A escuridão simboliza a noite, quando o Sol ilumina o hemisfério contrário; os luminares, estrelas e satélites, e a própria Lua, não permitem que a noite seja totalmente escura.

Diz-se "a noite dos tempos" para se referir ao passado.

O maçom está constantemente iluminado, seja dentro da Loja ou no mundo profano, pois a sua luz provém de dentro.

O maçom, por sua vez, como símbolo da luz, passa a iluminar a própria Natureza, compreendidos os demais seres humanos.

Sejam todos os maçons luminares, neutralizando a escura ignorância.

Onde está o Sol, ali estará Deus.

7 de maio

ESOTÉRICO

O termo esotérico, em Maçonaria, apresenta outro sentido, diverso do filosófico.

Vocábulo de procedência grega *(esoterikós),* que significa "interior".

Ciência esotérica é a parte misteriosa do que é oculto, do que deve permanecer escondido dos profanos.

A Maçonaria, na interpretação de sua liturgia, possui a parte esotérica, ou seja, reservada aos iniciados; é o sentido da espiritualidade.

Dá-se aos símbolos significados comuns, visíveis, materializados e ao mesmo Tempo procura-se o sentido oculto, aquilo que deve expressar, na intimidade maçônica, no templo interior de cada maçom.

Esotérico difere do espiritual, do divino.

Trata-se de um aspecto exclusivamente maçônico, sem confundi-lo com a doutrina esotérica.

O esoterismo é uma corrente filosófica sem ligações com a Maçonaria.

Dá-se a interpretação de esotérico àquilo que não pode ser expresso com palavras comuns; é a parte incognoscível da Maçonaria.

O maçom deve valorizar esses aspectos místicos e usufruir, isoladamente, de suas benesses.

8 de maio

A ESPADA

A espada é um instrumento usado pelos maçons; embora com o aspecto de uma arma, o principal meio de defesa dos antigos cavaleiros, quando ainda eram desconhecidas as de fogo; não se poderia conceber a existência de armas dentro de um templo.

A origem da espada como instrumento maçônico nos vem da construção do segundo templo por Zorobabel, sob a proteçao do rei Ciro da Pérsia.

O apóstolo Paulo deu outra função à espada, dizendo que a língua é uma espada de dois gumes, pois tanto pode ferir a si mesmo como a outrem.

A justiça é representada por uma espada; todos sabemos que a justiça é um poder desarmado.

A espada simboliza a consciência; quem a maneja deve estar alerta para não agredir nem ferir.

Há no Rito Escocês Antigo e Aceito um determinado grau em que o maçom, portador de uma espada, a desembainha e antes de segurá-la em riste, beija a sua lâmina, em uma demonstração de que está empunhando um instrumento de paz e não de agressão.

O maçom deve zelar e controlar a sua "palavra" para que não se converta em espada de dois gumes.

O equilíbrio e a prudência devem guiar aquele que maneja a espada.

9 de maio

A ESPECULAÇÃO

Do latim *speculum,* espelho. O espelho é um laminado que pode apresentar-se como um plano vítreo, metálico, plástico, líquido (água, óleo, mercúrio) ou mesmo, pelo próprio ar rarefeito, como o que produz as miragens nos desertos, espelhando figuras que se encontram a muita distância.

O espelho sempre constituiu um mistério.

A especulação é, portanto, a visão espelhada do que se passa dentro da mente humana.

Para que exista a especulação, deve haver momentos de meditação como meio de processamento.

Se a mente for sadia, a especulação será útil; uma mente enferma, viciosa, alterada, não surtirá uma especulação correta; portanto, assim como a miragem dos desertos apresenta-se falsa aos olhos cansados do viandante, as conclusões de um raciocínio serão falsas, causando transtornos.

Diz-se que a Maçonaria moderna é especulativa, justamente porque é necessário que a mente do maçom reflita sobre o que existe em seu "universo de dentro".

A especulação é o elemento intrínseco da meditação.

Convém ao maçom o exercício constante da especulação.

Esse exercício o levará a soluções generosas.

10 de maio

A ESPERANÇA

A esperança não é uma virtude, como erradamente alguns autores referem; ela é um "instinto"; surge com o nascimento do homem; na Iniciação, que é um renascer, a esperança torna-se mais acentuada.

O trinômio cristão: Fé, Esperança e Caridade (amor), a esperança simbolizada por uma âncora foi tomado pela Maçonaria e colocado sobre a simbólica escada de Jacó, que orna o painel da Loja do Aprendiz.

Essas "situações" não são perenes. Dizia o apóstolo Paulo que a fé podia ser comparada a um par de "muletas" que auxiliam o coxo a caminhar. Curada a enfermidade, as "muletas" são jogadas fora. A fé é uma disposição da alma para alcançar uma dádiva, uma mercê, uma benesse; alcançada essa, a fé já não é necessária, e é posta de lado.

A esperança é o anseio ou expectativa para alcançar um objetivo; o navegador deposita a esperança para alcançar o porto; lá chegado, deixa a fé (âncora) descansar no fundo do mar. Não a necessita para a navegação.

A caridade, porém, traduzida como amor, permanece, porque é o instinto da evasão do amor que é permanente no homem.

Em todos os momentos da vida, sempre há uma esperança a nos sustentar; com amor, o maçom deve ter fé nesse desiderato salutar.

A esperança é a última ansiedade que fenece.

11 de maio

A ESPIGA

Qualquer vegetal, para se reproduzir, emite sementes e o fará por meio de uma espiga, que tem vários formatos, sendo o mais usual o que se assemelha à espiga de trigo.

A espiga sempre foi, na Antiguidade, símbolo da fartura; o grão de trigo reflete o nascimento do homem e foi muito usado nas parábolas cristãs.

Em Maçonaria, a espiga de trigo, como vocábulo hebraico *schibbolet*, passou a ser usada como senha do Grau de Companheiro.

Afora essa palavra, o maçom pouco usa a espiga como símbolo agrícola, pois prefere ater-se, como multiplicidade de grãos, ao fruto da romãzeira.

Em painéis e estandartes, a Maçonaria usa a espiga de trigo como símbolo de fartura e união.

Os símbolos exsurgidos da Natureza são valiosos e se destinam a uma série de interpretações simbólicas.

Do trigo faz-se o pão convencional, que é símbolo do Cristo como sendo o pão da vida.

Toda vez que o maçom reparte o pão deve recordar a Santa Ceia e as lições que o Cristianismo nos dá para que a vida flua com simplicidade, amor e segurança.

12 de maio

O ESPÍRITO

Espírito é a presença, no ser humano, da divindade; para o cristão é a presença de Jesus, o Cristo, em nós.

Maçonicamente, é a presença no maçom do Grande Arquiteto do Universo.

Dizia o apóstolo Paulo: "Não sabeis vós que sois deuses e que o espírito do Cristo habita em vós?".

Portanto, espírito é a partícula eterna e universal que todo o ser humano possui.

Cada religião, cada doutrina, cada corrente filosófica dá uma interpretação particular sobre o que seja o espírito.

Os teosofistas e os espiritualistas o conceituam como sendo a presença de Deus nos homens.

Platão, com o seu *nous*, designava o espírito como o princípio da imortalidade.

A ciência espírita (espiritismo) denomina de espírito a entidade desencarnada que se manifesta por intermédio dos médiuns.

Não se deve confundir alma com espírito.

Alma é vivente; espírito, vivificante.

O amor fraternal maçônico tem como raiz esse espírito divino.

Todo maçom tem o dever de viver em espírito e verdade.

13 de maio

A ESPIRITUALIDADE

Condição de quem pende, filosoficamente, para os conceitos relacionados ao espírito.

Diz-se um homem espiritual aquele que concebe a vida de forma elevada, desprezando os bens materiais.

Há variações que não podem se confundir, como, por exemplo: o espiritismo, que é uma doutrina cristã; o espiritualismo, que é uma corrente de enlevo e interesse mais profundo que o quotidiano da vida.

Essas variações, às vezes, levam a excessos.

O maçom deve ser equilibrado em todas as circunstâncias e sentidos.

Ele é dirigido à espiritualidade, face à filosofia maçônica que tem como fim o amor ao próximo como a si mesmo, distinguindo esse próximo como sendo o seu irmão de Iniciação.

O imediatismo e o materialismo não soam bem, quanto à filosofia maçônica, uma vez que dentro dos Templos a mente volta-se à glorificação do Grande Arquiteto do Universo, que é Deus.

Além da luta comum para a sobrevivência, existem outros valores que o vulgo desconhece.

Esse "além" que reside dentro de cada maçom faz com que o ser humano veja com clareza que além do trivial existem aspectos transcendentais, os valores maiores, a sobrevida, enfim, a espiritualidade.

14 de maio

A ESQUADRIA

A Esquadria decorre do uso correto do esquadro, que é um instrumento de construção.

Quando o maçom assume em Loja a postura correta, diz-se estar em esquadria, o que equivale ao perfeito equilíbrio.

O maçom aprende, logo após sua Iniciação, a postar-se na Loja, tanto de pé como sentado.

A perfeição da postura equivale a um exercício de vida, pois, como sucede com os iogues, assumindo posições adequadas, o corpo humano pode purificar-se ou pelo menos manter a saúde de seu organismo.

Essas posturas maçônicas aplicam-se também à vida profana, uma vez que o maçom deve manter-se em Esquadria, seja mantendo-se ereto ao caminhar, posturando-se ao sentar e pautar o seu comportamento social de conformidade com o aprendizado maçônico.

Estar em esquadria significa ser obediente às leis do seu país, interessar-se pelos problemas sociais e pautar sua vida familiar de conformidade com os preceitos que lhe foram ministrados na Loja.

Toda vez que, ao caminhar, relaxamos o corpo, devemos reagir e endireitar os ombros; isso nos relembrará que a postura é posicionamento relevante para que a vida transcorra normalmente.

A esquadria moral é muito importante; o maçom é, sobretudo, alguém que serve de exemplo na conduta social.

15 de maio

O ESQUADRO

Somente quem souber esquadrejar poderá transformar a pedra bruta em pedra angular e devidamente desbastada, visando – em um trabalho oportuno – a poli-la e burilá-la para ser transformada em pedra de adorno na construção.

O esquadro, que forma um ângulo reto, ensina-nos a retidão de nossas ações; o maçom em sua linguagem simbólica diz que pauta a sua vida "dentro do esquadro".

Tudo está na dependência da retidão, tanto na horizontalidade como na verticalidade.

Seguindo-se as hastes do esquadro, teremos dois caminhos que vão se afastando, quanto mais distantes seguirem; isso nos ensina que se nossa vida for pautada de forma correta, encontraremos o caminho da verticalidade espiritual e o da horizontalidade material.

Esse instrumento é imprescindível na construção; caso não for usado, teremos uma obra torcida, sem equilíbrio e pronta para ruir.

16 de maio

A ESTABILIDADE

O que é estável é imutável; o triângulo e o quadrado, dentro do conceito geométrico, são figuras que representam a estabilidade.

O que o homem persegue desde que ingressa no confronto social da vida é constituir uma família e buscar estabilidade.

O teto dessa estabilidade varia muito e está na dependência da aspiração e do ideal.

Contemplamos, às vezes com certa inveja, aqueles que consideramos vitoriosos na vida.

Tiveram oportunidade idêntica à nossa, porém evoluíram inexplicavelmente; milhões lutam para galgar apenas um degrau a mais e não o conseguem. Por quê?

A fatalidade persegue a quase toda a humanidade, sem uma razão ou explicação aceitável.

O maçom deve conscientizar-se de que foi "pinçado" dentre milhões de criaturas; logo, é um ser excepcional e disso deve aproveitar-se para evoluir, já que possui certos "segredos" e tem familiaridade com os aspectos místicos e espirituais.

A estabilidade resulta de um esforço de vontade; "serei um vencedor" deve ser o lema do maçom.

"Hei de vencer"; "sou vitorioso", esses mantras devem ser usados nos momentos de meditação.

17 de maio

ESTAR A COBERTO

"Estar a coberto" significa estar protegido; em Loja significa que o Grande Arquiteto do Universo está presente e só ele será a real proteção.

O maçom, todavia, quando volve seu pensamento à Loja, deve sentir-se a coberto, tanto mental como espiritualmente, uma vez que estará invocando a presença divina.

O pensamento tem o poder de "locomoção instantânea"; basta pensar e eis que estaremos "dentro de uma Loja", considerando que dado o fuso horário, minuto a minuto, na terra, uma Loja maçônica estará funcionando.

O maçom jamais está isolado ou só; a Fraternidade Universal é a companhia permanente; basta recorrer a ela para que se consuma o mistério da união.

É necessário, porém, o bom propósito; devemos nos habituar a essas chamadas, uma vez que se desejamos companhia mento-espiritual, há os que por sua vez estão necessitados de nossa companhia, em uma permuta fraterna e de elevado amor fraternal.

São hábitos salutares e maçônicos; benesses de que todo maçom pode e deve usufruir.

18 de maio

A ESTRELA FLAMÍGERA

Ela está situada sobre o trono do Segundo Vigilante e representa a sublimidade da luz, uma vez que sua luminosidade é de primeira grandeza, muito superior à do Sol.

O homem desceu na Lua; está tentando aproximar-se de outros planetas, mas não ousa qualquer contato com as estrelas.

Os luminares desconhecidos e fora do nosso alcance constituem uma outra dimensão luminosa.

Nem sempre as estrelas que contemplamos existem, pois o caminho que percorrem até nossa visão é tão longo que chega a nós uma luz aparente; a estrela pode ser absorvida pelos buracos negros ou por uma extinção natural que demanda um Tempo que não podemos sequer registrar.

Nossa mente aspira compreender esses mistérios, na sua constante busca de entendimento.

Devemos nos exercitar para que a velocidade de nossos pensamentos vença as barreiras humanas e possa atingir a compreensão dos mistérios. O maçom diligente contempla a estrela flamígera como o ideal que deseja alcançar. Dizia São Paulo: "Agora vejo como em enigma, mas depois verei face a face". Despertemos esse desejo desafiante e nos instruamos para alcançar esse "face a face".

19 de maio

O ESTUDO

Estudar exige certo esforço, continuidade e memorização; todos nós estamos aptos ao estudo.

O vocábulo é de origem latina, *studium*, e a raiz passa a ser "estud", que resulta na formação de um sem-número de outros vocábulos.

Em Maçonaria, o estudo é trabalho do Companheiro; o Aprendiz, na realidade, não estuda, apenas observa; mais tarde, aplica o que observou ao estudo, que é a aplicação do seu conhecimento incipiente, para enriquecê-lo.

Atingido o mestrado, o maçom aprofunda o seu estudo para descobrir o que está oculto, para atualizar-se e tornar-se sábio.

A sabedoria não é uma "torre de marfim" de difícil acesso; o saber significa conhecer, sobre um determinado ponto, a doutrina maçônica. Assim o maçom pode ser um sábio quanto a um único aspecto científico ou filosófico.

O maçom deve instruir-se para compreender, e só alcançará a meta desejada por meio do estudo, que exige constância, dedicação e, sobretudo, força de vontade.

O mais triste em uma Loja é constatar a mediocridade de seus membros, que não dão ao estudo a importância necessária.

Estudar conduz ao aprendizado, e este à realização.

20 de maio

A EVOLUÇÃO

É propriedade e tendência de todo ser, humano ou não, por um princípio universal estabelecido na criação. A ciência evolui como a filosofia.

Aqui não se discute a evolução das espécies, mas aquela social, quando o esforço individual contribui para que a sociedade se sinta mais realizada e feliz.

O maçom evolui a cada sessão que assiste, tanto pelo melhor conhecimento que adquire como pelo aperfeiçoamento de sua conduta social.

Prega-se o amor fraternal, e este, obviamente, não se restringe ao relacionamento entre os Irmãos maçônicos, mas reflete no comportamento geral, no contato com os profanos, no aperfeiçoamento da família.

Cada maçom tem o dever de evoluir quotidianamente; deve sufocar os instintos, reeducar sua filosofia de vida e ver no próximo, não um competidor e inimigo, mas alguém que é criatura de Deus e que merece nosso afeto e boa vontade.

A evolução é dinâmica e visível; percebe-se quando o maçom transforma-se para ser um melhor cidadão e um melhor chefe de família.

Essa evolução deve ser consciente, equilibrada e controlada.

O maçom, antes de tudo, deve ser inteligente a ponto de transformar-se para seu próprio benefício, dos seus e da sociedade.

21 de maio

O ÊXTASE

Encontrar-se em êxtase significa estar em estado de consciência totalmente isolado das ações do mundo exterior.

Os santos, os ascetas, os hindus que se entregam à meditação profunda e à concentração absoluta, os profundamente religiosos, podem chegar ao êxtase e penetrar dentro de si mesmos, recebendo visões ou manifestações do mundo secreto e misterioso, em contato direto com a alma e o espírito.

Em Maçonaria, inexistem esses momentos de êxtase. A meditação recomendada não é profunda a ponto de a mente "fugir" para páramos desconhecidos.

O estado de consciência que conduz ao êxtase existe, mas deve ser cultivado com equilíbrio e bom senso, jamais pendendo para o fanatismo.

O maçom deve buscar a si mesmo, com simplicidade, equilíbrio e bom senso.

A meditação é o primeiro passo para o êxtase; não é recomendável esse estado de consciência nas sessões maçônicas normais, grupos afinados, contudo, podem buscar esse estado; os resultados, indubitavelmente, serão satisfatórios.

Contudo, o maçom deve (é seu dever) entregar-se à meditação maçônica, durante os momentos apropriados que são de todos conhecidos.

22 de maio

FAMÍLIA

A família maçônica abrange os maçons e seus familiares. Estar em família corresponde a, dentro do templo, com a Loja funcionando, não observar a liturgia.

A Loja reúne-se para tratar especificamente de assuntos administrativos ou referentes a algo específico, como palestras especiais.

Por ocasião do recebimento de um visitante, a Loja pode passar a trabalhar em família, ou seja, deixar de considerar a Ordem do Dia, isso para poder dispensar maiores atenções ao visitante e também para reservar apenas para o quadro da Loja assuntos confidenciais.

Diz-se também que a Loja receberá o visitante em família, o que significa dispensar as honrarias a que o visitante tem direito, bem como o "trolhamento", ou seja, o questionamento para a identificação plena.

A família natural do maçom passa a ser também maçônica, uma vez que as esposas são denominadas de "cunhadas" e os filhos de "sobrinhos".

Na realidade, uma Loja constitui uma família, pois todos os seus membros são Irmãos entre si, sem o destaque hierárquico; o Venerável Mestre continua sendo irmão do novel Aprendiz.

E se existe essa família, a união de seus membros deve ser cultivada e todos amarem-se e ligarem-se com laços afetivos.

Quando um maçom é atingido no mundo profano, isto equivale ao atingimento da Loja toda.

23 de maio

FANATISMO

A palavra tem origem latina, *fanum* significando Templo. Assim, o adepto de uma religião, doutrina, seita ou mesmo a Maçonaria que se excede nas suas obrigações, que exagera na sua condição de dedicação à causa, de forma cega e intransigente, será considerado fanático.

A Maçonaria combate o fanatismo por considerá-lo nocivo e entrave ao raciocínio.

Mesmo que pareça inacreditável, há maçons fanáticos; esses que diariamente frequentam Lojas e que se infiltram em tudo.

No início, são considerados "maçons excepcionais", dedicados à Arte Real, fiéis exemplos... mas, pouco a pouco, resultam nocivos, pois pretendem destaque e creem serem candidatos a todos os cargos, como insubstituíveis.

Cuide o maçom de não cair nessa fraqueza, pois, no grupo maçônico, todos são iguais e nenhum deve destacar-se pelo fato de ser excessivamente assíduo.

O fanático não passa de um ser vicioso, e a sua presença desequilibrada corrói todo o sistema.

O equilíbrio é o melhor caminho da normalidade; ser diligente, ativo, cumpridor de seus deveres é um comportamento recomendável e normal.

Qualquer excesso resulta em fanatismo.

24 de maio

A FATALIDADE

Diz-se fatalidade a consequência de um ato; fatal é sinônimo de conclusão, de terminal e de encerramento.

A fatalidade tem estreita ligação com o livre-arbítrio; é a conclusão de que não se poderá fugir nem contornar.

A Filosofia Maçônica não aceita a fatalidade, porque basta o ato de Iniciação para transformar o destino de um homem.

Existe a "terapêutica do destino": basta contornar uma situação que conduz a um fim desastroso para que o destino se altere; às vezes, uma só palavra de incentivo reanima o maçom e, pleno de esperança, ele foge de uma fatalidade que acreditava impossível de vencer.

A confiança no grupo, a fé no poder da união, a consciência de que o maçom não foi "pinçado" em vão dentre uma multidão afasta o fatal no sentido de um fim sem retorno.

O maçom pode construir o seu próprio destino, basta que siga o que lhe é recomendado e sugerido.

O desespero, esse sim, é um dos caminhos mais seguros para descambar em uma fatalidade.

A ciência ocupa-se do bem-estar do corpo; o culto do amor ao próximo resulta na elevação da alma; a glorificação a Deus conduz à realização dos ideais.

25 de maio

A FELICIDADE

O homem tem uma única preocupação: a de ser feliz. De conformidade com a classe social a que pertence, a felicidade apresenta gradações. É possível ser mais ou ser menos feliz; todo aperfeiçoamento, em todo terreno, redunda em felicidade, que para o maçom é o resultado do amor fraternal que forma a família maçônica, com fortes reflexos na família social.

Para o cristão, a felicidade é possuir Cristo no coração; essa frase expressa a filosofia maçônica, porque exige o conjunto de satisfações que resultam de uma vida virtuosa.

A felicidade não é grupal, mas sim individual; a trilogia saúde, alimento e diversão, para o bem comum, transforma-se em felicidade suficiente.

Para o maçom ainda é pouco, pois o conhecimento, o desenvolvimento mental, a compreensão filosófica são complementos indispensáveis para alcançar a felicidade, em harmonia com o Grande Arquiteto do Universo.

A felicidade não é automática, ela deve ser conquistada pedaço a pedaço.

O caminho mais curto será o interesse de fazer feliz o próximo, visto que a resposta virá como recompensa.

A felicidade é a prova de uma vida íntegra, voltada ao próximo e abençoada por Deus.

26 de maio

A FERRAMENTA

Cada profissão possui a sua ferramenta específica. No aprendizado maçônico, é necessário o uso simbólico de ferramentas. Somente a Maçonaria Simbólica, segundo a tradição de seu início operativo, é que ensina o manejo da ferramenta, inicialmente, para desbastar a pedra bruta, para depois erguer uma edificação de alvenaria.

De alvenaria porque essa sugere estabilidade permanente, solidez e volume arquitetônico.

Útil seria para o maçom que todo dia selecionasse uma determinada ferramenta e "prosseguisse" no seu trabalho de construtor.

O maior desafio, experiência e empenho será a construção de seu próprio templo interior.

O trabalho, portanto, será dirigido de fora para dentro e no universo de dentro (microcosmo), erguer um templo digno de receber, com amor, a seus Irmãos, com o fim de elevar glórias a Deus.

A mente humana, que é o sacrário místico e impenetrável de todo maçom, deve ter sua ocupação constante e receber o resultado do trabalho, sentindo-se valorizado e constatando que a edificação espiritual avança sem temor.

A ferramenta, aparentemente, apresenta-se como instrumento material; contudo, a ferramenta espiritual é muito mais aperfeiçoada que a vulgar material.

O maçom deve aprender a fazer uso das três ferramentas espirituais.

27 de maio

A FILANTROPIA

A origem do vocábulo é grega: *philos e anthropos,* que pode ser traduzida por "amor ao homem", no sentido de amparo.

A religião possui um sinônimo de filantropia: caridade.

Inexistem Lojas Maçônicas Filantrópicas porque o objetivo da Maçonaria não é a prática da caridade, no sentido de auxílio aos necessitados, porém trata-se de uma prática virtuosa do maçom que recebe os ensinamentos para dedicar Tempo e haveres em benefício ao próximo.

A Maçonaria forma e forja o maçom na prática da filantropia, como parte do aperfeiçoamento, na novel filosofia da vida.

Em todas as sessões maçônicas são recolhidos os óbulos destinados aos necessitados.

Essa prática tradicional não passa de um primeiro impulso, de um exercício para demonstrar que a prática da caridade é uma virtude.

No entanto, ao serem depositados os óbulos, o maçom deposita ao mesmo Tempo a si mesmo.

Não é o óbulo que aliviará a necessidade do carente, mas a dação total (espiritual) do maçom. A esmola não é um ato mecânico de desprendimento meramente simbólico: deve ser um gesto de humanidade, de amor e de altruísmo.

Um olhar benévolo, uma atitude amistosa, um apoio moral, isso significa exercitar a filantropia.

28 de maio

OS FILHOS DA LUZ

Os maçons são conhecidos como "os Filhos da Luz". A denominação não é pretensiosa, pois a Luz simboliza a "iluminação da mente", por meio do constante exercício para o desenvolvimento destinado a compreender que a vida constitui o conjunto de valores acima do que é vegetativo e corriqueiro.

"Filhos da luz" é o oposto de "filhos das trevas".

O maçom ilumina-se a si mesmo extraindo a luz necessária de dentro de si mesmo.

Assim pode realizar, vez que a luz nasce de seu interior.

Obviamente essa luz apresenta dimensões diferentes da luz que estamos habituados a contemplar e, mais comumente, à luz do Sol.

O maçom jamais vive em trevas.

Para os cristãos, a luz do mundo é Jesus, o Cristo, que na sua evangelização deixou bem claro que todos os seus seguidores serão filhos da luz.

O cadáver é algo que não se movimenta, não ouve, não emite sons, não degusta e nem possui tato, sendo cego e sem luz; em suma, um ser "apagado".

Não queiramos ser mortos espiritualmente; cada maçom deve buscar encontrar a sua própria luz, uma vez que a isso foi destinado quando retirado do mundo profano e conduzido à Iniciação.

29 de maio

FILOSOFIA

Filosofia é o estudo da vida; pode ser ciência, fé, religião ou simplesmente a mente ou a razão em função. Toda arte e toda ciência têm partes filosóficas.

Quando a mente dedica-se a decifrar os enigmas da vida, estará filosofando.

Em Maçonaria temos a parte filosófica, como temos a histórica, a judaica, a mítica ou a mística, enfim, o ecletismo que convém ao equilíbrio da mente, para afastá-la do sectarismo exagerado, do fanatismo e do proselitismo.

Em linguagem maçônica, a Maçonaria divide-se em Maçonaria Simbólica e Filosófica.

Pode-se afirmar que a Maçonaria é um todo filosófico, porque a mente, desde a Iniciação, passa a elaborar conceitos e obter conclusões.

A própria ciência da Filosofia admite espécies: filosofia hermética, filosofia Oriental, filosofia Ocidental, filosofia Oculta.

Uma filosofia tanto pode ser transcendental como pode ser simples; o filósofo pode ser sábio ou vulgar.

O Aprendiz e Companheiro maçons situam-se dentro dos primeiros passos da filosofia; será no mestrado que a filosofia adquirirá corpo sólido.

O maçom deve instruir-se a respeito dessa parte filosófica, porque a vida em si é o exercício da filosofia.

30 de maio

FIO

Trata-se de uma expressão que significa o "mínimo". "Estar por um fio" significa estar no limite; o fio que compõe o Prumo firmando a testa, para deixar livre e perpendicularmente a ponta, é indispensável para o funcionamento do instrumento.

Estar a Prumo significa estar em equilíbrio, ou seja, corretamente. O Prumo é um instrumento de medida, mas funciona sempre de modo perpendicular e de cima para baixo; simboliza que a correção, o justo e a exatidão são fatores verticais, recebendo a influência da atracão da Terra e simboliza que seu funcionamento parte do "alto", ou seja, da mente.

O maçom, ao chegar no limite de sua atividade, deve pensar sempre na retidão.

O fio é maleável, delicado, sutil e frágil; sejamos todos, no Prumo, o fio que o caracteriza para pautar nosso comportamento com fidelidade e verticalidade.

Não convém permanecermos sempre no limite, ou estar por um fio, mas evitar esse posicionamento para nossa própria segurança.

Para que o Prumo funcione, esse fio deve estar retesado, servindo como se fora uma haste inflexível.

O uso do Prumo, sem essa inflexibilidade, resultará em uma medida falsa.

O maçom deve procurar sempre a correção.

31 de maio

AS FLECHAS

Maçonicamente, assim são designadas as ordens que devem ser cumpridas de imediato.

As ordens emanadas dos superiores hierárquicos não podem ser questionadas, uma vez que se supõe sejam corretas e necessárias; obedecer é uma disciplina saudável.

Flechas também simbolizam as agressões que o maçom recebe, mas que devem ser aceitas com resignação e tolerância, com a convicção de que não atingem uma parte vital e que se desviam porque existe uma resistência espiritual.

Dizia o filósofo Huberto Rohden: "O mal que me fazes não me faz mal; o bem que deixas de me fazer, esse te faz mal".

O maçom deve estar alerta quanto ao recebimento das agressões e das ofensas; embora não haja necessidade evangélica de oferecer a outra face, o fato de exercitar a tolerância equivale a esse oferecimento que a mente comanda e o espírito aceita.

A ourivesaria feminina oferece como ornamento flechas isoladas, que simbolizam a tolerância.

Nos escudos da cidade do Rio de Janeiro sempre constaram flechas que rememoram o sacrifício de São Sebastião, que foi seviciado, posto sua morte não decorresse do flechamento.

O maçom considera a tolerância como uma virtude.

1º de junho

A FOICE

É símbolo de colheita; trata-se de um instrumento de corte de origem milenar, em forma de meia-lua, colocado na extremidade de um cabo e usado para a colheita das plantas que fornecem grãos.

Seu significado é duplo, pois simboliza também o "ceifar de uma vida", ou seja, a morte.

Em Maçonaria, é símbolo do Tempo e da morte e é colocado na Câmara das Reflexões.

Em épocas pretéritas, colocava-se a foice na mão de um esqueleto.

A foice lembra ao maçom o trabalho persistente e a coleta do alimento, em especial do trigo.

No princípio do século XX, a foice e o martelo, simbolizando a agricultura e a indústria, constituíram o símbolo do Partido Comunista Soviético, hoje banido na Rússia, mas subsistindo em alguns países, como elemento nostálgico.

Frente a esse símbolo mortuário, o maçom deve meditar na fatalidade da vida que pode ser ceifada sem aviso e em momento imprevisto.

O dever de cada um é preparar-se para a morte, convencendo-se de que ela não significa um final, mas ao contrário, um princípio.

Ceifada uma vida, renasce uma outra, uma vez que a morte dá lugar a um novo nascimento.

Deve-se pensar na morte... enquanto se está vivo!

2 de junho

A FORTALEZA

Trata-se de um atributo divino; uma virtude; uma demonstração de personalidade; o melhor exemplo que poderíamos apresentar é a saga de Jó, que superou todas as dificuldades, provações e misérias, sempre confiando na proteção divina.

Diz-se "espírito forte" para quem suporta as vicissitudes da vida; essa fortaleza de ânimo espelha um caráter bem formado. O maçom prima por robustecer-se, ao frequentar assiduamente os trabalhos de sua Loja, pois, "recarregando as suas baterias", terá meios de enfrentar e vencer os obstáculos que se apresentarem.

O grupo maçônico é de apoio; basta que o maçom em necessidade dê ao grupo conhecimento de sua situação, para que obtenha os meios para superar a crise.

O maçom jamais deve considerar-se só e abandonado, porque, na realidade, ele possui uma família numerosa, onde os Irmãos estão ansiosos para auxiliá-lo.

É preciso, porém, franqueza para expor as necessidades; toda crise pode ser superada; não sejamos os "Jós" da vida, quando temos ao alcance da mão as soluções.

Fortaleza de espírito equivale a trilhar o caminho da vitória e da segurança.

O maçom jamais está desamparado.

3 de junho

A FRATERNIDADE

Do latim *frater*, irmão; Fraternidade é uma associação fraterna usada para demonstrar que todos os homens podem conviver como se fossem Irmãos da mesma carne.

Em uma família numerosa, com muitos filhos, esses não constituem uma Fraternidade, mas uma família, pois os pais são incluídos no grupo. A Fraternidade Maçônica abrange tão somente os membros de uma Loja.

Maçonicamente interpretando, a Fraternidade apresenta-se de vários modos: a Fraternidade de uma Loja; a Fraternidade em uma Ordem; a Fraternidade Universal, também designada de "Fraternidade Branca".

A Fraternidade Universal abrange os maçons em vida e os que já se encontram no Oriente Eterno, ou seja, os que "partiram", os que "desencarnaram", os mortos.

O candidato que passa pela Iniciação maçônica ingressa, após a sua aclamação em Loja, na Fraternidade maçônica, nos seus vários aspectos e de modo permanente.

A Fraternidade implica obrigações e direitos; a parte ética e de comportamento é muito importante. São admitidas pequenas rusgas, como sucede dentro de uma família, mas com a obrigação de serem passageiras.

O maçom tem o dever de tolerar esses incidentes e perdoar se eles tiverem sido mais intensos.

4 de junho

A FUMIGAÇÃO (O INCENSO)

Fumigação ou incensamento é uma prática que vem do passado; de conformidade com o material empregado, as fumigações produzem reações psíquicas e físicas, muitas vezes alucinógenas.

O incenso, junto com outras substâncias aromáticas, produz alterações no sistema nervoso, que podem resultar em euforia ou misticismo.

Os defumadores têm uso no mundo todo, tanto para as atividades religiosas como para incentivar a criatividade, os sonhos e as ilusões.

A meditação acentua-se em um recinto onde são queimados defumadores, e um Venerável Mestre deve ter muito cuidado em observar que substância é queimada no Altar dos perfumes.

O maçom pode adquirir o hábito da fumigação em seu ambiente íntimo, no recesso de seu lar ou de sua atividade profissional; uma das características da fumigação é afastar pressões negativas, limpar o ambiente.

Antes de dormir, é aconselhável a queima de um bom incenso, uma vez que prepara o ambiente para um sono leve, propiciando sonhos suaves; o organismo, assim, pode descansar mais facilmente.

Sendo a fumigação uma prática milenar, ela prossegue nos Templos Maçônicos.

Ò maçom, todavia, deve fugir dos alucinógenos, como a papoula, que no comércio é distribuída sem qualquer controle.

5 de junho

O FUMO

Nome dado ao tabaco; substância reconhecida cientificamente como prejudicial à saúde, sendo uma droga que causa dependência física e psíquica, erige-se em um vício; sem maiores considerações face ao óbvio, o fumo nas várias manifestações: cigarro, cachimbo, rapé e mascamento, bem como charuto, constituem uma prática que a Maçonaria desaprova.

Quando o Venerável Mestre pergunta ao Primeiro Vigilante a respeito do que entende por vício, a resposta bastaria para que o usuário tabagista deixasse de fumar. Temos dentro das Lojas Maçônicas uma anomalia que é a tolerância para com esse vício, um dos mais combatidos pela ciência.

A luta contra o tabagismo nas Lojas passa a ser constrangedora, pois temos Veneráveis Mestres que fumam abertamente, tanto em público como na sala dos passos perdidos.

O maçom deve zelar pela própria saúde e a dos circunstantes, pois, nesta altura, em pleno final do século XX, os governos "protegem" o tabagismo porque a indústria do fumo lhes proporciona impostos que são elevados; o combate oficial ao fumo não passa de uma ação cínica e de todo reprovável.

O maçom que fuma atenta contra a própria saúde, a de seus familiares e a de seus Irmãos.

Esse vício deve ser combatido sem tréguas, uma vez que se trata de um tóxico.

6 de junho

A LETRA "G"

A letra G do alfabeto latino apresenta-se como um dos mais singelos símbolos, que expressa, porém, a grandiosidade maçônica.

Como a base da Maçonaria é a construção, e a arquitetura a ciência aplicada à obra, "G" representa o grande geômetra, ou seja, Deus.

De forma isolada e lançada como maiúscula, substitui o Iod hebraico e serve de logotipo, de emblema, de sinal, enfim, para evidenciar a presença de um maçom; dentro do templo, ela situa-se em dois símbolos, no espaço livre entre o cruzamento do compasso e do esquadro e na parte central da estrela flamígera.

O símbolo "G" presta-se a múltiplas elucubrações, de certo modo abusivas, pois a criatividade da mente humana não tem limites; assim, de conformidade com a língua adotada em um país, toda palavra que iniciar por uma letra "G" encontrará quem extraia "ensinamentos esotéricos".

Contudo, o equilíbrio deve nortear o maçom. Se em inglês Deus é dito "God", não haverá conflito algum entre a simbologia das letras "D" e "G", porque, em hebraico, Deus já terá outra letra a expressá-lo, assim como em grego, persa, hindu, enfim, a multiplicidade dos idiomas não poderá servir para criar confusões.

Nas sagradas escrituras, Deus vem nomeado por inúmeros substantivos, e cada maçom saberá honrá-lo e glorificá-lo, como queira.

7 de junho

O GALO

Trata-se da ave que simboliza a vigilância e o despertar para um novo dia; o aviso canoro de um próximo renascimento; a figura de um galo é colocada na Câmara das Reflexões.

Os cristãos têm o galo como advertência de que o cristão não deve cair em tentação para trair o Mestre Jesus, lembrando que por ocasião da prisão de Jesus, após o apóstolo Pedro negar ser um dos seus seguidores, um galo cantou três vezes.

Constitui a trilogia sonora de alerta. Três são as oportunidades que o maçom tem para não se deixar vencer pelo medo, pois Pedro negou a Jesus pelo temor de ser preso.

Em Jerusalém há um lugar de visitação, denominado de "Galicanto", local onde teria acontecido o fato referido nos evangelhos.

Com a finalidade de "apagar" o episódio do qual Pedro se arrependera, o Cristianismo fez do galo e do seu canto o símbolo da geração de "Esperança da Ressurreição", o triunfo de um novo alvorecer com a morte da noite e o retorno do "astro rei", como vitorioso sobre as trevas.

O galo, como símbolo, é visto também ao lado de uma ampulheta, porém são símbolos "menores" em que o maçom pouco tem para estudar, afora o aspecto de manter-se sempre *in Vigilante,* para escapar das tentações.

Como símbolo, o galo é colocado na rosa-dos-ventos, encimando as torres das igrejas.

8 de junho

A GENUFLEXÃO

É o ato de dobrar os joelhos, em sinal de veneração e humildade, diante de uma divindade ou de poderosos.

A Maçonaria pratica a genuflexão quando um candidato começa a prestar juramento e participar de uma prece.

É uma prática não obrigatória o oficiante, ao abrir o Livro Sagrado, fazer-lhe a leitura, postando-se de joelhos.

O candidato profano que apresentar defeito físico e não puder ajoelhar-se, seja com ambos os joelhos ou somente com um, não é aceito; todavia, a respeito, há muita tolerância.

O significado da genuflexão não diz respeito apenas a um ato de reverência, mas constitui uma postura que conduz todo o organismo a efeitos esotéricos.

Sabemos, por meio da prática iogue, que toda postura é dirigida para determinado ponto do organismo e, conforme o Tempo em que o maçom permanece na posição, os efeitos prolongam-se para maior benefício.

O primeiro ato de genuflexão que as sagradas escrituras referem foi praticado por Salomão quando, por ocasião da inauguração do grande templo, ajoelhou-se perante Jeová, em agradecimento pela conclusão da obra que lhe fora confiada.

O maçom deve ajoelhar-se quando se posta diante de seu senhor, o Grande Arquiteto do Universo, Deus.

9 de junho

O GRAAL

Constituía-se em um prato muito côncavo, quase um vaso, destinado às refeições. O vocábulo derivaria do latim *gratus*, que significa "grato" ou "agradecido", porque o recipiente recolhia bons manjares, que eram gratos ao paladar.

O Santo Graal é base de uma lenda surgida nos primórdios do Cristianismo; conhecem-se os cavaleiros da Távola Redonda que, reunidos, bebiam do Santo Graal – um vaso lavrado em ouro e pedras preciosas que teria sido a taça em que Jesus bebera o vinho na sua última ceia.

Richard Wagner, o famoso compositor, imortalizou o Santo Graal na sua ópera *Parsifal*.

Algumas Lojas maçônicas adotam em lugar da "taça sagrada da boa e má bebida", um similar de Graal.

A não ser a altivez dos cavaleiros que inspiraram alguns graus maçônicos, o Graal não é símbolo característico maçônico.

Nossa taça sagrada rememora o fato de Jesus ter sorvido da boa e da má bebida, nos últimos dias antes de sua cruficação.

Após a Iniciação, o maçom volta-se para esse símbolo para memorizar que, a todo momento, deve estar preparado para sorver dessas bebidas que a vida lhe impõe.

No Grau 18, príncipe Rosa-Cruz, há memória desse Graal, quando todos, em banquete comemorativo, bebem do vinho em uma taça única.

10 de junho

GRÃO-MESTRE

Esse título originou-se da eleição da primeira autoridade maçônica, o maçom Anthony Sayer, em 24 de junho de 1717, na Inglaterra. A função equivalente à chefia suprema; acima do Grão-Mestre inexiste outra autoridade.

A escolha e eleição de um Grão-Mestre estão na dependência do que determinam as Constituições Maçônicas, que variam de país para país e, entre nós, de estado para estado.

Portanto, se um Grão-Mestre possui poderes absolutos, esses somente existirão se houver legislação que os determinem.

O cargo só poderá ser pleiteado por um Mestre maçom; contudo, todos os maçons de uma jurisdição, mesmo os aprendizes, terão o direito de votar.

Os maçons sujeitam-se, por tradição e compromisso, a respeitar e obedecer o comando de seu Grão-Mestre.

No Brasil, cada grande Loja e cada grande Oriente possuem o seu Grão-Mestre exclusivo e soberano; para a uniformização dos trabalhos, considerando a vastidão do nosso território, anualmente os Grão-Mestres se reúnem em confederação.

Todo maçom deve, por um princípio consensual genérico, honrar e respeitar seu Grão-Mestre.

O período de gestão vem regulamentado nas respectivas Constituições.

11 de junho

OS GRAUS

Inicialmente, a Maçonaria era considerada operativa, isto é, dedicada ao trabalho manual; posteriormente, entendeu como apurar os conhecimentos de forma intelectual, passando a ser denominada de simbólica ou especulativa; por último, a Maçonaria voltou-se exclusivamente ao intelecto, denominando-se filosófica.

De conformidade com a capacidade de cada operário, dentro de sua atividade, a Maçonaria Operativa tinha gradações; atualmente, ultrapassada a fase simbólica dos três primeiros graus, outros graus foram se estabelecendo, de conformidade com cada rito, podendo ser de 7 a 99.

Existem os graus iniciáticos e os intermediários.

Sendo a universidade produto das primeiras corporações, para chegar ao topo da instrução, o "estudante" passa por vários estágios, sempre em progressão. Isso constitui o Grau.

Desde a Iniciação, o Iniciado passa a ser um maçom completo; mas, com o constante progresso e armazenamento dos conhecimentos, esse maçom sobe de grau em grau até atingir o "ápice da pirâmide", quando se tornar o Mestre dos mestres.

Mesmo Aprendiz, o maçom deve aspirar ascender e, com zelo e pertinácia, evoluir dentro de seu rito, até atingir o conhecimento máximo e situar-se em uma posição de mestrado para ser Mestre de seus Irmãos.

12 de junho

A GRUTA

A gruta é uma escavação natural em uma montanha, não tão profunda como são as cavernas.

A Câmara das Reflexões é também denominada de gruta ou caverna.

Na Antiguidade, os filósofos recolhiam-se para meditar nas grutas naturais.

No episódio do encontro dos assassinos de Hiram Abiff, constatamos que haviam se refugiado em grutas; portanto, gruta passa a ser sinônimo de refúgio.

Todo maçom possui, em si, um templo, mas, ao mesmo Tempo, um túmulo e uma caverna ou gruta.

Pode-se com facilidade, e mentalmente, refugiar-se em uma gruta íntima para meditar, bastando para isso fechar as pálpebras e sintonizar os sentidos para que se encontrem dentro dessa gruta.

O recolhimento espiritual, por outro lado, é um dom; há os que com facilidade adentram nesse seu interior, como há os que têm dificuldades para isso; aconselha-se o exercício, lento mas persistente, uma vez que todos chegarão à sua gruta, onde poderão entregar-se à meditação.

A meditação também é um dom, pois leva a uma situação mental de tamanha amplitude que todos os problemas que surgem encontram solução.

O maçom que medita não cairá nem em tentação nem no infortúnio.

13 de junho

A HARMONIA

Harmonia significa, sobretudo, "equilíbrio"; no dualismo maçônico se faz necessário, como prática do bom senso, a observância das atitudes e do comportamento harmônico. O ajustamento das notas musicais resulta na harmonia da música.

Na administração maçônica, encontra-se o Mestre da harmonia, que tem o encargo de programar a música como fundo sonoro nos trabalhos litúrgicos; sem dúvida, a música que rege os sons é um conduto harmonioso para a meditação e o ingresso para o "interior" de cada ser humano.

Compete ao Mestre de harmonia na Loja prover, também, para que os Irmãos vivam em paz, em equilíbrio e harmonicamente.

Em uma família, especialmente quando numerosa, a harmonia constitui um dos segredos de êxito espetacular; vivendo todos em harmonia, evitar-se-ão os dissabores, as querelas e o desamor.

Sendo a Loja maçônica uma família fraternal, cada maçom tem a obrigação de tudo envidar para que haja plena harmonia no grupo.

Viver em harmonia equivale a ser feliz, pois, em paz, tudo pode ser realizado, tanto em benefício individual como para o grupo e, consequentemente, para a sociedade.

A harmonia constitui uma virtude que deve ser cultivada com zelo, interesse e cuidados extremos.

A Loja que mantiver harmonia em seu quadro será próspera e terá realizado seu objetivo.

14 de junho

A HIERARQUIA

Origina-se do grego *hierós,* significando admirável, poderoso, e *arkhe,* princípio. É o complexo dos poderes estabelecidos de forma ordenada e legítima e abrange qualquer Instituição, seja militar, religiosa, filosófica ou civil.

As autoridades maçônicas existem em uma escala progressiva e afora a autoridade administrativa, isto implica na autoridade ritualística; os maçons que ascendem aos graus superiores são hierarquicamente superiores, obviamente, aos graus inferiores.

Não se trata de uma superioridade intelectual ou individual, mas que compreende superioridade litúrgica.

A Maçonaria subsiste graças à observância dos princípios tradicionais e ao respeito à hierarquia.

Certamente, porque o maçom é um ser humano, portanto falho, há os que abusam da autoridade hierárquica; são casos sempre presentes, mas que devem ser contornados para serem suprimidos com tolerância e amor fraterno; esses comportamentos inusitados têm dado margem ao surgimento de dissenções nocivas; grupos separam-se do poder central e formam novos "poderes", que podem até prosperar, mas que são vazios e nocivos.

O maçom deve aceitar as distinções hierárquicas com humildade e, assim, exercitar a virtude do bom viver e do amor fraternal.

A humildade encanta, prestigia e traz admiração!

15 de junho

A HONRA

Honra é o comportamento dignificante e o resguardo de atitudes que são notadas.

Honra é o revestimento que torna o homem respeitado; basta seguir as regras ditadas pela sociedade, pela religião, pelas instituições filosóficas para que a sociedade e a família tenham seu membro como fator sadio e exemplar.

Uma atitude desonrosa enfraquece a personalidade e causa traumas no próprio homem. A recuperação é lenta; a reação nem sempre é imediata e, para reconquistar o respeito da sociedade, a jornada é difícil.

A honra é um bem perene que perdura como sobrevida na memória de todos, e, sempre, ao ser lembrado um ente querido, recorda-se também o seu viver.

É simples ser honrado, basta encarar o mundo com simplicidade e respeitar o direito alheio.

Quanto à honra íntima, basta o equilíbrio e não exceder-se naquilo que se vive.

Frequentemente, a honra vem do berço, ou seja, decorre do exemplo dos pais.

Faz parte da educação a imprimir aos filhos.

O maçom prima por caracterizar-se pessoa honrada, pois isso é o resultado de um longo aprendizado junto com os seus Irmãos.

16 de junho

O HORÁRIO MAÇÔNICO

Por que os trabalhos maçônicos devem ter início ao meio-dia?

Porque a posição do Sol, nessa hora, coloca-se no centro do hemisfério, portanto um lugar neutro; observe-se que precisamente ao meio-dia o Sol não permite sombra alguma.

À meia-noite, dá-se o mesmo fenômeno astronômico, de total neutralidade, pois o Sol, em um outro hemisfério, toma posição identicamente neutra.

Sendo o Tempo inicial e o do término neutro, o maçom passa a ser o centro dessa neutralidade e adquire superioridade sobre o Tempo, pois a sua presença passa a ser o próprio tempo.

O período de 12 horas de trabalho não é simbólico, mas real; o trabalho não significa a permanência do maçom dentro do templo; o trabalho é exercido dentro de "outro templo", o templo de dentro – o templo da mente, o templo espiritual.

O dualismo passa a manifestar-se: 12 horas de trabalho, 12 horas de descanso.

Na realidade, o maçom está sempre dentro do templo.

Contudo, não basta estar alerta; conscientemente, estar no templo equivale a estar em companhia dos santos.

Façamos do mundo nossa morada, nossa nau, porém morada celeste, onde possamos honrar e glorificar a Deus.

17 de junho

HOSPITALEIRO

Nome dado a um dos oficiais de uma Loja maçônica, inspirado pela Ordem dos Hospitalários, no Tempo das Cruzadas, porque esse oficial é o encarregado não só da arrecadação dos óbulos por intermédio de seu "giro" litúrgico como também de atender aos necessitados.

Por meio da bolsa de beneficência, os óbulos arrecadados são aplicados pelo Hospitaleiro, de forma autônoma e independente, sem que lhe seja exigida qualquer prestação de contas; o montante da coleta permanece em sigilo e somente o hospitaleiro o conhecerá; ele tem obrigação de prestar contas, não dos valores, mas das ações que pratica em nome da Loja.

Cada maçom, por sua vez, é um hospitaleiro, uma vez que lhe cumpre a prática da caridade, pois recebe as benesses de Deus e a ele deverá prestar contas da sua "hospitalaria", ou seja, do bem que pratica.

Colocar um óbulo na bolsa de beneficência não satisfaz a consciência. Após prover para si, para sua família, todo maçom tem a obrigação de prover para a sociedade, na parte mais desvalida e abandonada.

Dizia o Mestre: "Mais aventurado é dar que receber", e essa máxima cristã nos diz respeito.

O "dar" deve nos causar satisfação, pois a solidariedade é uma virtude, e essa virtude faz parte do feixe maior que nos envolve como verdadeiros maçons.

Ao darmos nosso óbulo, não esqueçamos jamais que o dar também é bênção.

18 de junho

A HOSPITALIDADE

A hospitalidade é um dever básico de todo maçom; hospedar os Irmãos vindos de todas as partes. Durante a existência das corporações e das guildas, esse dever era levado muito a sério; evidentemente, com a evolução social, essa obrigatoriedade já não encontra razão de ser porque os meios de transporte, os hotéis ou as pousadas e o Nível econômico garantem ao forasteiro a segurança necessária; contudo, é dever do maçom atender aos casos que surgirem exigindo atenção e amparo.

O ato de hospedar não se restringe ao abrigar, recebendo o irmão no recesso do lar, mas recebê-lo no coração, com afeto.

Um aperto de mão caloroso, um abraço afetuoso, palavras de boas-vindas, atenções outras, todo maçom aspira receber!

Se assim é, não basta esse receber, porque cabe a cada maçom o dar.

Quando de reuniões e congressos, grupos de Irmãos são hospedados nas casas de outros Irmãos, há uma troca de benesses, gentilezas e afetos.

Todo maçom sente a necessidade de ser bem recebido; esse sentimento é próprio da família maçônica, e a tradição deve ser mantida. Quem tem possibilidades de hospedar, que o faça, e o prêmio será satisfatório, pelo estreitamento da amizade, pelo exercício do afeto.

19 de junho

HUMANIDADE

Provém da palavra "humano", ou seja, significa os habitantes da terra; mística e esotericamente existem duas humanidades; os habitantes vivos da terra e os habitantes "desencarnados", que permanecem em "órbita" na própria Terra e que constituiriam o "Oriente Eterno" ou a parte da Fraternidade Branca Universal.

Humanidade é também o sentimento de piedade, de caridade para com o próximo.

A Maçonaria é uma instituição humanitária no seu mais amplo sentido.

Quando passamos pelo centro de uma cidade, ao notar crianças maltrapilhas e que demonstram ser abandonadas, criadas à própria sorte, sempre seguindo maus caminhos, somos tomados por uma curiosidade momentânea e lamentamos o quadro.

Bastam alguns passos, porém, para que essa visão constrangedora desapareça de nossa retina e logo adiante esquecemos o infortúnio.

Esse comportamento que é o normal de todos não o deveria ser para o maçom.

A Maçonaria já não é operativa, mas o maçom forçosamente continua sendo-o!

Deixar tudo como está torna-se, para o maçom, "desumano" e mesmo que ele não possa solucionar o problema, tente fazer a sua parte; não custa acariciar a cabeça de um menino de rua e dar-lhe um sentimento de amor.

20 de junho

A HUMILDADE

Trata-se de um comportamento social e de uma virtude maçônica; uma pessoa pode tornar-se humilde quando religiosa, diante do poder da divindade que reconhece superior.

No meio social, a humildade significa a repulsa aos falsos elogios que visam a deturpação do comportamento, como a lisonja estudada, no sentido de ludibriar a boa-fé.

O maçom tem o dever de fortalecer a virtude da humildade, porque só assim será tolerante e poderá, desarmado de todas as ciladas, amar a si mesmo e consequentemente ao seu próximo.

Ao receber um elogio, a Natureza humana responde com uma reação nem sempre correta; o envaidecimento é o oposto à humildade e gera inúmeros males, pois mascara a verdade e reforça o elogio profissional, o "engambelamento" oportuno, a cilada adrede.

O maçom humilde encanta e a todos agrada; ao contrário do que se possa pensar, o humilde destaca-se dos demais pois erige-se em atração.

Todos admiram o sábio humilde que se evidencia apenas pelo saber e não pela vaidade.

O vaidoso é antipatizado, o humilde é amado.

O maçom deve pautar a sua vida maçônica e social, cultivando as virtudes que lhe são ensinadas nas oficinas, sendo a Humildade uma das principais.

21 de junho

"HUZZÉ"

"Huzzé" é um exclamação praticada no início e no final dos trabalhos maçônicos; considera-se parte "sigilosa" pela sua mística e pelos seus resultados.

Essa exclamação é exercitada com força e como se obedecesse a uma batuta, em um mesmo Tempo.

Fisiologicamente serve para expulsar de dentro as pressões que o maçom retém, sentindo com isso grande alívio.

Em uma sessão tumultuada, basta que o Venerável Mestre interrompa a discussão e ordene a exclamação para que os ânimos serenem.

Por ser uma prática mística, o maçom a usa tão somente dentro da Loja.

No entanto, o maçom já experimentou essa exclamação, no recesso do seu lar, quando tomado por depressão?

Faça a experiência e descobrirá uma nova faceta dessa benesse maçônica!

Da mesma forma, pode usar a Bateria e – por que não? – o "sinal de socorro".

A Maçonaria propicia aos seus adeptos um sem-número de benesses que, por ignorância, falta de fé e sabedoria, o maçom não descobre.

Essas atitudes não podem permanecer reservadas para o templo, pois o maçom está sempre em templo.

22 de junho

A IDADE

O maçom, dentro da ordem, possui uma idade específica que é a de sua permanência no grau; assim, terá tantos anos de Iniciação; tantos anos de aprendizado, de Companheirismo, de mestrado.

Essa idade não é calculada nos anos civis, mas simbólicos; assim, um Aprendiz terá três anos; um Companheiro, cinco; e um Mestre, nove.

Portanto, do ponto de vista maçônico, as idades são variadas.

Logo, um maçom poderá ter tantos anos de Maçonaria, tantos anos de grau e estar com tantos anos de idade civil.

Observa-se, também, a idade civil para o ingresso na Ordem: de 25 anos, que supõe maturidade, para o geral; 18 e 21 para os "Lowtons" e "Demolay". Os regulamentos gerais e os estatutos regulamentam esse período.

Um ditado chinês diz que a idade do homem é a de sua coluna, no significado de sua higidez, de suas forças físicas e mentais.

A Maçonaria é uma instituição que acolhe jovens, mas venera os avelhantados, pois quanto mais antigo o maçom, mais sábio será e, assim, respeitado e amado.

Geralmente, os possuidores de altos graus possuem a "cabeça branca".

Todo maçom tem o dever de respeitar, acolher e amar o seu Irmão mais velho.

23 de junho

O IDEAL

Ideal é sinônimo de "objetivo"; todo homem tem um objetivo a realizar; é o seu sonho, a sua esperança, a sua programação; alguns conseguem satisfazer o seu ideal; a maioria, não.

Dentro de cada atividade humana cabe um ideal, e assim sucede com a Maçonaria; o ideal maçônico, tantas vezes referido, objetiva a reunião dos homens de boa vontade que passaram pela Iniciação; cultiva o amor fraterno por meio de atitudes tolerantes, bondosas, justas e honradas.

O ideal é um objetivo programado; o idealismo é a ação para alcançar e realizar essa programação.

Em todas as atividades humanas, o idealismo é execução das ações que conduzam à realização de um ideal.

As religiões, o civismo, a filosofia e a Maçonaria planificam o seu programa por meio do idealismo.

O maçom visualiza o seu ideal e o constrói, peça por peça e nesse trabalho ele vai construindo a sua meta até alcançá-la para, então, objetivar um novo ideal.

O ideal conduz à esperança que, por sua vez, envolve a fé.

A vida deve ser programada, seja com a simplicidade do quotidiano, seja com o aprimoramento universitário; nada se faz sem o planejamento, uma vez que o que se constrói deve conter o material e o projeto arquitetônico.

24 de junho

A IDOLATRIA

Idolatria é a adoração a um ídolo; a ação é de difícil definição, pois a Igreja possui um número infinito de imagens representando os santos. As pessoas de Nível cultural mais acentuado compreendem que a imagem representa o esboço material de quem foi no passado uma personalidade digna de respeito e veneração; contudo, sempre existem os ignorantes, especialmente na zona denominada Terceiro Mundo, onde uma grande parcela da população é ignorante e vê na imagem um objeto de adoração, tornando-se, assim, idólatras.

Contudo, a idolatria não se restringe a essas imagens; uma pessoa que se entrega ao vício da embriaguez tem o álcool como fator de idolatria e, assim, em outros aspectos. Na época de Hitler, havia os que faziam dele objeto de adoração. A humanidade sempre teve períodos retrógrados de idolatria.

Em Maçonaria, como não existem ídolos, não se cogita a existência de idólatras; porém, o ser humano pode perfeitamente autodolatrar-se e considerar-se "superior", menosprezando os demais; esse fenômeno, posto incomum, existe.

O maçom, no seu equilíbrio, deve afastar-se da idolatria que sempre é perniciosa.

Um ídolo é a representação da ignorância.

25 de junho

IGREJA

Origina-se o vocábulo do grego *eklesia*, que significa reunião dos escolhidos. O termo surgiu na Era Cristã. Há muita confusão em torno do termo, pois a construção de um edifício destinado a abrigar esses escolhidos jamais será uma igreja, templo, sinagoga, mesquita, catedral, abadia etc. são denominações dependentes da corrente religiosa que ocupa essas edificações.

Igreja, em sua concepção mística, significa para os cristãos o "corpo de Cristo".

A Maçonaria não possui igrejas; ela não é uma igreja; exercita os seus rituais em Templos.

O maçom, dentro do seu templo interior, de conformidade com a sua crença religiosa íntima, pode perfeitamente unir-se à Igreja e nela ter o seu culto.

A "reunião dos escolhidos", os "santos", sempre ocorreu, desde as épocas mais remotas, haja vista que o termo *eklesia* provém do grego, porém deve-se distinguir os múltiplos aspectos e selecioná-los.

Para melhor compreensão, diríamos que Igreja é um termo que define uma "espécie" de culto, onde há adoração e glorificação.

O culto ao amor fraterno é próprio dos Templos, uma vez que envolve a pessoa com o seu semelhante provindo da Iniciação.

O maçom, dentro do templo maçônico, por meio da liturgia, cultua o Grande Arquiteto do Universo.

26 de junho

IGUALDADE

As constituições dos países considerados democráticos contêm um artigo específico que considera todos iguais perante a lei. Há, porém, distinções a fazer no terreno filosófico, pois a Maçonaria não considera todos os homens iguais entre si; para ela, existem os iniciados e os profanos; aqueles que "nascem de novo" após a permanência na Câmara das Reflexões não serão obviamente iguais aos demais; os seres humanos são iguais; fisicamente, encontramos desigualdades na cor, nas feições, no desenvolvimento intelectual; os que possuem um físico sadio são desiguais aos enfermiços; os subnutridos não são iguais aos normalmente desenvolvidos.

Esses aspectos, contudo, não têm significado maior. A hierarquia maçônica não permite que todos os maçons sejam iguais entre si.

Apesar de inserido no lema da Revolução Francesa, o mundo ainda não conseguiu definir a igualdade e a liberdade, e muito menos a Fraternidade.

Nossa Constituição afirma que todos são iguais perante a lei; contudo, um menos favorecido da sorte não encontra vaga nos colégios para seus filhos; um pobre enfermo bate às portas dos hospitais em vão; não há oportunidade para o trabalho; o que é benesse não é dado aos pobres. Uma igualdade injusta não é igualdade.

Um maçom deve cultivar a igualdade como se fosse uma virtude! As diferenças sociais ferem e aviltam; a operosidade maçônica detém-se, também, nesse campo.

27 de junho

IMORALIDADE

Não se deve confundir com "amoralidade", que é a ausência de moral. A imoralidade constitui o ato ofensivo no relacionamento humano; trata-se de aspectos éticos que podem variar segundo o grau de evolução de uma sociedade; o andar nu entre os indígenas não revela qualquer ato imoral, mas andar em uma cidade, pelas ruas, totalmente despido, constitui um grave atentado à moral.

A Maçonaria procura evitar que seus adeptos pratiquem atos de imoralidade, mas em um sentido mais amplo; a palavra obscena, os gestos obscenos, os atos sexuais carnais, obviamente constituem imoralidade, contudo, podem surgir conceitos filosóficos que se apresentam como imorais, como, por exemplo, a prática da eutanásia ou o incesto; os defensores dessas práticas estarão adentrando em um campo de imoralidade.

Como a libertinagem, que é o excesso de liberdade, existem, em casos aparentemente inocentes, atos de imoralidade.

O maçom deve estar sempre alerta para não cair no terreno escorregadio do limite fronteiriço entre a imoralidade e a libertinagem e reagir em Tempo, freando seus instintos menos recomendáveis.

Ser maçom não é fácil nem decorre de uma mera Iniciação; o comportamento moral é que o designa como sendo um ser "livre e de bons costumes".

O bom costume é o oposto da imoralidade.

28 de junho

IMORTALIDADE

Um aspecto genérico da criação é a sua mortalidade, pois nos três reinos a vida é passageira, até no reino mineral; o período de vida poderá ser curto ou prolongado, mas jamais eterno.

As crenças religiosas aceitam a imortalidade no seu tríplice aspecto: da matéria, do espírito e da alma.

Exemplificado pelo arrebatamento do profeta Elias e de Jesus, de Buda e Maomé, muitos aceitam que a matéria pode "subir" a outros planos, ou no reino dos céus, sem destruir-se.

São conceitos muito íntimos de quem possui fé suficiente para aceitar a profecia evangélica de que os justos, ao final dos tempos, serão "arrebatados", deixando, assim, de passar pela morte, que constitui um "castigo".

A Maçonaria não combate a imortalidade material, porém fixa a sua posição na imortalidade do espírito e da alma.

Todo homem repele a morte e, inconscientemente, convence-se de que é imortal.

O maçom deve viver essa esperança, uma vez que na "passagem" de um estado de consciência para outro, muito de misterioso será esclarecido.

Viver corretamente sempre indica uma posição privilegiada como um "passaporte" para a vida futura, do além, do Oriente Eterno.

A imortalidade é um prêmio; logo, todo esforço na luta de uma conquista é válido.

29 de junho

INCONSCIENTE

No sentido da pessoa humana, é a parte desconhecida da função do organismo, seja física ou psíquica; poderá, na visão do ignorante, ser inconsciente tudo o que desconheça; no entanto, serão inconscientes as reações nervosas do organismo. Com a evolução da ciência, podemos "ver" e "compreender" como e por que o coração pulsa e, assim, o funcionamento de todos os órgãos. O "homem, este ser desconhecido", já pode conhecer com amplitude tudo o que nele existe.

As ações inconscientes podem ser controladas e dominadas; praticamente inexiste o inconsciente no seu aspecto científico. Na parte espiritual, contudo, o inconsciente manifesta-se porque a grande maioria dos homens desconhece os fenômenos espirituais.

Na Maçonaria surgem esses fenômenos durante o transcurso das sessões, uma vez que o dirigente saiba conduzir as práticas existentes, como a formação da Egrégora, a função da exclamação "huzzé", da bateria e da Cadeia de União.

Hoje, ninguém poderá alegar ter "falhado" inconscientemente, ou cometido transgressões porque não pôde controlar impulsos inconscientes.

Em tudo e para tudo, o maçom deve estar alerta, ou seja, sempre consciente.

A sala dos passos perdidos representa o consciente.

A consciência é o estado de vigília.

30 de junho

O INEFÁVEL

É o que não pode ser definido, expresso, comentado ou discutido; aplica-se no sentido filosófico, como sublimação; por exemplo, o amor de Deus é inefável, ou seja, não pode ser sequer descrito.

Na Maçonaria Filosófica, a primeira parte ritualística é formada por dez graus que se denominam de "inefáveis".

A origem da palavra é latina: *in*, negar, e *fabulare*, falar.

Os momentos da Iniciação são inefáveis, significando gloriosos, espirituais e secretos.

O maçom, dentro de suas reuniões em templo, vive esses momentos inefáveis, de sublimação e esoterismo.

A vida pode apresentar esses momentos que são restritos a acontecimentos sublimes; o convívio em um lar bem formado; o acompanhar da evolução dos filhos; o estreitamento das amizades em busca de um momento de amor fraternal; a meditação em toda hora, enfim, a liturgia maçônica propicia essa inefabilidade.

O maçom deve encontrar esses momentos quando glorifica ao Senhor, quando agradece pela vida e quando aspira ao Oriente Eterno.

Esses momentos são agradáveis, leves e conduzem à paz interior.

O maçom, ao fugir da agonia do mundo profano, tão acentuada em nossos dias, pode recolher-se em si mesmo e encontrar essa inefabilidade mento-espiritual.

1º de julho

O INFINITO

O infinito expressa aquilo que não tem fim, ou seja, o eterno e o permanente, astronomicamente, significa o Universo. Tudo aquilo que não pode ser atingido, compreendido, aceito, contém uma infinitude.

Infinito é uma das denominações de Deus; o ser humano, na sua parte espiritual, é infinito.

As Lojas maçônicas possuem a Abóboda Celeste para simbolizar o infinito.

Teoricamente, tudo tem um final, mas esse final constitui o "seio do Senhor", ou seja, a assimilação do Criador com a criatura.

Os conceitos filosóficos são difíceis; o infinito foi muito pesquisado pelo filósofo Emanuel Kant nas suas *Antinomias da Razão Pura;* outros filósofos do Iluminismo também incursionaram nesse campo muito intrincado.

O infinito é o que dá ao homem a esperança de sua eternidade.

O maçom aplica o substantivo para expressar o seu amor ao seu irmão de fé; infinito é o amor de Deus para conosco, e em retribuição, a nossa entrega a ele deve, por sua vez, ser infinita.

O que não tem fim é a eternidade; entender isso é privilégio de poucos; porém, a perseverança abre o entendimento; chegará o dia em que não mais veremos em enigma, mas face a face.

Aguardemos esse dia, que está próximo.

2 de julho

A INICIAÇÃO

Iniciação, posto que possa ser definida como "princípio", é a expressão peculiar para as cerimônias e ritos secretos, místicos e espirituais.

Raramente em uma religião é procedida a Iniciação; essa é constituída de atos litúrgicos como o batismo, a comunhão, a profissão de fé, a admissão etc.

Percorrendo o caminho filosófico desde os primórdios da civilização, todos os aspectos religiosos eram cercados por um mistério e somente os que adentravam nos emaranhados trajetos filosóficos recebiam a Iniciação, que significava a "aceitação" para fazer parte do grupo.

A Maçonaria, como Instituição Secreta, sempre adotou a Iniciação como meio de selecionar seus filiados.

Pode-se afirmar que a Maçonaria surgiu do conjunto das filosofias místicas; talvez seja o extrato dos ritos secretos surgidos nos últimos milênios.

A Iniciação é um princípio de um caminho desconhecido, trilhado com liberdade e bom senso.

Em tudo há uma parcela iniciática, como no abraçar uma profissão ou escolher uma doutrina.

O principal é ter equilíbrio e evitar o fanatismo; o maçom é um Iniciado permanente; mesmo que se afaste de sua Loja, a Iniciação não sofrerá abalo; é, como o sacerdócio, *in aeternum*.

3 de julho

INICIADO

Iniciado é a pessoa que passou por uma Iniciação; o homem pode considerar-se um Iniciado quando seleciona uma profissão, uma doutrina, uma religião ou uma filosofia.

Em Maçonaria, Iniciado é aquele que "viveu" a Iniciação; não basta "passar pela Iniciação", mas, sim, ter consciência do que ela "despertou", daquilo em que se constitui e de que, realmente, surgiu uma "nova criatura", destinada a uma "nova vida" ou "vivência", entre Irmãos, ou seja, entre iniciados.

O Iniciado não sobrevive isoladamente; tem necessidade de manter contato com um grupo, pois tem deveres a cumprir em Loja, dentro do cerimonial.

O Iniciado não permanece um "anônimo"; não se oculta, mas se sobressai pelas suas virtudes; ele difere do homem comum, uma vez que assumiu um novo modo de vida, uma novel filosofia de comportamento.

Toda vez que o maçom contatar com algo "maçônico", deve conscientizar-se de que é um Iniciado e atuar no meio onde se encontra como tal.

A força da Maçonaria está no agrupamento de seus iniciados, que atuam isolada e conjuntamente, para "cavar masmorras ao vício e erguer Templos à virtude".

Ser maçom é ser um Iniciado, e como tal, seguir sua trajetória, visto que o "novo princípio" conduz a realizações quotidianas; não basta deixar de praticar o mal; é preciso praticar o bem.

4 de julho

INOVAÇÕES

A Maçonaria Universal obedece a princípios tradicionais sólidos e imutáveis; esses princípios forjam os rituais, a filosofia e a liturgia.

Não há qualquer possibilidade de introduzir Inovações no complexo maçônico; obviamente, no que tange à administração, surgem alterações até consideradas profundas; alteram-se as constituições, os estatutos e os regulamentos; reforma-se a grafia e introduzem-se no corpo dos rituais novos vocábulos; porém, a essência filosófica permanece intocável.

Os denominados *Landmarks*, em número de 25 para o Rito Escocês Antigo e Aceito, e em número maior ou menor em outros ritos, são a espinha dorsal da Ordem.

Em todos os países são obedecidos com rigor essas "marcas" e esses "limites", que não sofrem alterações, a não ser quanto à linguagem, à grafia e à composição técnica.

Todo maçom tem deveres a cumprir, e um dos mais relevantes é contribuir para que nada se altere.

Todavia, podem ocorrer, com o passar do Tempo, algumas correções e acréscimos; mas, para tanto, esses devem ser examinados por congressos internacionais com o beneplácito de todas as obediências.

Nenhum maçom falhará se observar os *Landmarks* como normas, pois constituem a essência da Filosofia Maçônica.

É dever do maçom saber os Landmarks de memória e conhecer a sua interpretação.

5 de julho

INQUIETUDE

A inquietude faz parte do comportamento psicológico dos seres humanos; o seu lado positivo é notado pelo interesse na procura da verdade.

A Maçonaria, incentivando o interesse pelo estudo, provoca uma permanente inquietude em seus adeptos.

No momento em que cessar esse interesse "nervoso", surgirá o marasmo que leva ao desinteresse e à apatia, inimigos contundentes da evolução.

O movimento é produzido por essa inquietude e faz com que a Loja não adormeça e o maçom conquiste cada vez mais o conhecimento universal.

Quando um maçom "adormece", ou seja, abandona a sua Loja, é um elo que se destaca da Cadeia de União, enfraquecendo-a.

Esse desinteresse poderá ser corrigido, havendo interesse "político" da Loja, que tudo enfrentará para trazer de volta a ovelha extraviada.

O pior que pode suceder é quando uma Loja adormece, quando os Irmãos se desgarram e a Loja "abate colunas"; já inexiste uma "vontade política" destacada, a não ser que a alta administração envide esforços para evitar o acidente; no entanto, são casos raros. Em geral, o poder central não envida qualquer esforço para evitar o "sono" da Loja.

Cada maçom deve estar sempre Vigilante para que a sua Loja jamais abata colunas, pois a primeira vítima será ele próprio, o maçom relapso.

Cada Loja deve estar sempre alerta para que nos momentos difíceis tenha a capacidade de conclamar seus adeptos para uma reação vitoriosa.

6 de julho

INSÍGNIAS

A Insígnia é a materialização de um estado de dinâmica; o profissional portará uma insígnia que definirá a sua atividade; é, portanto, um distintivo, um sinal, um emblema, uma identificação.

Maçonicamente, é a identificação do posto e cargo que o maçom exerce dentro da Loja. Como exemplo, diremos que a Insígnia do Aprendiz é o seu imaculado avental.

Os aventais, as faixas, as medalhas, os colares, as joias e comendas são Insígnias; cada Grau possui as suas peculiares.

Na Maçonaria Filosófica, que abrange dez vezes mais cargos e graus que a Maçonaria Simbólica, as Insígnias são em maior número e variações.

A tendência do novel maçom é munir-se de um "distintivo" que o identifique no mundo profano.

Na atualidade, há exageros, pois – além do clássico distintivo aposto na lapela – usam-se (indevidamente) desenhos na gravata, anéis, fivelas nos cintos, logotipos nos papéis, medalhas; para as mulheres, os adereços costumeiros, como broches, medalhões etc.

Se de um lado é louvável que o maçom sinta orgulho de sê-lo, por outro não passa de exibição e ostentação.

Não há nenhum interesse que o maçom se identifique no mundo profano, pois o seu "distintivo" deve ser a sua personalidade e o seu comportamento, aliados ao seu conhecimento.

A sobriedade, no maçom, é uma virtude.

7 de julho

TOLERÂNCIA

Do latim *tolerare*, que sugere suportar ou aceitar um ato ou uma presença.

Intolerar será deixar de suportar. Por sua vez, *suportar* sugere aceitar com sacrifício uma determinada situação.

Quem tolera estará, ao mesmo Tempo, abrindo mão de um direito, de uma resposta.

A tolerância é um dos esteios da Maçonaria, uma das suas colunas mestras.

O maçom que pratica qualquer ato que os demais devam "tolerar" indubitavelmente está incorrendo em transgressão; porém, um irmão sempre perdoa e suporta.

É muito difícil a prática da tolerância, que por isso resulta ser uma virtude.

A tolerância deve ser praticada e usada a qualquer custo em toda oportunidade.

A intolerância é irmã do radicalismo simples ou "pirrônico", sendo a fonte de discórdias e desamor.

Mesmo que resulte sacrifício, o maçom tem o dever de tolerar os defeitos, as agressões e as falhas de seus Irmãos.

Para que algum maçom possa aspirar ser tolerado, é necessário que aprenda e se exercite a tolerar.

8 de julho

A INVEJA

Genericamente, diz-se que alguém é invejoso quando deseja para si igual posição ou benesse que a conquistada por outrem.

A inveja não é propriamente um vício ou ato de maldade; ele pode surgir e desaparecer em uma fração de segundo. É a reação inesperada que alguém possa ter ao presenciar que um conhecido seu, um próprio irmão, receba um favor ou um destaque.

Obviamente, essa atitude é maléfica ao próprio agente, que carreia para dentro de si uma porção de "veneno".

Dentro da Maçonaria, constatamos, infelizmente, a presença de invejosos, que sofrem quando alguém é eleito para cargo elevado, ou quando um autor lança uma nova obra, ou quando um irmão recebe uma condecoração.

Sendo a inveja uma reação negativa, ela deve ser eliminada prontamente; os atos de desamor ferem a quem não ama; a inveja vem sempre acompanhada por outro sentimento menor, como a cobiça, e tudo que é negativo, a Maçonaria repele e evita.

A reação contra o "pensamento invejoso" é o aplauso imediato e o rejúbilo com o qual foi agraciado por algo que aspiraríamos para nós.

Essa atitude negativa não ocorre apenas dentro das Lojas maçônicas, mas também no mundo profano.

É dentro da Loja que exercitamos a reação contra a inveja e o mundo profano há de se beneficiar disso.

9 de julho

O IRMÃO

É sabido que só os Irmãos de sangue possuem características comuns que conduzem ao afeto sólido e desinteressado, cultivando o amor familiar.

Inexiste tratamento mais afetuoso que o de "irmão"; maçonicamente, já no *Poema Regius,* do ano de 1390, o mais antigo que se conhece, recomenda o tratamento de "caro irmão" entre os maçons.

Fisiologicamente, os Irmãos provindos dos mesmos pais são denominados de "germanos", que em latim significa "do mesmo germe".

Na Maçonaria não há esse aspecto; porém, a Fraternidade *(frater* em latim) harmoniza os seres por meio da parte espiritual; diz-se que os maçons são Irmãos porque provêm da mesma Iniciação; morrem na Câmara das Reflexões para renascerem produzidos ou procriados por meio do germe filosófico que transforma integralmente a criatura, refletindo-se no comportamento posterior.

A essência da Fraternidade é o amor; os maçons dedicam muito amor uns para com os outros; é essa prática que funde o sangue para que haja no grupo uma só criatura.

O bem-querer, a tolerância e a Fraternidade dentro da Loja transformam o homem em criatura dócil, espontânea e fiel, apta a desempenhar a cidadania no mundo profano.

A rigor, o amor fraternal deveria estender-se a toda a humanidade; no entanto, ainda não estamos preparados para isso.

10 de julho

ISRAEL

A lenda de Jacó, reproduzida na escada de Jacó que orna a Loja de aprendizes, é sempre referida nos trabalhos maçônicos. Quando Jacó, fugindo da ira de seu irmão Esaú, pernoitou em lugar ermo, nas proximidades de Betel, teve um sonho (ou visão). Eis que viu uma gloriosa escada descendo dos céus, e nela anjos subindo e descendo.

Ao acordar, teve a consciência de que aquele lugar era verdadeiramente santo; ungiu com óleo a pedra que lhe servira de travesseiro para, posteriormente, construir um tabernáculo ao Senhor.

Subitamente, surgiu um anjo, que tomou o aspecto de homem comum, que passou a discutir com Jacó até chegar às vias de fato; a luta corporal durou toda aquela noite e o anjo não conseguiu vencer a Jacó. Cessada a luta, o anjo anunciou a Jacó que o Senhor lhe destinara outro nome, o de Israel.

Posteriormente, o próprio Senhor confirmou essa determinação, passando Jacó a se chamar e a ser chamado de Israel.

Fundou Jacó uma dinastia com os seus 12 filhos, que formaram as 12 tribos de Israel.

Trata-se de uma atraente saga, descrita detalhadamente nas sagradas escrituras. Mais tarde, Israel passou a significar a Terra Santa.

A escada de Jacó, de forma linear, consta no painel da Loja de Aprendiz.

11 de julho

JUSTO E PERFEITO

"Justo e perfeito" é uma expressão muito usada para encerrar os trabalhos de uma Loja Maçônica; o Orador, ou Guarda da Lei, ao concluir as suas considerações, dirá com certa ênfase que: "Os trabalhos decorreram justos e perfeitos".

O Grande Arquiteto do Universo, que é Deus, planificou e criou o Universo com absoluta perfeição. Diz-se que o ser humano foi criado "perfeito" pelo próprio justo; Deus não poderia criar nada que não se apresentasse perfeito.

Os persas, na arte milenar da fabricação de tapetes, com desenhos "arabescos", por não desejarem imitar a Natureza, sempre deixavam um "defeito" no tecido, alegando que somente Alá poderia tecer com perfeição; a arte dos ladrilhos portugueses imita o costume persa; nenhum ladrilho resulta perfeito.

Uma Loja maçônica deve ser justa e perfeita quanto ao trabalho, e mais, regular quanto à administração.

A justiça pode ser definida com o brocardo latino: "Justitia est constans et perpetua voluntas jus suum cuique tribuendi", com a tradução: "A justiça é a vontade constante e perpétua de dar a cada um o que é seu".

O maçom deve, em seu viver, sempre e espontaneamente demonstrar ser justo e perfeito.

12 de julho

LABOR MAÇÔNICO

Labor é sinônimo de trabalho; toda tarefa maçônica dentro do templo é denominada Labor; esse trabalho consiste em despertar no maçom as virtudes que existem no seu subconsciente; as virtudes não são colocadas dentro do ser humano, mas *eduzidas,* pois elas nascem com a criatura.

Trabalho maçônico é o exercício constante para a obtenção de posturas certas; de prática litúrgica perfeita. Labor é a emissão de vibrações que alcancem o próximo, que é o maçom ausente, momentaneamente, em matéria no templo, eis que todo Iniciado faz morada permanente no templo.

Obviamente, o trabalho não é produzido com o suor do rosto, isto é, com o imperativo para a subsistência, resultante de um "castigo".

A construção do templo espiritual coletivo e individual demanda muito trabalho, mas é dignificante e prazerosa.

O trabalho não é penoso, mas a glorificação do Criador; o que o homem produz é sempre um milagre, uma satisfação, uma bênção, um ato de santidade. O ócio é um vício, o oposto do labor, pois a desocupação da mente dá margem a que as vibrações e os fluidos negativos tomem conta do lugar destinado à pureza e à santidade.

13 de julho

LÁGRIMAS

Para aliviar a tensão nervosa que uma emoção pode causar, o organismo humano, por meio do saco lacrimal, situado na base das pálpebras, emite uma secreção límpida, de gosto salgado-doce; essa liberação pode resultar da emoção alegre ou triste e da dor.

No grau quatro da Maçonaria Filosófica, o primeiro dos graus inefáveis, em certo trecho do ritual é dito, quando da visão do túmulo de Hiram Abiff: "Vi um túmulo e derramei lágrimas".

Em certos graus, tanto o do Mestre como o da fase filosófica, nas paredes do templo, veem-se lágrimas como ornamento.

O ato de verter lágrimas diz-se "choro" ou "pranto". Jesus, quando na crucifixão, chorou.

A lágrima, em si, é um produto do organismo humano, que surge em momentos de elevado misticismo; o seu derramar é contagioso, pois toda emoção toca a quem dela participa.

Apesar de a lágrima ser transparente, ela pode adquirir colorações místicas: "lágrimas de sangue", "lágrimas de luto", "lágrimas de saudades".

Diz o ditado que "homem não chora"; por isso, quando o maçom chora, expressa um sentimento profundo de emoção.

Convém ao maçom que chore, especialmente diante do que ocorre ao seu redor, pela agonia que o mundo profano apresenta.

14 de julho

A LÂMPADA

A lâmpada primitiva apresentava-se como um recipiente contendo óleo e um pavio que, aceso, produzia uma chama amarelada, emitindo tênue fio de fumaça e odor acre, iluminando palidamente um ambiente.

Célebre a parábola das virgens imprudentes que, não tendo providenciando suprir suas lâmpadas com azeite, foram apressadamente buscá-lo, mas com isso perderam o momento em que chegava o noivo; essas virgens imprudentes ficaram do lado de fora e não puderam participar dos esponsais.

A lâmpada sempre foi a expressão da fé, pois a Luz produzida simboliza a luminosidade que é recebida de Deus.

Nos Templos religiosos é colocada a lâmpada votiva, alimentada com azeite e que permanece constantemente acesa; em alguns Templos maçônicos é usada essa lamparina, embora não faça parte da ritualística maçônica.

A lâmpada votiva permanentemente acesa significa a presença constante da divindade.

A lâmpada foi o primeiro utensílio inventado para produzir luz. Mais tarde, foi substituída pela vela de cera de abelhas.

Diz-se que as sagradas escrituras são a lâmpada para os olhos.

As velas têm sido usadas em cerimoniais místicos; os gases que se desprendem da chama e os resíduos da cera queimada agradam a Jeová, ou seja, faz parte do incensamento do templo e isso, por ser tradição, permanece em uso na Maçonaria. Embora se consuma, a vela continua iluminando, exemplo para a vida maçônica.

15 de julho

A LEALDADE

Atributo maçônico virtuoso exigido pelo grupo. Da tolerância decorre a lealdade. A origem da palavra é latina, *legalis,* cuja raiz é *lex,* ou seja, lei.

Será leal o observador dos preceitos maçônicos.

Os juramentos maçônicos nada mais são que incentivos à lealdade, tanto para com os coirmãos como para si mesmo, para com o Criador, para com a Natureza, para com a Pátria e para com os semelhantes.

É um ponto básico da Maçonaria.

Por se tratar de uma palavra tão preciosa, inúmeras Lojas maçônicas portam esse nome.

A lealdade arrasta muitas outras virtudes, desperta-as e fortalece, como a sinceridade, a fidelidade, o amor, o carinho, a piedade. Enfim, enfeixa um universo de bons propósitos e o homem se torna um ser útil à humanidade, à sociedade e à família.

Entre concidadãos, a lealdade é atributo patriótico.

Entre amigos, a lealdade é um princípio de estabilidade.

Entre Irmãos, é uma obrigação, mais que uma virtude, é um dever, uma vez que a lealdade gera confiança e amor.

O maçom deve ser leal para consigo mesmo e, sobretudo, para com os seus Irmãos.

16 de julho

AS LEIS

A lei surge por uma necessidade de regulamentação do comportamento social, contendo as tradições, os costumes e a orientação filosófica e política do momento.

O poder de legislar cabe ao Legislativo; ao Judiciário, dirimir suas dúvidas e aplicações; ao Executivo, o seu cumprimento e observância.

As leis da Natureza não são estabelecidas, mas descobertas, porque elas existem sem a interferência dos homens. Toda lei deve ser clara, compreensível, moral e ética. As leis maçônicas nada diferem das leis civis e comuns, observando apenas a tradição histórica.

O que um ritual contém não constitui lei, mas liturgia. Os Landmarks não são leis, mas normas. As constituições são as "leis maiores"; uma Constituição pode, periodicamente, ser alterada para adaptar-se às necessidades que surgem com a transformação da sociedade; regulamentos e estatutos não são leis.

A Lei Divina constitui o aglomerado de preceitos contidos em um Livro Sagrado que uma Loja adota. No Brasil, o Livro Sagrado é a Bíblia ou sagradas escrituras.

O maçom, por Natureza iniciática, é um observador das leis, civis e maçônicas.

Estar dentro da lei gera tranquilidade, respeito e segurança.

17 de julho

LEMA

Uma simples frase pode expressar toda uma filosofia. Assim, maçonicamente, cada Grau possui o seu lema peculiar. A Maçonaria Simbólica usa o lema da Revolução Francesa, com leve alteração: "liberdade, igualdade e Fraternidade"; a Maçonaria Filosófica adota: *Deus Meumque Jus*. Outros lemas ou divisas podem ser nomeados: *Ordo ab Cha;, Lux ex Tenebris; In Hoc Signo Vinces; Ne plus ultra; Spes mea in Deo est.*

Esses lemas são enunciados em latim e, por uma questão de tradição, permanecem nessa língua.

De uma forma geral, os lemas são escritos nos estandartes ou nos logotipos de papéis de correspondência.

O efeito esotérico de um lema é o som vibratório de cada palavra, quando emitido em templo.

Cada vibração penetra no ser como se fora uma poção mágica, curando enfermidades.

Todo maçom deveria selecionar para si, após a Iniciação, paralelamente com o nome simbólico recebido, um lema.

"Hei de vencer"! "Serei um vencedor" são lemas que incentivam à vitória.

O maçom jamais se desespera, porque tem meios para reagir contra todo infortúnio.

18 de julho

AS LENDAS

A lenda é uma figura literária em desuso, hoje substituída pela ficção.

O Rito Escocês Antigo e Aceito é composto de 33 graus e cada um deles possuía a sua lenda exclusiva.

A lenda parte de um fato verdadeiro, contendo aspectos de ficção.

Jesus ensinava por meio de parábolas, que não passam de uma lenda, pois os fatos são descritos como perfeitamente viáveis. O Templo de Salomão poderia constituir uma lenda, uma vez que nada restou de palpável, apenas a descrição de como deveria ser construído.

A lenda é uma descrição que não pode ser materializada e, para ser criada, faz-se necessário uma boa dose de fé. A Maçonaria tem um só alicerce: a construção do Templo de Salomão.

A Igreja, ao relatar a vida dos santos, não dispensa a lenda, denominada "lenda áurea".

As lendas do Rito Escocês Antigo e Aceito são de autores desconhecidos; nós nada criamos; apenas tentamos interpretar, para descobrir o seu profundo significado e a razão de fazerem parte dos rituais.

O homem, em si, é uma lenda; o maçom tem uma vivência de lenda, pois vive em simbolismos; o símbolo é em si uma lenda.

Cumpre a cada maçom tentar, pelo menos, desvendar a lenda que lhe pertence.

19 de julho

LEVANTAR COLUNAS

Quando uma Loja maçônica cessa suas atividades administrativas e litúrgicas, diz-se que "abateu colunas". Um maçom é sempre maçom, não só *ad vitam,* mas eternamente; nada fará com que um maçom deixe de sê-lo; nem sequer a autoridade conseguirá destruir o "novo nascimento" vindo da Iniciação.

A Loja "abatida" poderá, no entanto, reerguer as suas colunas, basta que sete membros se reúnam e solicitem o reerguimento ao poder central, podendo retomar seu antigo nome.

O nome de uma Loja, depois de registrado no cartório de Registro Civil Especial, passa a pertencer ao grupo fundador; ninguém poderá usar o nome, mesmo se a Loja tiver abatido colunas.

O maçom que se afasta não perderá a condição de Iniciado; será um membro irregular.

"Abater colunas" significa também o desinteresse para com a sua Loja e o seu grupo de Irmãos.

A todo o momento, o maçom poderá tornar a filiar-se, conservando todas as suas antigas prerrogativas.

O "abater colunas" constitui um ato negativo e repudiado por todos, e por esse motivo é que isso não deve, em hipótese alguma, acontecer.

O maçom é, por si só, UMA COLUNA do Templo, e se essa coluna ruir, significará a sua morte.

20 de julho

LIBERDADE

Nada há mais perigoso que esse conjunto de nove letras, porque frequentemente, em nome da liberdade, cometem-se os mais hediondos crimes.

A liberdade exige um conjunto de ações complementares; uma falsa liberdade oprime e desajusta, desequilibra e desilude.

Como exemplo temos as constituições dos países que se proclamam livres e que inserem no texto que "todos são iguais", com as mesmas oportunidades, o que não é exato.

Nem toda a população em idade escolar pode usufruir do ensino; nem todos os enfermos, de atenções médicas; nem todos que desejam trabalhar, empregos; o lazer, a diversão não são distribuídos equitativamente; a igualdade fica na dependência dos recursos financeiros; assim, um pobre que apenas consegue subsistir porque ganha somente para a escassa alimentação, não pode fazer parte do maravilhoso preceito constitucional de igualdade!

Você, maçom, que é livre, deve apreciar essa conquista e contribuir para que todos tenham a ampla liberdade desejada.

A liberdade é um direito, mas também é uma bênção.

Livre e de bons costumes é a característica do maçom e ele deve fazer jus a essa benesse.

21 de julho

OS LÍRIOS

O Lírio tem o mesmo significado que o Lótus para os povos orientais, pois é uma flor "espiritualizante", reveladora de pureza e de candura, simbolizando o próprio homem em êxtase; simboliza, outrossim, a mulher virgem, intocada e pura.

Os lírios representam os iniciados e são dispostos em três etapas; os botões da fila superior simbolizam os iniciados nos mistérios de Ísis; os da fila central e desabrochados simbolizam os iniciados de Serápis, com o seu esplendor; a terceira fila, dos lírios pendentes, simboliza os iniciados nos mistérios de Osíris, que desceram ao mundo para auxiliar e iluminar a humanidade.

Simbolizam, outrossim, os três Graus dos construtores do Templo: Aprendizes, Companheiros e Mestres.

Em união com as Romãs, simbolizam o culto místico da procriação; os perfume e a candura dos lírios, ou o seu rubor, representam o afrodisíaco vinho obtido das romãs, como referido no Cântico dos Cânticos; revelam a exuberância (aceita na época) sexual de Salomão convivendo com centenas de concubinas.

Esses símbolos encimam as colunas "J" e "B" e alertam os maçons que devem viver em harmonia, com o equilíbrio da pureza e do prazer.

Os lírios egípcios eram de uma coloração avermelhada.

22 de julho

O LIVRE-ARBÍTRIO

O livre-arbítrio, ou "livre juízo", restringe-se ao pensamento; obviamente o pensamento é totalmente livre, porque basta pensar e eis que podemos nos transportar à Jerusalém Celestial.

Contudo, o Cristianismo não o admite, pois nada foge à vontade de Deus; com a criação do ser humano, a sua mente ficou estreitamente ligada (e não subjugada) à mente do Criador.

Portanto, livre-arbítrio deve ser interpretado no seu justo posicionamento e enfoque.

A Filosofia Maçônica dá ao livre-arbítrio uma amplitude imensa, pois não se preocupa com os aspectos religiosos.

Esotericamente, inexiste livre-arbítrio, pois nada pode subsistir separado do espírito.

Não se deve confundir livre-arbítrio com "libertinagem", visto que a mente, embora sem uma camisa de força, possui limites ordenados pela ética, pela moral e pelo amor.

Nas Lojas maçônicas, alguém que deseja expressar seu pensamento o fará "de pé e à ordem", postura que controla as paixões e emoções e que limita a liberdade do livre-arbítrio.

23 de julho

LIVRE E DE BONS COSTUMES

É a condição exigida para que um profano ingresse na Maçonaria por intermédio da Iniciação.

Não basta o candidato ser politicamente livre; não basta que tenha um comportamento moral comum.

A Maçonaria proclama que a sua filosofia tem base na tradição, nos usos e nos costumes; portanto, "costumes" não é um mero comportamento, uma moral de conduta, mas sim um universo de práticas que conduzem o ser humano a uma vida espiritual.

O candidato deve comparecer à Iniciação com uma disposição quase inata de "amar a seu futuro irmão" como a si mesmo.

Isso exige um comportamento para com seu próprio corpo, para com sua própria alma e para com o seu espírito.

Ser livre e de bons costumes constitui uma exigência de maior profundidade do que parece à primeira vista; seria muito cômodo aceitar um candidato que politicamente é livre, pois não há mais escravidão no mundo; ou que, penalmente, não se encontre preso, cumprindo alguma pena.

A liberdade exigida é ampla; sem compromissos que inibam o cumprimento das obrigações maçônicas, sem restrições mentais.

Todo maçom, mesmo antigo na Ordem, tem o dever de se manter "livre e de bons costumes".

24 de julho

O LIVRO

Um livro é uma composição física de folhas de papel contendo um ou vários assuntos; surgiu como prancheta de barro, depois como reunião de pergaminhos em rolo, posteriormente em folhas de papiro. A sua evolução foi extraordinária; hoje o podemos ter refletido eletronicamente, no vídeo de um computador.

Em Maçonaria, temos várias espécies de livros: Livro Sagrado ou Livro da Lei; Livro de Arquitetura; onde são registrados os Balaústres ou Atas; formando o acervo da Loja para a sua história e memória; Livro das Constituições, dos regulamentos, dos estatutos e dos Rituais; Livro Negro que registra o nome dos candidatos rejeitados; Livro de Presença, que registra a presença dos maçons às reuniões; Livro de Eloquência, que reúne as "peças de arquitetura", ou seja, os trabalhos escritos apresentados em Loja; Livro do Tesouro, que registra os valores arrecadados.

Paralelamente, toda Loja possui sua biblioteca, que reúne as Obras Maçônicas que são solicitadas pelos Irmãos, para produzirem seus trabalhos e para instruírem-se.

O hábito da leitura é salutar.

O maçom dedicado à leitura obtém o conhecimento necessário para a sua formação intelectual, útil para que compreenda o intrincado Sistema Filosófico Maçônico.

A leitura diária faz parte do alimento espiritual, visto que alimentar o cérebro é viver.

25 de julho

O LIVRO DOS SETE SELOS

É como se denomina o Livro do Apocalipse; para a Maçonaria é o símbolo do conhecimento, porque cada Selo ou Véu, ao ser destacado, apresenta uma revelação.

No Apocalipse vem descrita uma cidade simbólica construída com elementos preciosos; a descrição revela um projeto arquitetônico, reforçando uma imagem de um Grande Arquiteto do Universo; primeiramente, orientou Noé para a construção da Arca ; posteriormente, para a construção do Grande Templo do rei Salomão; finalmente, a projeção da Cidade Santa, onde serão recebidos os que se mantêm fiéis à sua vontade.

O Apocalipse é a fonte mais rica do simbolismo e a sua interpretação é privilégio dos mais sábios.

A Maçonaria não visa construir a Cidade Santa, pois isso pertence a uma programática religiosa.

A profundidade do livro profético ajuda o maçom a conhecer parte dos mistérios que o cercam.

O maçom deve ver no Apocalipse a glória do futuro, visto que não se tem notícia que já tenha sido construída no mundo, sequer planejada.

O futuro dirá.

O maçom deve estar atento aos acontecimentos.

26 de julho

O LIVRO SAGRADO

Existem maçons que só conhecem os trechos bíblicos usados nas cerimônias maçônicas.

O Livro Sagrado, ou Livro da Lei, que está sob o Altar, tem um conteúdo filosófico e místico que se ajusta à vida.

É obrigação conhecê-lo, o que se torna fácil, visto que não é exclusivo do Altar de nossa Loja; encontra-se no comércio e é até distribuído gratuitamente pelas sociedades bíblicas.

Em muitos hotéis do mundo, nos quartos, à cabeceira, encontram-se exemplares de livros sagrados, predominantemente a Bíblia; lá são colocados para que o hóspede, além de lê-los, possa levá-los consigo.

A Bíblia é um livro para toda hora; quem já possui certa intimidade com ele verá que poderá encontrar palavras de fé, de consolo, de esperança e de amor.

Para apreciar a Bíblia, o maçom tem de fazer de sua leitura um hábito.

Notará a grandiosidade do seu efeito e a aproximação de Deus, tornando mais compreensível a formação do Universo.

A Maçonaria compreende Filosofia, História, Mística, Mitologia, Religião Cristã e Hebraica, sendo a base milenar o compêndio denominado de Bíblia ou história sagrada.

27 de julho

LÓGICA

O vocábulo tem origem grega; trata-se de uma ciência milenar, que desenvolve o raciocínio e dá a razão de ser de todas as coisas. Nada existe dentro dos rituais maçônicos que não tenha lógica; é uma das sete ciências primárias estudadas no Segundo Grau. O grande filósofo Descartes dizia "eu existo, logo sou"; esse raciocínio é a lógica da vida.

A meditação leva a mente ao raciocínio e esse é a solução dos problemas, lógica e razão são elementos gêmeos; a coerência é um dos filamentos da lógica.

Durante as sessões maçônicas, por ocasião da coleta das propostas e informações e dos óbulos, esses momentos são destinados à meditação; o pensamento é conduzido pelo fundo musical, pela luz suave e pelo perfume do incenso; a mente "voa" e, automaticamente, o raciocínio produz a resposta às múltiplas questões que lhe são propostas; mesmo que pareçam desordenadas, pela velocidade com que mudam os assuntos nos pensamentos, o cérebro acumula as soluções.

Dentro de uma sessão litúrgica, o maçom enriquece-se, sobremodo; a sua presença ordenada e regular, pela participação integral, propicia as benesses que a instituição, tão sabiamente, distribui entre os seus filiados.

O maçom tem o dever de usufruir ao máximo as sessões a que assiste.

28 de julho

A LUA

As Sagradas Escrituras referem que Deus, ao criar o Universo, formou dois Luminares: o Sol e a Lua – um para iluminar o dia e o outro, a noite.

A Lua representa o princípio feminino; simboliza a constância, a regularidade, a afeição, a obediência, a evolução e a luz emanada da moral.

Esse símbolo, se dentro do templo, não constitui apenas um ornamento, simboliza todas as suas funções.

A razão de ser de os maçons reunirem-se semanalmente diz respeito ao ciclo lunar semanal, pois cada fase da Lua envolve aproximadamente sete dias. Em cada fase, o maçom deve renovar as suas energias, passando a Lua, assim, a exercer uma força apreciável sobre sua vida.

No entanto, poucos sabemos, maçonicamente, sobre a Lua e sua influência; os rituais não se preocupam com ela, embora a astronomia, como uma das sete ciências do Grau do Companheiro, deva ser levada mais a sério.

Se o símbolo lunar (selene) é colocado dentro do templo, não o foi em vão.

Assim, o maçom deve ser assíduo à sua Loja, cujas reuniões são semanais.

Essa assiduidade lhe resultará na renovação das energias, reforçando os atributos lunares acima expostos.

Se o Sol é vida, a Lua não deixa de ser o seu reflexo.

29 de julho

AS LUVAS

Como o Avental, as Luvas devem estar sempre calçadas em nossas mãos, tanto para que não se maculem como para proteção.

A luva também é um adorno; nossas mãos nuas apresentam anéis como a aliança para os noivos e para os casados, ou símbolo de um curso universitário e, mais comumente, como mero adorno, em especial pelas mulheres.

A luva protege e, por outro lado, constitui prova de uma vida correta, uma vez que nela não se encontra mácula, seja de imundície, seja de sangue.

O maçom as usa como lembrança do sacrifício de Hiram Abiff; os companheiros da construção do Templo de Salomão, que usavam luvas pelo delicado trabalho que deviam executar, deviam mostrá-las imaculadas no fim da jornada; porém os três assassinos as tinham manchado de sangue e assim trataram de descalçá-las, fugindo sem a sua proteção.

Afora os dias frios de inverno, hoje não mais usamos luvas como complemento do vestuário; nós as usamos em Loja justamente para simbolizar um comportamento moral condigno com a Filosofia Maçônica.

Quando contemplamos nossas mãos, objeto constante de nosso interesse, lembramo-nos de que devem sempre manter-se limpas, e que jamais nossa visão possa vislumbrar máculas comprometedoras.

30 de julho

A LUZ

A luz é o elemento dissipador das trevas; onde houver luz, os caminhos serão claros, iluminados e sem obstáculos; é sinônimo de verdade, sabedoria, liberdade, conhecimento e redenção.

Quando o candidato ingressa no templo e é Iniciado, recebe a Luz e isso significa que os mistérios lhe serão revelados.

A morte significa o ingresso nas trevas, porém, com a perspectiva de uma ansiosa entrada em outra dimensão de luz.

No momento em que o Criador dispôs-se a criar o Universo, voltando-se para o planeta terra, a sua primeira ação foi a de produzir a luz: "Faça-se a luz – e a luz foi feita."

Portanto, luz significa o que foi criado; os filhos da luz são os maçons, porque eles são os filhos da verdade, "conhecereis a verdade e a verdade vos libertará", disse o divino Mestre.

Em todas as filosofias e religiões, a luz significa a presença divina.

Evidentemente, a luz é palpável, medida a sua velocidade, pesada e analisada em seus mínimos detalhes; porém, paralelamente, há a luz interior, invisível, porém de maior potencialidade que a luz visível.

Essa luz interior é a parcela espiritual que ilumina o homem.

Consciente disso, o maçom deve andar constantemente iluminado, o que equivale a andar na luz.

31 de julho

O MAÇO

O Maço não passa de um "martelo" de maiores proporções, instrumento formado por uma "testa" e um cabo; sua utilidade é bater, seja para construir como para destruir.

Maçonicamente, o maço é a ampliação do malhete, instrumento empunhado pelo Venerável Mestre e pelos Vigilantes.

O maço sugere duas situações, uma ativa, outra passiva; a ativa é quando bate, e passiva quando o "batido" sofre o choque.

O que nos lembra o maço, senão que o usamos na Iniciação apenas uma vez, dando três pancadas na pedra bruta?

Podemos tirar uma boa lição desse instrumento tão contundente, que o podemos usar em nós mesmos para retirar as arestas de nossa pedra bruta.

A Maçonaria é uma escola, mas há a viabilidade de uma autoeducação; em vez de esperar que alguém nos "bata" para retirar arestas, devemos nos adiantar e nos autobater; a retirada das arestas feita por nós mesmos resultará mais suave e precisa.

Reconhecer os próprios erros já é uma prática de desbastamento, de humildade e de inteligência.

Alertas, corrijamo-nos, antes que outrem o faça; assim evitaremos mortificações e dores inúteis.

1º de agosto

MAÇONARIA

A definição mais simples que se possa referir é que a Maçonaria é uma Sociedade Secreta.

O ritual iniciático a define: "Uma Instituição que tem por objetivo tornar feliz a Humanidade, pelo amor, pelo aperfeiçoamento dos costumes, pela tolerância, pela igualdade e pelo respeito à autoridade e à religião".

Essa definição representa, no entanto, apenas um comportamento exterior, uma vez que a Maçonaria agrega um grupo de iniciados que, além de amarem o próximo, amam-se a si mesmos, evoluindo mentalmente, na incessante busca do saber.

Toda instituição que recebe seus adeptos por meio do processo iniciático foge do comum, pois, existindo uma "seleção", a Maçonaria ocupa-se dos problemas superiores, fugindo do vulgar.

O maçom, como elemento componente da instituição, por sua vez, deve comprovar pertencer a uma entidade seletiva e destacar-se do mundo profano, por exemplo.

Não se reconhece o maçom pelo "sinal", pela "palavra de passe", mas pela conduta.

O maçom foi "pinçado" mercê da vontade do grande arquiteto do universo, que é Deus, entre milhares de pessoas; é um "destaque" e por esse motivo ele faz jus às benesses que a Maçonaria dispensa.

O maçom deve, a todo momento, ser grato por ter sido "chamado" e demonstrar essa gratidão pelo seu viver.

2 de agosto

A MAGIA

A Maçonaria é impregnada de Magia; ela deve ser, além disso, hebraica, mítica, esotérica e mística.

A magia é a ciência dos magos, porém o vocábulo é usado quando surgem "resultados" decorrentes dos atos litúrgicos; a formação da Egrégora dentro do Templo é um ato de Magia. Ela surge das forças secretas internas e espirituais. Moisés, durante a saga da fuga dos israelitas do Egito, teve oportunidade de praticar inúmeros atos de magia.

Os Sacerdotes persas iniciaram o culto do mistério e passaram a ser denominados de Magos; os Magos surgem sempre que invocados e quando houver necessidade real de sua intervenção.

A Maçonaria possui muitas cerimônias em que a magia atual, e exemplo disso são: a formação da Egrégora; a da Cadeia de União e o Pedido de Socorro, do Terceiro Grau.

Hoje, a "alta magia" confunde-se com a parapsicologia e faz parte de outras ciências, como a própria Psicologia.

Os atos mágicos decorrem da observação do maçom, de sua "entrega" durante a meditação, de ser consciente de que a mente humana tem reservado para todos surpresas e revelações.

A fonte da magia é o conhecimento; o maçom deve instruir-se para obter os resultados que a Maçonaria possui para lhe oferecer.

Assiduidade e compenetração no trabalho logístico são caminhos seguros para alcançar as metas.

3 de agosto

MAGNETISMO

É a propriedade de atração, como o ferro imantado atrai partículas de limalha ferrosa; trata-se de um campo de força provindo do centro da Terra.

A força invisível, descrita pela ciência, atua sobre todos os corpos, especialmente os humanos.

Esotericamente, um simples olhar possui força magnética, e essa pode ser desenvolvida por meio de práticas adequadas.

Na formação de uma Cadeia de União, forma-se no seu centro um ponto magnético; essa força atrai a todos os participantes da corrente, como se fossem limalhas de ferro.

Quando o iniciando adentra na Câmara das Reflexões, é despido de tudo o que for metal; essa disposição diz respeito aos cuidados exigidos para que um iniciando não seja impedido de receber "essas forças magnéticas".

A Maçonaria é um conjunto ainda "desconhecido" de poderes e benesses.

Cumpre a cada maçom o empenho para conhecê-las, e isso só ocorre com persistência, interesse e vocação.

Ser maçom, por si só, abre caminhos para o encontro de mistérios que podem ser solucionados por uma mente ativa.

Busque o maçom maior interesse pela sua instituição.

4 de agosto

O MANÁ

O Maná do deserto provinha do alto para alimentar o povo hebreu na fuga do Egito.

Esse alimento, porém, não podia ser guardado para o dia seguinte, pois se alterava e estragava; o povo devia confiar em Jeová, que diariamente o provia de seu maná celestial.

Moisés, pelos poderes de que dispunha, conseguiu conservar uma porção do maná, colocando-o hermeticamente fechado dentro de um vaso colocado dentro da Arca da Aliança. Essa Arca perdeu-se; se algum dia for encontrada, certamente teremos a solução do mistério.

O maná foi mais um ato de magia de Moisés. O maná é o emblema da mente que não é vista, nem apalpada, mas que existe, sendo todavia o alimento do cérebro.

Deus tem provido o necessário para o seu povo. Cada maçom deve ter fé em seu Deus, uma vez que ele jamais falha.

Aquele misterioso maná pode igualar-se às benesses que a Maçonaria dispõe para os seus filiados.

É preciso não esmorecer e crer no que pareça impossível e irreal, porque todo mistério algum dia será revelado, seja em vida, seja depois da vida, em uma outra dimensão.

O maçom deve aceitar que Deus é seu protetor e provador.

Assim sendo, a vida transcorrerá mais feliz.

5 de agosto

MANTO

O Manto é uma vestimenta usada nas cerimônias filosóficas e religiosas; a Maçonaria, especialmente em certos graus filosóficos, usa essa vestimenta que vem colocada sobre o traje, simbolizando a proteção divina.

A pessoa assim trajada estará "a coberto" dos fluidos negativos e das vibrações inconvenientes.

Em todas as épocas o manto tem sido usado como distinção, tanto pelos reis como pelos sacerdotes.

No Grau de Mestre maçom, o manto é substituído pelo Balandrau, que é uma sobrecapa de tecido negro, usada para ocultar a personalidade, dando uniformidade à Loja, e sobretudo "neutralizar" esotericamente o maçom que, assim, usando chapéu e luvas, nada deixará a descoberto.

Esotericamente, o maçom em Templo recebe um manto espiritual, invisível, mas protetor. Os videntes o descrevem como sendo branco, diáfano e luminoso.

Todos os maçons deveriam se revestir de um manto, como se fosse uma couraça, uma armadura protetora contra os maus fluidos e as vibrações negativas do mundo profano.

Todo maçom está permanentemente sob a proteção desse manto mágico e espiritual; consciente disso, vive-se com tranquilidade e segurança porque, sob o manto protetor de Deus, o perigo não ocorre.

6 de agosto

O MANTRA

Vocábulo que vem do sânscrito, significando "discurso", em que são empregadas palavras mágicas.

O mantra pode constituir-se de uma única palavra ou de uma frase.

Serve para conduzir a mente à parte interior do ser; é um veículo que deve ser pronunciado, pois as vibrações do som é que "abrem" caminho para a mente.

Por duas vezes, nas sessões da Loja, é pronunciado um mantra: huzzé, cuja pronúncia será em voz alta; há os que aproveitam para expelir dos pulmões todo o ar, com força, imprimindo assim quase que um grito ao mantra,

Na formação da Cadeia de União, ao ser repassada a palavra semestral, embora apenas "sussurrada", está se emitindo um mantra.

Essa passagem serve para unir as mentes dos elos.

A palavra semestral, como mantra, conduz à meditação; ela é repetida tantas vezes quantos forem os Irmãos presentes.

Existe um sem-número de mantras se considerarmos as "afirmações" como sendo mantras, como por exemplo: "Hei de vencer"; "Sou um vitorioso"; "Nada me faltará"; diga o fraco: "Eu sou forte" etc.

Tanto o huzzé como a palavra semestral, pelos efeitos que produzem, são considerados benesses.

O maçom não pode desperdiçar a oportunidade de beneficiar-se com essas benesses.

7 de agosto

AS MÃOS

As mãos fazem a diferença entre os homens e os animais, pois são os membros capazes de construir com perícia tudo o que possa ser necessário.

Contendo elementos esotéricos, as mãos simbolizam o poder, a perícia, a vontade e os sentidos.

Maçonicamente, é por intermédio das mãos que se fazem os reconhecimentos; as posturas em Loja; a abertura do Livro Sagrado; o trabalho construtivo; a união na Cadeia de União; a defesa pelo manejo da espada; o comando; a condução dos fluidos para a bolsa de beneficência; as mãos acariciam e ferem em um dualismo forte.

O divino Mestre curava e expulsava demônios com um simples toque ou imposição das mãos; simboliza o estandarte. No Egito é símbolo de felicidade.

O cego lê a escrita braile com as mãos; a comunicação com o surdo-mudo é feita com as mãos, que emitem sinais convencionais.

A impressão digital identifica o indivíduo; o estudo das linhas da palma das mãos, a quiromancia, revela a personalidade da pessoa.

Duas mãos unidas significam amizade e Fraternidade.

Quem se cumprimenta dá a sua mão.

Dar-se as mãos simboliza afeto, apoio e segurança.

Quando dois Irmãos maçons se encontram, devem sempre se dar as mãos; para tanto, devem ser limpas, puras e sem nódoas.

8 de agosto

A MARCHA

Marcha é um termo maçônico que significa "caminhar". Existem várias marchas na liturgia maçônica, desde o átrio, quando em "procissão", os maçons adentram no templo por ordem hierárquica, começando pelos aprendizes. Existe a marcha individual, que consiste nos passos que são dados nos giros feitos pelo Mestre de Cerimônias e hospitaleiro; cada grau possui a sua marcha característica.

Cada marcha possui o seu símbolo; existe a marcha Retrógrada, feita durante uma determinada Iniciação.

Cada passo que o maçom dá não será em vão, pois deve conduzir a uma meta; as marchas podem constituir-se de um só passo, de vários ou mesmo de um longo trajeto.

A subida para o Oriente, considerando que existem degraus a serem vencidos, altera a marcha, que deve obedecer ao impulso e esforço para vencer o obstáculo.

Cessada a reunião, para a saída haverá outra marcha, deslocando-se cada maçom de seu lugar para integrar a procissão; a ordem será inversa, devendo os aprendizes retirarem-se em último lugar.

O maçom, ao encetar – mesmo no mundo profano – uma marcha, não deve esquecer que "um primeiro passo" é que dá início à caminhada e nela pôr todo seu empenho para chegar incólume ao lugar do destino.

9 de agosto

O MATERIALISMO

Corrente filosófica que considera que tudo provém da matéria; que não há vida futura e que uma vez que a morte atinge o ser humano, o corpo se putrefaz, desaparecendo sem a possibilidade de existir uma nova vida.

É a filosofia do fatalismo, que permite as violações da ética, inexistindo, assim, o pecado e a divindade.

A Maçonaria é vítima desse materialismo cruel, tanto que existem alguns ritos que aboliram qualquer aspecto espiritual da Loja, suprimindo a presença do Livro Sagrado e a invocação à autoridade espiritual, mesmo ao Grande Arquiteto do Universo, símbolo divino.

A Maçonaria possui Landmarks, que são as normas juradas pelos iniciados, e entre os 25 há o que dispõe sobre a crença em Deus e em uma vida espiritual.

Pobre do homem que não tenha em si a crença em um futuro melhor, em uma vida espiritual, em um Oriente Eterno e em Deus.

O maçom deve ter em mente, constantemente, que ele faz parte da Natureza e que essa Natureza é divina.

Sem a crença em um ente supremo, Criador e protetor, a humanidade viveria em disputas egoístas e materiais, destruindo-se a si mesma com a força equiparada ao artefato atômico.

As "inovações" e as "tentativas" de banir da Maçonaria o aspecto espiritual são o começo da destruição; cada maçom deve zelar pela integridade de seus conhecimentos.

10 de agosto

MEDALHAS

Medalha é uma peça de metal (ouro, prata ou bronze) cunhada, apresentando figuras e palavras, símbolos ou sinais, distribuída como honraria, comemoração ou distintivo.

Na Maçonaria, nenhuma Medalha foi encontrada antes de 1735; a primeira medalha comemora o estabelecimento de uma Loja em Florença por Lord Charles Sackville. O vocábulo medalha provém do italiano *medaglia*. A medalha artística surgiu no final do século XIV; as escolas que surgiram para a confecção de medalhas foram na Itália, região da Toscana.

As medalhas maçônicas são de época relativamente recente; hoje já são de uso corrente. Existem maçons que preenchem o peito com dezenas de medalhas, o que constitui uma exibição e uma atitude "démodé", pois virtuoso não é exibir medalhas, mas manter-se modesto; é tolerada a colocação no peito de pequenas fitas ou botões, similares às que suportam as medalhas.

Com a concessão das medalhas, o maçom recebe um diploma correspondente. No simbolismo, cada grau possui sua medalha, que serve como distintivo.

As medalhas honoríficas devem ser cuidadosamente guardadas como recordações e não exibidas publicamente; nas festividades maçônicas, dentro da Loja ou corpo filosófico, a sua ostentação é tolerada.

A modéstia é uma virtude.

Seja o maçom modesto e com essa atitude granjeará a estima de todos.

11 de agosto

MEIO-DIA

Os maçons "trabalham" do meio-dia à meia-noite, obviamente de modo simbólico, uma vez que na realidade os trabalhos são iniciados às 20 para serem concluídos duas a quatro horas após.

Meio-dia é uma medida de Tempo, quando o Sol está a pino e não faz sombra sobre os objetos ou seres em que incide.

Os trabalhos maçônicos têm início ao meio-dia porque essa hora é neutra; o maçom recebe os raios de forma perpendicular e os absorve integralmente, sem que seu corpo faça sombra no solo.

O Sol simboliza o conhecimento; assim, ao meio-dia, o maçom está "vazio"; nada possui; recebe na Loja o conhecimento que vai somado aos recebidos anteriormente; assim, assimila paulatinamente o que deve receber e o que tem direito a receber e guarda zelosamente.

A neutralização ocorre do pôr do sol ao seu nascimento e dura uma fração de Tempo mínima, mas suficiente para uma "limpeza" da mente.

Essa incidência sobre todo ser atua não só no maçom como em todos os indivíduos, mesmo fora da Loja.

Cabe ao Segundo Vigilante observar a trajetória do Sol no Meridiano, pois a "iluminação" do momento neutro percorre o maçom lentamente até o auge para declinar no fim das sessões.

Na vida profana, o maçom está sujeito ao mesmo equilíbrio da neutralização e disso deve conscientizar-se.

12 de agosto

MEMBRO DE UMA LOJA MAÇÔNICA

Ser membro de uma Loja significa associar-se a ela e participar das suas atividades, usufruindo direitos e cumprindo deveres. Certas correntes interpretam que, após a Iniciação, o maçom já deve ser considerado membro da Loja em que foi Iniciado; outras, que essa faculdade somente se adquire após a exaltação ao terceiro grau, ou seja, ao mestrado.

Membro ativo é o maçom que frequenta assiduamente a Loja e cumpre com as obrigações estatutárias.

Membro correspondente significa o membro ou sócio que é desobrigado de frequência e demais deveres estatutários; em Maçonaria, são raros os casos. Membro emérito é o maçom que, atingindo certa idade provecta, está dispensado de cumprir com as obrigações rotineiras e goza de privilégios pelo desempenho que teve durante longos anos de sua vida maçônica; é um título honorífico.

Membro honorário é a honraria que uma Loja maçônica faz a um maçom que não pertence ao seu quadro mas que colaborou brilhantemente para o crescimento da Loja ou em atividades genéricas da ordem.

Membro adormecido é o maçom que deixa de frequentar a Loja, licenciado ou eliminado, com a chance de sempre poder retornar à frequência.

Toda associação conta com a presença assídua de seus associados. É dever do maçom dar assistência à sua associação, sob pena de enfraquecê-la e até adormecê-la.

13 de agosto

O MESTRE

Título dado inicialmente ao Companheiro destinado a dirigir um canteiro de obras, entre os talhadores de pedra, do início da incipiente Maçonaria. Por volta do ano 1725, com o surgimento do terceiro grau, ampliou-se a Maçonaria operativa na transição para a "Maçonaria especulativa".

A palavra provém do latim *magister*, e significa aquele que ensina e dirige; cada discípulo terá seu Mestre; inexistirá discípulo se não houver um Mestre.

Sendo a Maçonaria uma escola, nela haverá aprendizado; a titularidade máxima no simbolismo é a do Grão-Mestre, que significa "grande Mestre", e nas Lojas a autoridade maior será do Venerável Mestre.

Na Maçonaria Simbólica, o Grau de Mestre constitui o teto máximo atingido; com o mestrado, o maçom adquire todas as prerrogativas maçônicas.

Em uma Loja, o Mestre tem atribuições administrativas específicas e atribuições inerentes à sua evolução; nesse caso, tem a obrigação de orientar e ensinar os aprendizes e companheiros, sem que estes o peçam, pois não poderá manter-se Mestre sem ter sob sua espontânea responsabilidade pelo menos um Aprendiz.

Todo proponente de um candidato à Iniciação passará a ser Mestre do proposto, tanto no Primeiro como no Segundo Grau.

Os aprendizes e companheiros, vencido o prazo de interstício, têm a obrigação de alcançar o mestrado e assim receber todos os sigilos e conhecimentos maçônicos.

14 de agosto

MESTRE DA GRANDE OBRA

Por Grande Obra é conhecida a Maçonaria Universal, sem distinção de obediências ou ritos.

Houve no século passado mais de 150 ritos em uso, dos quais, na atualidade, permanece apenas meia dúzia.

Cada rito apresenta uma nomenclatura peculiar em sua administração, e dentro das inúmeras variações a palavra Mestre tem os mais variados significados, como: Mestre de Luz; Mestre da Chave da Maçonaria; Mestre da Mesa de Esmeralda; Mestre da Ordem da Santíssima Trindade; Mestre da Sabedoria; Mestre dos Mestres; Mestre dos Mistérios; Mestre dos Segredos Egípcios; Mestre de Oriente; Mestre de Todos os Graus etc.

O significado de Mestre nada tem a ver com o Mestre do Cristianismo, nem com o poder do conhecimento e da sabedoria.

A Grande Obra é a construção do Templo Social, do Templo Moral e do Templo Espiritual.

Mestre, em Maçonaria, não é título de distinção, mas apenas iniciático.

Há quem confunda a Maçonaria com a religiosidade cristã; nada mais errado. No simbolismo, o título de Venerável Mestre só pode ser exercido por mestres.

A grande obra é a busca da perfeição maçônica, dentro dos preceitos da instituição.

15 de agosto

O MESTRE DE CERIMÔNIAS

O Mestre de Cerimônias é o oficial que "compõe" a Loja, distribuindo os cargos, conduzindo os maçons ao átrio, admoestando-os na preparação, orientando-os e batendo à porta do Templo.

Nos minutos de preparação, induz-nos à Meditação, orientando-nos para o exame de introspecção. É o único maçom a falar dentro do átrio; os demais, em silêncio, escutam-no e obedecem às suas ordens; ele verifica se todos estão devidamente trajados, se mantêm o respeito devido e "sente", com a sua sensibilidade adequada ao cargo, quem está preparado ou despreparado para adentrar no templo.

Notando o despreparo de alguém, insta para que todos aprofundem sua meditação e busquem a proteção divina, expulsando dos pensamentos tudo o que possa perturbar dentro do templo.

Cada um de nós deve ter consciência dessa preparação e se não se sentir apto, não deve adentrar no templo; se prosseguir com alguma malquerença contra algum irmão, deve de imediato superar esse sentimento e exteriorizar simpatia e perdão; somente os que sabem perdoar é que serão perdoados.

16 de agosto

MESTRE INSTALADO

Depois de ter sido eleito um Venerável Mestre, deverá ser "instalado", ou seja, passar por um cerimonial para que, em um segundo ato, seja empossado e ocupe o seu lugar com o exercício de todas as suas prerrogativas.

O cerimonial é moderno; foi introduzido na Maçonaria Inglesa no ano de 1810 e posteriormente adotado por toda a Maçonaria mundial, inclusive a Brasileira.

O cerimonial é desenvolvido por um ritual específico e da cerimônia somente participam outros mestres instalados, seja da própria Loja ou de outras. Obviamente, esses mestres instalados já passaram pela "venerança".

Existe paralelamente um ritual para a instalação de um Grão--Mestre, e da cerimônia só podem participar os ex-Grão-Mestres.

O ritual de instalação é preservado da curiosidade profana e mantido ciosamente em sigilo por cada Loja. Inexiste literatura a respeito.

O Grão-Mestre nomeia o Mestre instalador, que o representa; porém, o próprio Grão-Mestre poderá ser o instalador. O ritual assemelha-se ao do rito de York.

O cargo de Venerável Mestre pode ser disputado, por eleição, por qualquer Mestre.

Com o passar dos anos, cada Loja forma seu corpo de mestres instalados, que têm a função, também, de orientar.

Cada maçom deve aspirar, algum dia, exercer a "venerança" de sua Loja.

17 de agosto

A METEMPSICOSE

Teoria da reencarnação; transmigração da alma de um corpo morto para outro que nasce; o vocábulo, de origem grega, sugere que essa reencarnação seja demorada, precisamente, "tardia".

A Maçonaria, como entidade espiritualista, não se preocupa com a existência ou não da transmigração das almas.

No entanto, admite a existência do Oriente Eterno, para onde iriam os maçons mortos, com a finalidade de reunirem-se em Lojas idênticas às da Terra.

O grande número de maçons falecidos forma uma grei denominada Fraternidade Universal Branca.

Porque a Maçonaria não é uma religião, essa Fraternidade não seria uma Corte Celestial e não haveria uma direção divina, mas simplesmente uma influência "mental", considerando que a mente nunca morre.

Na formação da Cadeia de União, crê-se, participam membros da Fraternidade Universal Branca, prontos a aluarem em benefício dos necessitados.

Trata-se de um dos insondáveis mistérios da Maçonaria.

O maçom jamais deve considerar-se só no mundo, abandonado à sua própria sorte, pois, como sabem os mestres do Terceiro Grau, quando é feito o Sinal de Socorro, são invocados justamente esses "filhos da viúva", que sem dúvida socorrem o necessitado.

18 de agosto

O MILAGRE

Do latim *miraculum*, que dá origem à palavra "miraculoso". É o resultado inexplicável de uma ação. Em religião, é obtido o milagre por meio da oração. É a Fé que o produz.

Jesus, Cristo o embasou a sua evangelização por meios de milagres; esses, contudo, já existiam, como descreve o Velho Testamento; os discípulos e apóstolos, seguindo os preceitos evangélicos, cometeram, por sua vez, uma série de milagres.

Trata-se de uma manobra sobrenatural, ou seja, que não comporta explicação racional; são atos paranormais, extranaturais.

A Maçonaria, por intermédio dos maçons, produz esses fatos durante a formação da Cadeia de União. Com o grito de socorro; com a formação da Egrégora, surgem esses milagres, inexplicáveis cientificamente, porém de certo modo "palpáveis" e aceitos pelos que se beneficiam com eles.

A meditação é o caminho natural para a materialização dos milagres, e cada maçom, no seu reconhecimento, pode comandar a sua mente para solucionar problemas.

Os exemplos das benesses obtidas por meio da força mental grupal de uma Loja avoluma-se a cada dia.

É a parte "espiritual" maçônica que atua nos maçons que nela depositam confiança e fé.

O inexplicável deve ser aceito, quando beneficia.

19 de agosto

MINERVA

Minerva era a deusa da sabedoria, também denominada Atena ou Palas, sendo filha de Júpiter.

A capital da Grécia recebeu o nome de Atenas em honra a Minerva; atribui-se a Minerva a criação da oliveira, que passou a ser o símbolo da paz.

Minerva é também a deusa das Artes e da Guerra.

No trono do Venerável Mestre de uma Loja Maçônica, é colocada uma estátua de Minerva, como emblema da sabedoria; por esse motivo, o Venerável Mestre representa a Coluna da Sabedoria.

A estátua de Minerva apresenta em sua mão direita um ramo de oliveira, porque a sabedoria é que traz a paz aos seres humanos. Sem esse ramo, Minerva representa a Guerra.

Guerra significa luta e pode ser aceita como guerra contra o mal e contra o vício.

O fato de a Maçonaria admitir as estátuas dos deuses Minerva, Hércules e Vênus não significa idolatria; esses deuses e suas estátuas são apenas símbolos – de Sabedoria, Força e Beleza, que é a trilogia maçônica por excelência.

Essas estátuas não são veneradas, apenas justificam que a Maçonaria é também mitológica, especialmente quanto aos Graus Filosóficos.

20 de agosto

O MISTICISMO

A mística é a arte de penetrar no mistério. O ato de penetrar no universo de dentro, no microcosmo espiritual. A Maçonaria é uma Instituição Mística.

O misticismo compreende aspectos diversos; pode-se traduzir como o comportamento que conduz a uma revelação dos mistérios. Para ingressar nesse campo, existem vários caminhos, como o da meditação, do êxtase, do sonambulismo etc.

Da mais rudimentar expressão religiosa, como a dos povos africanos primitivos, dos indígenas e do baixo espiritismo, as ações religiosas constituem-se em ações místicas.

O Misticismo Filosófico ou Mística Superior é a prática exercitada pelas pessoas cultas.

O misticismo maçônico é de certo modo um misticismo racional que conduz o pensamento a páramos elevados, colhendo resultados visíveis e satisfatórios.

Na vida, o misticismo enleva e dá esperanças; todos nós devemos nos render à existência de mistérios, eis que fazem parte da criatura humana.

O misticismo faz a diferença entre seres humanos e animais, embora em toda a Natureza a vida se manifeste por meio de atos místicos.

O maçom é místico por Natureza, misticismo esse obtido durante a sua Iniciação.

21 de agosto

MOISÉS

Moisés é a personagem bíblica que conquistou poderes cósmicos junto aos sacerdotes egípcios.

O nome significa "salvo das águas", pois por ocasião da matança dos primogênitos, sua mãe o colocou dentro de um cesto que desceu o rio Nilo em direção à filha do Faraó, que passou a cuidá-lo, passando a ser considerado membro da família real. Foi grande profeta e legislador.

Instado por Jeová a tirar o povo hebreu da escravidão egípcia, usando de seus poderes cósmicos, levou todos os hebreus através do deserto até a cidade de Canaã.

A longa jornada, que teria durado 40 anos, constituiu a primeira grande saga do povo hebreu. Moisés recebeu o decálogo e todas as leis divinas. Construiu a Arca da Aliança e transformou-se no líder máximo do povo israelita.

São-lhe atribuídos os cinco primeiros livros do Velho Testamento: Gênesis, Êxodo, Levítico, Números e Deuteronômio.

A Maçonaria o venera como grande legislador e profeta, especialmente nos Graus Filosóficos.

A saga ou história de Moisés deve ser conhecida por todos os maçons como exemplo virtuoso e de fidelidade; teria sido o primeiro homem a "conversar com Deus". Foi por intermédio dele que Jeová revelou o seu nome: "Eu sou", e com isso a Maçonaria retirou a frase para colocá-la no Primeiro Vigilante durante a cerimônia de abertura dos trabalhos em Loja.

22 de agosto

A MORAL

Do *latim mores*, significando "costumes", "conduta", "comportamento", com as características de que os atos não devem ferir a suscetibilidade de outrem.

A Moral apresenta-se sob vários aspectos: Religiosa ou Teológica, que diz respeito ao cumprimento dos preceitos divinos, ou seja, é o comportamento que beneficia a coletividade.

Moral individual é o comportamento orientado pela razão; essas espécies de moral devem andar juntas.

A Moral Maçônica apresenta-se um pouco diferente, embora compreenda as modalidades referidas. Ela não diz respeito ao bom costume, que é o comportamento exigido da criatura humana.

A Maçonaria vai além do comum; exige entre os Irmãos uma dedicação de comportamento que sobrepuje as obrigações comuns. Não basta um bom comportamento; esse deve ser acompanhado por um conjunto de virtudes, como a tolerância, o amor, a dedicação, o sacrifício e a disposição de servir e não o de ser servido.

Somente com essa moral será viável a construção da Fraternidade Maçônica.

A Moral deve ser exercitada, para que surta os efeitos desejados.

23 de agosto

A MORTE

A Morte é a preparação para a "putrefação" que significa a destruição, pela fermentação, da matéria que compõe os seres vivos; uma maçã putrefaz-se e então diz-se que está "morta". Esse entendimento diz respeito ao corpo físico. A morte da maçã "libera" a semente que lhe será sobrevida.

A morte do ser humano, contudo, não corresponde a um estágio final, terminal e destrutivo, mas sim a um princípio que conduz a um segundo estado de consciência, obviamente espiritual.

Hoje a ciência aceita um ser humano como morto quando cessam as funções cerebrais.

A vida vegetativa, em estado de coma, não passa de um estado de morte na expectativa da putrefação. O ser humano pode viver durante um longo período com morte cerebral, sem qualquer perspectiva de retorno à atividade, uma vez que o cérebro cesse suas funções. Será nesse estado que a ciência retirará os órgãos destinados a serem transplantados em outro ser humano; para o doador, significará uma "sobrevida".

A Maçonaria, na sua síntese tradicional, nos seus princípios filosóficos, preocupa-se enormemente com instruir os seus adeptos para que enfrentem a morte como fato normal.

A morte pode ser uma "liberação" para o "voo" em direção ao infinito e ao incognoscível.

O maçom não deve temer a morte.

24 de agosto

MULHER NA MAÇONARIA

A Maçonaria reserva um lugar de destaque à Mulher, especialmente nas obras caritativas, com a ornamentação das Lojas em dias festivos e com as demais atividades sociais e artísticas.

Na Iniciação, o Neófito recebe dois pares de luvas brancas; uma para uso próprio e a outra para ser doada à mulher que mais estima.

Com a evolução e a modernidade atuais, a mulher está conquistando, ao lado do homem, um lugar igual.

Não tardará que a Maçonaria feminina venha a ter um destaque maior e um desenvolvimento natural.

O que não convém, no entanto, são as Lojas femininas mistas, uma vez que a promiscuidade sempre é nociva e gera "alterações" de comportamento; exemplos do passado fazem o maçom manter a prudência de não incrementar o ingresso da mulher na Maçonaria.

O maçom deve respeitar toda mulher, parente ou não, pois isso diz respeito à moral e aos costumes.

Esse respeito não se limita às "cunhadas" ou "filhas de maçons", mas a toda mulher, observando-a e tratando-a como um ser humano virtuoso e obra maravilhosa do Criador.

O maçom deve levar sua esposa à Loja para que confraternize com o grupo feminino, oferecendo um ambiente social honrado.

25 de agosto

A MÚSICA

A música é uma das sete artes liberais. Procede o vocábulo do grego "musa", que significa inspiração, poesia, harmonia e encanto.

Em todas as civilizações, a música era cultivada por meio do cântico e de instrumentos; inicialmente de percussão, depois de sopro e, mais tarde, de cordas; hoje, com a eletrônica, obtém-se os sons mais variados que possam surgir.

A música tem o dom de preparar o ambiente para a meditação, para o culto espiritual; não só acalma, ameniza, conforta, como pode curar certos distúrbios nervosos.

Esotericamente, os sons penetram de tal forma no íntimo dos seres humanos que lhe dão harmonia e paz.

Platão decantava a "música das Esferas", ou seja, o cântico dos seres angelicais.

Tudo no universo é som, que por sua vez é matéria e espírito.

Os vegetais e os animais sentem a influência da música e deleitam-se em ouvi-la.

Todos nós precisamos de momentos harmoniosos em nossa vida; instantes de boa música nos confortam e conduzem aos bons pensamentos, de elevada espiritualidade.

Nas sessões maçônicas, o Mestre de harmonia sempre oferece programações musicais adequadas à liturgia e isso propicia momentos de enlevo.

26 de agosto

A NATUREZA

Significa "o que nasce", o princípio, a formação, a mutação, restringindo-se ao planeta Terra.

Em Maçonaria, a Natureza tem destaque na figura geométrica do Triângulo equilátero e simbolizada com o Delta Luminoso fixado no Oriente dentro do Dossel da "venerança" e acima do trono do Venerável Mestre, representando os três lados do Triângulo, o Nascimento, a Vida e a Morte.

A Loja tem também o formato de um cubo; dois cubos formam o espaço quadrangular do recinto; os quatro lados do cubo representam os quatro elementos da Natureza: Ar, Água, Terra e Fogo.

O estudo da Natureza denomina de Cosmogonia.

O ser humano faz parte da Natureza.

Dentro da Loja maçônica é a melhor representação da Natureza.

A Natureza tem sido agredida durante milênios e com maior virulência no último século.

A reação do próprio homem para preservá-la tem sido pálida.

Essa reação recebeu o nome de ecologia.

A Maçonaria tem o dever de tomar parte nesse esforço, porque ela é guardiã da Natureza.

Todo maçom deve não só defender ecologicamente a Natureza, mas participar dessa defesa, plantando árvores e evitando a expansão de gases nocivos à atmosfera.

27 de agosto

NEÓFITO

Palavra de origem grega, que significa "recém-plantado". Em Maçonaria, designa o candidato recém-Iniciado. *Neo* significa "novo", portanto diz respeito ao "novo maçom".

Trata-se de um estágio que perdura por longo Tempo, inexistindo a previsão de seu término, uma vez que se o maçom recém-Iniciado encontra novidade sobre novidade em seu Grau de Aprendiz. Passando para o segundo grau, o de Companheiro, encontrará ainda maiores novidades e assim por diante, até atingir uma estabilidade plena, dentro dos preceitos do ritual que observa.

O Iniciado é um "recém-nascido" que durante a cerimônia de Iniciação provou das dificuldades e da harmonia que lhe foram apresentadas.

Não basta ter participado da Iniciação, é preciso que a tenha compreendido, e isso sucederá quando assistir à próxima Iniciação de um novel irmão.

O processo iniciático é longo e cada palavra deve ser "absorvida" e "digerida", e isso demanda um longo estágio.

A Iniciação é permanente e contínua; mesmo fora da Loja, quando no recesso do lar, o maçom está descobrindo novos significados, novas interpretações e novos conhecimentos.

Portanto, "Neófito" é um estado permanente e o maçom deve aproveitá-lo, lembrando que, se está no mundo, é para aprender a viver a fim de em Tempo oportuno alcançar graus sobre graus.

28 de agosto

"NE VARIETUR"

Expressão latina que significa "que não varia", ou seja, o inalterável e o permanente.

Denomina-se de *Ne Varietur,* em Maçonaria, a assinatura no livro de presenças da Loja. contudo, essa expressão em uso não reflete a realidade, pois a assinatura não é constante; cada assinatura difere da outra e muda a cada instante, pois a estrutura psíquica do maçom é alterada a cada momento, bastando que o pensamento mude para que a assinatura apresente diversificações nos pequenos traços, ondulações, ângulos, etc.

São essas pequenas alterações que orientam os grafólogos na análise do momento psicológico; as assinaturas mantêm certas tendências constantes no formato das letras, mas no geral as alterações abrangem toda a assinatura; para perícias, os grafólogos encontram esses pontos comuns com muita dificuldade, tanto que são especialistas no assunto.

A assinatura é acolhida porque simboliza a projeção do indivíduo no papel; obviamente, de um "novo indivíduo", de um Neófito que pela primeira vez apõe o seu nome no Livro de Presenças.

A rigor (o que está sendo relaxado), o Neófito recebe um "nome simbólico" e será com esse nome que assinará.

Saber usar o próprio nome é uma ciência; desse uso dependerá o resultado em sua vida.

29 de agosto

O NÍVEL

Nivelar significa reduzir a um só plano a construção; a bolha de ar inserida no estojo mede o equilíbrio.

Instrumento essencial na construção, nos ensina que devemos pautar nossa vida dentro do equilíbrio, a fim de que nossas ações se ajustem à perfeição do desejo, dando equilíbrio necessário para que nossa obra seja permanente e estável, na medida justa e satisfatória.

O Nível e o Prumo formam o dualismo perfeito e conduzem à sabedoria.

Nossas obras serão equilibradas se soubermos manejar esses instrumentos simbólicos.

Dentro da Loja maçônica, o equilíbrio é um exercício salutar, que deve ser perseguido constantemente.

Devemos nos nivelar com as coisas elevadas, procurando ser exemplo para os fracos e despreparados.

O Nível deve ser usado entre os maçons bem como entre os profanos, no nosso trabalho, lazer e introspecção.

O Nível como instrumento é indispensável e insubstituível, desconhecendo-se a sua origem, mas conscientes de que surgiu de inspiração divina.

30 de agosto

A NOBREZA

Em todos os povos, um determinado grupo se destaca, seja por tradição ou herança ou capacidade de liderança, e passa a governar os seus semelhantes; reis e imperadores ainda subsistem, sendo os seus auxiliares e comandados diretos investidos com títulos de nobreza.

Na Maçonaria, essa Nobreza subsiste, mas no sentido moral. Diz-se que a Maçonaria desenvolve a "Arte Real", no sentido da elevação do comportamento, do estudo superior e da nobreza dos sentimentos.

No Brasil, tivemos dois períodos em que a nobreza foi formada: o primeiro, reinado de D. João VI, e o segundo no Império, com D. Pedro I, que entendeu formar uma Nobreza Brasileira.

A Maçonaria teve destaque nessa oportunidade, porque D. Pedro I, na condição de maçom, convidou para iniciar as suas nomeações ao maçom Joaquim Gonçalves Ledo, oferecendo-lhe o título de marquês da Praia Grande, que Ledo, por modéstia, rejeitou.

Os títulos hierárquicos maçônicos não podem confundir-se com títulos de nobreza.

A maior nobreza do maçom é seu caráter.

Contudo, o maçom deve respeitar os títulos hierárquicos superiores por uma questão de disciplina e desprendimento.

Ser maçom é um título de nobreza por excelência.

31 de agosto

O NOVEL IRMÃO

Após os trâmites da Iniciação, quando o maçom acompanha passo a passo todas as provas e assiste ao debate final vitorioso, finda a cerimônia, terá diante de si um novo irmão.

O primeiro gesto será o abraço fraternal, recebendo um "filho pródigo" que perambulava entre profanos, ansioso para rejuntar-se na família maçônica.

Toda a humanidade é uma irmandade única, embora a maioria esteja desviada da trilha correta.

Todos devem amar-se uns aos outros, embora isso seja uma utopia; mas sendo todos filhos de um mesmo Criador, a Família Universal deveria apresentar outro comportamento.

Sabemos, porém, que não é assim, então, dentro da Loja, abraçando quem há poucas horas passadas era um mero profano, palpita em ambos os corações a satisfação do reencontro.

Esse abraço constitui o propósito do bem-querer ao novo advindo, é o selo de uma amizade sem fim que jamais poderá ser afetada, seja qual for o motivo. É um bom propósito e uma oportunidade de espargir amor, especialmente neste mundo de tantas contradições.

Portanto, torna-se preciosa a participação da Iniciação desse novel irmão; é como assistir a um novo nascimento; a participação de acolher um novo membro da família maçônica.

1º de setembro

A NUDEZ

A nudez representa a realidade e a verdade; "desnudar" significa "desvendar". Comumente, nudez significa a pessoa despida; porém, esse vocábulo pode significar pureza e sinceridade. A pessoa se desnuda quando abre seu coração e se revela na total intimidade, sem reservas em seu pensamento.

Na formação da Cadeia de União, os maçons "desnudam-se", ou seja, despem-se das individualidades.

Na Antiguidade, a Cadeia de União era formada estando os maçons despidos, usando o avental para cobrir o sexo.

Por ocasião da entrada do candidato à Iniciação na Câmara das Reflexões, procede o despojamento e adentra "nem nu nem vestido", ou seja, simbolicamente neutro e despido.

Nas cerimônias fúnebres de sepultamento, vemos que certos povos e certas religiões colocam os cadáveres, ora nus, ora encobertos por um manto de linho, ora paramentados, no caso da Maçonaria, ora com vestes apropriadas para a cerimônia.

Os indígenas colocavam os seus mortos em urnas de barro totalmente despidos. Os egípcios embalsamavam os corpos e os revestiam com toda pompa, cobertos de joias.

Simbolicamente, o maçom participa da Cadeia de União, com os pés descalços para permitir o contato dos dedos e transmitir vibrações desde "a Terra".

2 de setembro

NÚMEROS

O vocábulo número procede do latim *numerus*, sendo a relação existente entre duas quantidades.

Em grego é denominado de *rythmós*, de onde deriva a aritmética; a relação entre os números sugere um "ritmo" musical, porque a manipulação dos números obedece a regras fixas e periódicas.

Sendo o ritmo a expressão do movimento, conclui-se que o jogo dos números produz movimento, portanto, vida.

Os números marcam o Tempo, que é um fator vital na vida do ser humano. Foram os filósofos Pitágoras e Platão que nos legaram o valor dos números, cujos cálculos, desde uma simples soma ou subtração aos mais complicados, hoje formulados eletronicamente, tendem a esclarecer os mistérios do universo.

Os números comprovam a existência de uma Ordem no Universo que, embora possam se multiplicar ao infinito, estabelece regras inalteráveis, equilibrando desde o pensamento até os atos mais simples da vida.

Os alfabetos obedecem ordens numéricas e cada letra possui um peso numérico que deve ser filosoficamente interpretado.

O nome que portamos, analisado numericamente, nos dirá se esse nome é áureo ou aziago.

A numerologia é a ciência que analisa esse aspecto; cada maçom deve interessar-se por conhecer o seu destino.

3 de setembro

OBEDIÊNCIA

É a submissão à vontade de outrem; trata-se de um vocábulo de origem latina; obediência e vontade são irmãs xipófagas, isto é, que sempre andam juntas.

A doutrina cristã tem o seu fundamento na obediência à vontade de Deus, abdicando o cristão ao que lhe é sugerido como sendo suas decisões, fruto de um livre-arbítrio mal interpretado.

Todos nós estamos sujeitos, em qualquer campo, à obediência; obedecem-se às leis dos homens, da Natureza e da divindade; obedece-se às exigências do estômago, do instinto, da volúpia etc.

A dependência psíquica e física de qualquer entorpecente, tóxico ou droga (tabaco) redunda em obediência cega e inapelável ao vício.

Temos, portanto, dois aspectos a considerar: a obediência ao que é sublime e a obediência hierárquica, ou seja, aos dirigentes maçônicos.

A sublimidade da obediência consiste em obedecer espontaneamente, sem submissão constrangedora, mas por Fraternidade e amor. Quem ama a Deus obedece à sua vontade, sem que isso constitua diminuição alguma.

O primeiro dever do maçom é obedecer às ordens de seu Mestre; essa obediência não é irracional, mas consoante à razão; obedecer o conselho e a orientação não diminui; é um ato de inteligência.

4 de setembro

O OCULTISMO

Durante o século XVIII, o ocultismo teve acentuados progressos, pois iniciava-se, ocultamente, uma reação à doutrina da Igreja.

Nesse mundo de especulações, a Maçonaria foi atingida, pois a sua preocupação era encontrar nos rituais aquilo que estava oculto, usando para tanto os meios que a magia oferecia.

Embora empírica, a ciência do ocultismo dominou todos os setores do pensamento e da elite. Dos inúmeros ritos maçônicos que eram praticados, grande parte deles surgiu como sendo de "altos graus", e obviamente o ideal maçônico foi perturbado e esses ritos caíram em desuso.

A Maçonaria teve em Cagliostro o expoente máximo; a Igreja foi substituída pela nova fé, mas como o campo científico era suspeito, paulatinamente, já no século XIX, o ocultismo foi esmaecendo até restringir-se a grupos isolados.

Hoje, com o surgimento de novas ciências como a psicologia e a ainda experimental parapsicologia, o movimento ocultista passou para o plano esotérico e espiritual.

Com a evolução do comportamento e pensamento humanos, a razão está contribuindo para que nada permaneça oculto, da forma como desejavam os ocultistas do passado.

De certa forma, a Maçonaria permanece "oculta", e o maçom deve contribuir para prosseguir com essa "política".

5 de setembro

OFICINAS

Esse nome deriva das antigas associações e corporações dos artesãos.

Quando a Maçonaria era operativa, a oficina era o reduto de trabalho manual; posteriormente, esse trabalho passou a visar o bem-estar social; finalmente, o trabalho foi sublimado, sendo os materiais trabalhados os que compõem o próprio ser humano, sob todos os aspectos, inclusive com o "autoaperfeiçoamento".

As arestas produzidas pelos vícios, o maçom deve retirar de si mesmo, como as imperfeições, a desobediência e as omissões.

É um trabalho constante, de modo que a oficina maçônica está sempre em funcionamento.

A atividade do maçom não se restringe à frequência de sua Loja, uma vez por semana.

Todos os dias da semana são dias de trabalho e de oficina.

O trabalho é permanente; em Loja, o maçom comparece para "recarregar" as suas baterias gastas.

A comodidade e a preguiça são males a serem superados; o maçom está sempre em vigília e à espreita da oportunidade de auxiliar os seus Irmãos e a sociedade.

O pecado não está em "fazer", mas sim em "deixar de fazer".

O desleixo equivale ao atrofiamento.

A vida maçônica é intensa.

6 de setembro

"OLD CHARGES"

Traduz-se por "velhos preceitos". Atribui-se ao pesquisador James O. Haliwell, que não era maçom, no ano de 1839, ter encontrado no Museu Britânico um velho pergaminho em forma de livro; Haliwell, notando tratar-se de um raro pergaminho maçônico, deu-lhe publicidade, editando-o em 1840, com o título de *Manuscrito Régio*.

O *Manuscrito* compõe-se, em parte, de papéis encadernados formando livros e, em parte, em rolos de pergaminho; a data em que foi escrito não foi perfeitamente definida, mas deve ter sido em torno de 1390. É considerado, assim, o mais antigo documento existente.

Trata-se de um poema composto de 794 versos e inicia com a seguinte frase: "Aqui começam as Constituições da Arte da Geometria segundo Euclides".

Essas "preciosidades" ainda não foram publicadas no Brasil, todavia, existe no México um resumo no livro *As Fontes do Direito Maçônico*, de José Gonzales Ginório, cujos exemplares são de fácil aquisição.

Os pesquisadores maçônicos ingleses, todavia, estão se esforçando para encontrar novos documentos, mesmo com o auxílio dos arqueólogos, pois a Maçonaria não pode ter surgido somente no milênio em que nos encontramos.

Cada maçom deve esforçar-se nessas pesquisas e contribuir para que as suas Lojas formem bibliotecas para dar a todos oportunidade de conhecer a real história da Instituição.

7 de setembro

O OLHO

O Olho faz parte dos símbolos maçônicos e o vemos dentro da Loja, inserido no triângulo ou Delta Luminoso colocado sobre o trono do Venerável Mestre.

É símbolo da presença permanente de Deus, demonstrando a sua onisciência. Originou-se no Egito, que o usava representando Osíris; encontramo-lo na Índia representando Shiva.

Representa a divina vigilância, que observa e registra os atos do ser humano; observa o Sol na sua trajetória.

Encontramo-lo referido nas escrituras, no Salmo XXXIV, versículo 15: "Os olhos do Senhor repousam sobre os justos e os seus ouvidos estão abertos ao seu clamor".

Na Maçonaria usa-se apenas um olho; não há definição se direito ou esquerdo.

Em um sentido esotérico, trata-se do Terceiro Olho ou da terceira visão, que seria o Olho Espiritual, e não um órgão semelhante ao do ser humano.

Questiona-se a cor da pupila e o formato das pálpebras, se oriental ou ocidental; no Delta Luminoso as Lojas colocam o olho esquerdo, sem pálpebras e na cor escura.

Esse olho é, para o maçom, uma advertência: ele nada faz sem ser observado e assim pauta a sua vida pela retidão.

8 de setembro

A ORAÇÃO

Pode significar, derivando do latim *oratio,* discurso, ou a invocação dirigida à divindade, na forma de "prece", maçonicamente, durante a Iniciação são proferidas "orações" no seu duplo significado: o discurso do Orador e a prece do Venerável Mestre.

A Oração como prece, apesar de ser ato místico e religioso, em nada envolve aspectos doutrinários de proselitismo religioso.

Existem correntes que desejam "abolir" a prece nos rituais, sob o fundamento de que a Maçonaria não é religião.

A prece maçônica, porém, dirigida ao Grande Arquiteto do Universo, é mais um ato de veneração que súplica.

O maçom aceita a existência de Deus que, pela sua onisciência, está em toda parte, inclusive na Loja maçônica.

O discurso a Deus com o uso de fórmulas, cremos tenha pouco efeito, pois a oração não deve ser "recitada", mas deve vir do fundo do coração e da mente.

Palavras espontâneas, apropriadas para o momento, significam que são emitidas de forma inteligente.

Pelo poder de Deus, o homem, em sua pequenez, deve atrever-se a contatar em toda oportunidade.

A invocação nem sempre é laudatória, mas de agradecimento, pela vida e pela proteção recebidas.

9 de setembro

ORDEM MAÇÔNICA

Termo usado na França quando do surgimento da Maçonaria como instituição e seguindo o exemplo das demais ordens de cavalaria existentes entre a aristocracia.

A Maçonaria recebeu o nome de "Ordem dos Maçons" e, mais tarde, "Ordem Maçônica", também denominada de Arte Real.

O vocábulo deriva do latim: *Ordo, Ordinis,* significando "disposição", "regra", "disciplina".

O vocábulo, que é singular e feminino, forma inúmeros outros, como por exemplo: "desordem", "desordeiro", "ordeiro", "ordenação", "ordenança", "ordinário" etc.

A ordem maçônica significa uma Maçonaria organizada, em todos os sentidos.

A ordem maçônica é uma só; não se confunde com obediência maçônica, que diz respeito à autonomia de grupos maçônicos.

Na Maçonaria, tudo é "ordenado", ou seja, disposto e previsto, mercê de sua longa trajetória histórica.

Dentro de uma ordem, portanto, o maçom deve acompanhar o que é organizado, previsto e estabelecido, submisso, tolerante e paciente.

O maçom executa os trabalhos em Loja, obedecendo o cronograma ritualístico.

10 de setembro

ORDENS DE ARQUITETURA

Diz respeito às colunas e seus componentes; dentro de uma Loja de aprendizes são colocadas colunas das ordens dórica, Jônica e Coríntia; nas Lojas de companheiros são colocadas as colunas da ordem Toscana e compósita. De modo simples, as colunas são assim diferenciadas entre si:

A coluna ática, também denominada de quadrada, apresenta o seu fuste no formato de um paralelepípedo alongado.

A coluna gótica apresenta um feixe de pequenas colunas, tendo o capitel adornado com folhas de cardo.

A coluna rostrada apresenta ornamentos como os esporões de navio, denominados de rostros.

A coluna abalaustrada apresenta maior altura no capitel que na base.

A coluna ligada, ou meia-coluna, é a que vem inserida nos muros.

A coluna salomônica apresenta seu fuste em espiral.

Todas as colunas da ordem de arquitetura podem ser "soltas", isto é, sem que tenham nada para sustentar.

As duas colunas do átrio, "B" e "J", são soltas, as outras 12 são de apoio.

O maçom não deve esquecer que ele mesmo é uma coluna de apoio, e sobre essa coluna, a Loja encontra sustentação.

11 de setembro

ORIENTE

É do Oriente que nasce toda luz, nos vários aspectos astronômicos, esotéricos ou espirituais. O Sol surge do Oriente para dissipar a noite e se põe no Ocidente para, em sua aparente trajetória, iluminar o outro hemisfério; essa passagem de luminosidade marca a fração de Tempo denominada dia. O Sol não surge, exatamente, na mesma hora; de conformidade com as estações do ano, esse surgimento difere de segundos e minutos.

Oriente é o local onde se situa o Venerável Mestre com o seu trono, de onde comanda a Loja. Oriente significa orientação; cada ser humano possui o seu Oriente específico e individual, dentro de si mesmo ou na Natureza onde vive fisicamente, dela fazendo parte intrínseca.

A cidade onde está localizada uma Loja maçônica denomina-se Oriente. Para os cristãos, o salvador surgiu do Oriente, assim como o Sol "nasce" diariamente, a salvação surge diariamente, dando permanente oportunidade ao ser humano de harmonizar-se com o seu Criador.

A Maçonaria aceita que o maçom, após sua morte física, adentra em um Oriente Eterno, local místico, situado em outro plano, totalmente desconhecido.

No momento da "desencarnação", havendo lucidez, o maçom deve aguardar com ansiedade essa "passagem" de um estado de consciência para outro, mais real e mais sublime.

12 de setembro

ORLA DENTADA

Fisicamente, dentro do templo, existem duas orlas dentadas; trata-se de uma grega ou complemento no formato semelhante aos "dentes" de uma serra; uma é colocada ao redor do pavimento mosaico, que é um tapete com o formato de um quadrilongo colocado sob o Ara, no centro da câmara do meio, na parte ocidental do piso formado de quadriláteros brancos e negros.

A segunda orla dentada contorna, isoladamente, todo pavimento da Loja, no Oriente e no Ocidente. Essa orla pode ser em negro ou branco, de conformidade com o entendimento artístico do arquiteto da Loja.

A orla dentada representa a permanente união dos maçons. Os "dentes" simbolizam os planetas que gravitam no Cosmos ao redor do astro rei, bem como os Irmãos que com afeto estão ao redor de um Pai.

Cada "dente" tem o formato de um triângulo; essa orla dentada representa, também, o caminho a ser trilhado pelo maçom para dentro de si mesmo.

Os "dentes" das orlas equivalem aos "elos" da Cadeia de União.

Essa orla apresenta o vértice de seus triângulos para fora e a base "fundida" no mesmo plano, para dar estabilidade a cada maçom.

O formato dessa orla simboliza, outrossim, que o maçom deverá manter sólidas as suas bases.

As orlas fazem parte do ornamento da Loja.

Cada maçom deve lembrar que ele é um dos mais expressivos ornamentos da Loja.

13 de setembro

ORVALHO

No Salmo 133 vem referido o orvalho que desce do Monte Hermon; Jerusalém possui um território extremamente seco, onde as chuvas são escassas; frequentemente passam-se três anos sem chuvas, mas o orvalho que diariamente vem do Hermon significa a própria vida.

Usa-se o termo Orvalho para simbolizar o refrigério, a bondade divina que por meio da Natureza zela pelo bem-estar dos seres vivos.

A altitude do Monte Hermon é de 2.759 metros, sendo o pico mais elevado do Antelíbano, sobre o Mediterrâneo.

De suas geleiras descem filetes de água que formam o rio Jordão, que por sua vez alimenta o Mar Morto.

A água potável vem das imensas cisternas que acumulam as águas vindas das chuvas.

O salmo compara o amor entre os Irmãos com esse orvalho que constitui para o povo israelita uma bênção.

O maçom deve ler seguidamente esse salmo, porque encontrará para sua alma refrigério e consolação.

Na abertura da Loja de aprendizes é lido esse salmo, que serve de preparação para a liturgia.

"Oh! Quão bom e agradável é os Irmãos viverem em união!"

14 de setembro

O ÓSCULO

Deriva do latim, significando o *Os,* boca; traduz-se por "beijo", do latim *basiare* ou "tocar com os lábios".

Sendo os lábios uma parte muito sensível do corpo, cujo tato vem acentuado para a seleção dos alimentos, essa sensibilidade transforma-se em afeição,

Na Antiguidade, o beijo era trocado entre os familiares; mais tarde, significava honraria; é uma das expressões mais ativas do sexo.

Em alguns ritos maçônicos, subsiste o ósculo da Fraternidade, que é depositado pelo dirigente da cerimônia na fronte do Neófito.

A intenção do ósculo é "tocar" a mente, para apor-lhe o "selo místico". Beijar, maçonicamente, é "selar".

O beijo fraterno entre Irmãos, aqui no Brasil, proveio da Europa, onde os amigos saúdam-se por meio do ósculo; esse costume surgiu nos países árabes.

Socialmente, o ósculo é praticado em alta escala e demonstra afeto e carinho; sem qualquer malícia, é aposto nas faces.

O calor do aperto das mãos, o abraço e o ósculo são expressões comuns, que não escandalizam, mas estreitam uma amizade.

15 de setembro

O OURO

Metal puro, incorruptível, permanente, simbolizando a riqueza, a fidelidade e a eternidade.

Usado na atualidade como equilíbrio sólido da economia mundial, é lastro para a emissão de papel-moeda.

Sua pureza levou os artífices a usá-lo como adorno.

No Grande Templo de Salomão, o Ouro foi usado em abundância; os egípcios o usavam para adornar os túmulos e revestir as múmias.

Todos os povos, desde os Incas, os astecas, os asiáticos e os europeus usavam o Ouro como adorno pessoal e religioso.

A busca do Ouro é permanente e transformou-se em cobiça, causando males sem conta.

Na Maçonaria, um sem-número de símbolos e joias deveria ser confeccionado em Ouro, porém seu elevado custo fez com que fosse substituído pelo Bronze polido.

O Ouro é símbolo de nobreza; diz-se que os versos de Platão eram "versos áureos".

O maçom possui "coração de ouro", significando bondade, desprendimento, tolerância e amor ao próximo.

16 de setembro

A PACIÊNCIA

A Paciência é uma das virtudes que a Maçonaria cultiva, porque é irmã gêmea da tolerância.

A paciência significa o equilíbrio e o controle do dualismo.

O freio para o instinto, o fruto da meditação, o caminho da sabedoria.

O Obreiro maçom, para desbastar a pedra bruta, burilá-la e poli-la, deve revestir-se de paciência.

A Ordem Religiosa dos Beneditinos cultiva a paciência como virtude principal, conhecedores que ela é um "ponto de partida" para encontrar as demais virtudes.

A paciência conduz à perseverança, e essa à conquista do alvo planejado.

O maçom recém-admitido à Loja, para progredir, alcançar aumento de salário, buscar o Companheirismo e posteriormente o mestrado, deve pautar a sua conduta dentro da Loja com exemplar paciência.

Tudo o que é destinado ao homem é alcançado; a precipitação, o afoitamento, a pressa, são meios conturbadores.

Para viver uma provecta vida para a aproximação aos 100 anos de idade é necessário calma, serenidade e paciência; chega-se lá se a vida for conduzida de forma saudável, isenta de vícios e perturbações.

A paciência é o caminho mais curto para alcançar-se a paz.

17 de setembro

PADRINHO

O maçom que propõe um candidato à Iniciação transforma-se em Padrinho desse candidato, que logo após Iniciado assume a condição de Mestre.

Para a apresentação de um candidato por meio de uma proposta colocada na Bolsa das Proposições, o proponente deve possuir o Grau de Mestre Maçom.

A decisão de apresentar um candidato deve ser bem estudada e ter do candidato pleno conhecimento de seu viver, pois a Iniciação fará com que esse candidato passe a fazer parte da Família Maçônica.

A responsabilidade do proponente é moral; a sua leviandade porá em risco todo o grupo.

Por sua vez, as sindicâncias feitas devem ser rigorosas e só ser submetidas à aprovação quando realmente o sindicado resultar plenamente apto para ingressar no grupo.

Todo discípulo tem o seu Mestre; o padrinho passa a ser o Mestre "particular" do Neófito, e esse deve seguir os seus ensinamentos até que, por sua vez, atinja o mestrado e possa propor profanos e assim tomar o lugar de quem lhe foi Mestre.

Em uma cadeia sucessiva, o quadro de uma Loja amplia-se e constitui o núcleo da Ordem.

O maçom deve empenhar-se para que seu Mestre o Oriente; deve ser ativo e colocar as suas dúvidas para que sejam resolvidas.

18 de setembro

O PAINEL

A origem da palavra provém do espanhol, significando "pano", no sentido de "quadro", ou seja: "quadro de pano".

Nas Lojas Maçônicas, especialmente nas Simbólicas, cada um dos três Graus possui um painel próprio.

Hoje, esses Painéis são confeccionados com material rígido, em forma de quadro, medindo aproximadamente 50 x 80 centímetros, sem medidas exatas e rigorosas.

No início das reuniões maçônicas, o Painel era desenhado com giz ou carvão, diretamente sobre o piso da Loja.

Eram desenhados os principais símbolos do Grau. Encerrados os trabalhos, o painel era apagado.

Somente no final do século XVIII é que o painel passou a ser bordado no formato de um tapete, que, conservado "enrolado", só era desenrolado para a abertura da Loja.

Foi o pintor John Harris, em 1820, que desenhou os atuais Painéis, mantendo os desenhos tradicionais.

Alguns ritos, como o Schroeder, conservam os painéis na forma de tapetes a serem enrolados e desenrolados.

Na abertura dos trabalhos, o painel é colocado defronte ao Ara, para simbolizar que permanecem vivos os símbolos que orientam os trabalhos.

19 de setembro

A PAIXÃO

A Paixão é um sentimento da alma que tende ao exagero. Esse sentimento é de difícil controle, pois exige muito equilíbrio para mantê-lo.

O "Sinal Gutural" do Grau de Aprendiz equilibra não só as paixões como as emoções.

A paixão surge de uma forte emoção instantânea, dirigida para algum interesse, podendo ser amor, ódio, dedicação, abnegação ou negação.

Diz-se paixão o sofrimento acentuado. Toda paixão, extremada ou não, contém em si o exagero.

A paixão pode ser duradoura ou instantânea; da mesma forma que surge, desaparece.

A Maçonaria zela para que as Paixões sejam controladas, em especial durante as suas reuniões, quando os obreiros têm o direito da palavra; sem um controle rígido, o discurso descamba e ofende, revelando desamor e maldade.

O maçom não pode se deixar vencer; cumpre evitar, se não souber controlar o discurso, que fale em Loja. Deve haver uma autodisciplina.

Acontecem casos dolorosos com frequência, o que é lamentável, tudo porque a reunião não foi prudentemente conduzida.

Quem ama a seu irmão jamais terá uma palavra áspera contra ele.

O maçom deve estar atento e não se deixar vencer pela paixão.

20 de setembro

A PALAVRA

Provém do latim *parabola* ou *parola,* expressão vocal formada de sons. Há a Palavra oral e a escrita; porém, no sentido lato, entende-se como discurso, como reunião de vocábulos para expressar uma ideia, um pensamento, um conceito.

É denominada de "logos" e de "verbo". O uso da Palavra deve ser equilibrado e consciente, porque ao sair da garganta, emitindo sons, transforma-se em matéria, e como tal ecoa no Cosmos por uma eternidade.

A Palavra apresenta várias modalidades, a saber:

Palavra Coberta é a palavra oculta, em alguns Graus.

Palavra a Bem da Ordem e do Quadro em Particular, circula em todas as sessões, pela ordem, sem possibilidade de retorno.

Palavra de Passe – trata-se da palavra que acompanha os atos de reconhecimento.

Palavra Perdida – a lenda de Hiram Abiff descreve a existência de uma palavra inefável e sagrada que conteria uma "chave misteriosa" e que foi perdida.

Palavra Sagrada, de cada Grau Maçônico.

Palavra Semestral, a senha que o Grão-Mestre fornece Semestralmente para entrar em comunhão com os seus jurisdicionados.

O maçom deve "medir" as palavras com que deseja expressar-se, usando a Régua das 24 Polegadas.

21 de setembro

PARAMENTOS

No ano de 1782 foram estabelecidos, na Maçonaria Inglesa, os símbolos máximos que deveriam ser colocados sobre o Altar e que passaram a denominar-se "Paramentos": o Livro Sagrado, o Esquadro e o Compasso, esses denominados de Grandes Luzes da Loja.

O Livro Sagrado, também denominado de Livro da Lei, representa o Código Sagrado e Moral que deve ser seguido e respeitado. O esquadro e o compasso unidos simbolizam a medida justa que orienta todas as ações dos maçons, representando a Justiça e a Retidão. O Livro Sagrado é dedicado a Deus; o esquadro ao Venerável Mestre e o Compasso à Fraternidade.

A Bíblia representa a sabedoria de Salomão; o esquadro, a amizade do rei de Tiro, Hirão; e o compasso, a perícia de Hiram Abiff.

Sobre o Altar não são admitidos outros símbolos; o Livro Sagrado, o esquadro e o compasso, em certo momento da Liturgia, "fundem-se" em um só símbolo, significando a Retidão e a Justiça obtidos por meio da Palavra.

O Altar é a parte espiritual da Loja; dele surge a Egrégora, que é o corpo místico da Loja, um "ser" diáfano, etéreo, formado pelas mentes de todos os presentes.

O maçom, por ocasião da abertura do Livro Sagrado, deve manter-se em meditação para usufruir do poder da leitura.

Pelo órgão auditivo, a leitura adentra e atinge o Templo Espiritual.

22 de setembro

PAVIMENTO DE MOSAICOS

Dentro do Templo, sob o Altar, vem colocado um "tapete" ou pavimento formado de ladrilhos quadriláteros, alternados em branco e negro. O significado simbólico compreende várias interpretações, sendo a mais comum a mistura das raças, das condições sociais, do dualismo em todos os aspectos exotéricos e esotéricos. A alternância dos mosaicos representa o "Estandarte" dos Templários; a Cadeia de União, a união fraterna dos Irmãos.

Pavimento de Mosaicos ou simplesmente pavimento mosaico passa a ser um símbolo de relevante importância, uma vez que não há Loja que não o confeccione; a rigor, todo o piso da Loja deveria ser ladrilhado com alternância do branco e negro; por comodidade e economia, é feito apenas um símbolo e colocado na parte central e nobre.

Os Irmãos das suas colunas observam frontalmente esse pavimento para ter sempre presente o simbolismo do dualismo.

O dualismo impõe uma escolha; não se pode abarcar ao mesmo Tempo a presença e a ausência, o dia e a noite, enfim, o dualismo que está em toda parte.

Fixando-se o Pavimento, descobre-se que inexistem cores; o negro é a ausência absoluta da cor; o branco é a sua polarização; isso ensina que o maçom não deve buscar o "colorido" além da fixação para o piso, mas sim erguer os olhos para contemplar a Natureza Colorida.

O maçom atento, curioso e observador está sempre aprendendo, indo à sua Loja.

23 de setembro

PEDRA

A pedra é a expressão do Reino Mineral que se apresenta sob múltiplas formas; extremamente dura e rígida, extremamente branda, como o talco e o amianto.

Em Maçonaria, a Pedra é dura como o granito, pois é pedra de alicerce.

Desde os tempos imemoriais, a pedra tem sido o símbolo do homem rústico que necessita ser "burilado".

Por mais preciosa que seja uma pedra, mesmo um diamante, no seu estado natural não pode ser aproveitada; Jesus referiu-se à pedra quando designou Simão Pedro como sendo a pedra que estabeleceria o Cristianismo como organização, como Igreja, denominando-se a si mesmo pedra angular, ou seja, a pedra principal do alicerce de um templo.

O Neófito ou Aprendiz maçom é pedra bruta, cujas arestas devem ser removidas; trata-se de uma autorremoção, pois quem maneja os instrumentos para o aperfeiçoamento até a transformação da pedra informe em quadrado perfeito é o próprio maçom, que se desbasta executando a grande obra, orientado pelo seu Mestre.

A pedra pode servir para a construção como para "tropeço", quando no caminho perturba quem passa.

O maçom, por ser pedra, deve estar atento para que não se transforme em tropeço para o próximo.

24 de setembro

A PEDRA BRUTA

A Pedra Bruta é o símbolo do Aprendiz maçom, como o é de todo o homem; diz-se quando um homem é rústico, ignorante e mal-educado que não passa de uma pedra bruta.

Na Maçonaria, a pedra bruta é um símbolo que representa a necessidade do esquadrejamento, ou seja, do desbastamento das arestas dessa pedra bruta, que ocorre com paciência e com o decurso do Tempo, ser estabelecido até ver essa pedra transformada em pedra burilada.

Queiramos ou não, frequentemente temos a necessidade de retirar de nós alguma aresta que permaneceu oculta; na realidade, o homem sempre será "pedra", como o fora São Pedro, destinado a construir a organização da Igreja.

O perigo constante para nós é que não recaiamos quando já pedras polidas, surgindo arestas imprevistas que ferem todos os que contatam conosco.

No dia a dia, nosso dever será procurar em nós essas arestas e suprimi-las.

Se somos pedra, também seremos alicerces, adornos, enfim, construção; mantenhamo-nos alertas para que todos nos vejam como pedra burilada, interna e externamente.

25 de setembro

PEIXE

Não é símbolo maçônico; sendo um dos símbolos do zodíaco, nas Lojas Maçônicas vem colocado no topo de uma as 12 colunas do Templo.

No Cristianismo é símbolo de Jesus, o Cristo. Esse símbolo foi usado desde o início do Cristianismo. Encontramo-lo nas lápides existentes nas catacumbas de Roma. Foi adotado porque simboliza o peixe que saiu das águas; água simboliza multidão; portanto, o peixe que saiu da multidão para a salvação dos homens.

Em grego é *ichthys;* os cristãos colocavam nas lápides, além da figura de um peixe, também a inscrição em grego, cujas letras formavam a frase *Issús Christós Théos Yman Sóter,* significando: "Jesus Cristo, Deus, Nosso Salvador".

Os católicos romanos veneram a sexta-feira em homenagem ao Cristo (Sexta-feira da Paixão), recomendando a abolição da carne (vacum e aves) como alimento, recomendando o uso do peixe.

Simboliza a hóstia; a refeição das sextas-feiras recorda a presença de Jesus na Terra.

Na Maçonaria não há jejum, nem restrição quanto aos alimentos.
O maçom, todavia, deve ser temperante.

26 de setembro

O PELICANO

O Pelicano é uma ave aquática, originária do Oriente e que se alimenta de peixes, moluscos, mariscos etc.

É símbolo maçônico do 18° Grau (Príncipe Rosa-Cruz), representado com as asas abertas, bico junto ao peito e uma ninhada de filhotes sob os seus pés, em um ninho.

Antigamente, acreditava-se que essa ave, quando não encontrava alimento, retirava com o aguçado bico, de seu próprio peito, pedaços de carne para alimentar os filhotes.

Essa lenda, posteriormente, foi desmentida, pois o fato de o pelicano comprimir o próprio peito tem origem na necessidade de expelir o próprio alimento já fermentado do estômago, regurgitando-o na boca dos filhotes.

Foi tomado como símbolo do amor paterno, da abnegação e do zelo.

É citado nos evangelhos como o ser deslocado do seu hábitat: "O pelicano no deserto", o que seria absurdo, face ser uma ave aquática.

Esse "deslocamento" para um local onde a ave não subsistiria é referido como exemplo de falta de hospitalidade, de alguém estar em local errado.

O maçom deve encontrar-se, sempre, nos locais mais adequados para poder servir ao seu próximo.

27 de setembro

O PENSAMENTO

É a parte esotérica do ser humano. O Pensamento não é um órgão visível, palpável, que possa ser dissecado e observado em microscópio.

Diz-se que se situa no cérebro, porém, cientificamente, nada foi comprovado. Pode-se pensar com o coração ou com todo o corpo; não há um lugar definido para ele.

É a prova da existência de um mistério da vida.

O pensamento não tem dimensões e se desloca com velocidade que não pode ser medida.

Em uma fração de Tempo, a mínima que se possa conceber, o pensamento vai até o Sol, ao Cosmos ou ao infinito, e retorna.

Descartes já dizia: *Cogito ergo sum*, "Penso, logo sou".

É uma das provas da existência da espiritualidade, da mística, da eternidade.

O pensamento atua sobre todo o corpo humano, e o maçom precisa exercitar-se usando seu pensamento para coisas elevadas.

A telepatia e a transmissão do pensamento são fenômenos; paranormais que, se buscados, podem ser encontrados.

O pensamento positivo dá energia, segurança e vitória nos empreendimentos.

Pensar alto é discursar, "materializar" o pensamento.

28 de setembro

O PENTAGRAMA

É um termo grego: *pente,* significando "cinco"; *grama,* significando "sinal"; traduz-se por "sinal de cinco pontas".

É um polígono de cinco pontas, ou seja, a figura geométrica que possui cinco pontas, configurando a Estrela.

Representa o próprio homem, de braços e pernas abertas, porém ausente a "sexta ponta", que é o membro viril, encontrado na Estrela de Seis Pontas, denominada "Hexagrama", conhecida como Estrela de Davi ou Sêlo de Salomão.

O Pentagrama é conhecido como a Estrela dos Magos.

No Segundo Grau, de Companheiro, é usado o Pentagrama como símbolo e vem colocado sobre o trono do Segundo Vigilante.

Quando de suas hastes se desprendem "chamas", o pentagrama denomina-se de "Estrela Flamígera".

Essa estrela simboliza um guia para o caminho que conduz ao templo, fixando a rota e iluminando o sendeiro.

À noite, esse luminar substitui o Sol.

O maçom vê no Pentagrama a si mesmo dominando os impulsos da carne.

29 de setembro

A PERCEPÇÃO

É a união dos objetos exteriores com a sua identificação espiritual.

O órgão visual percebe os objetos e transmite para o cérebro a sua forma; a mente elabora e compreende, tornando-os familiares a ponto de, com o hábito, a "operação" tornar-se rotina.

A Percepção não é apenas obtida pelo sentido da visão, mas por todos os demais sentidos do corpo.

Ao aproximarmos da pele um ferro incandescente, sentiremos de imediato o calor, "percebendo" que estamos prestes a sofrer uma queimadura.

Afora os cinco sentidos do corpo, existem, de forma paralela, os sentidos espirituais, como a "Terceira Visão".

O ser humano percebe pelos seus sentidos espirituais o que escapa à percepção comum.

Podem-se perceber por meio do conhecimento objetos que não estão ao nosso alcance, tantos os que existiam no passado como os do futuro.

Confunde-se a percepção com a "sensibilidade"; o ser humano que desenvolve a sua sensibilidade é capaz de perceber o que é oculto, misterioso e espiritual.

Pode-se afirmar que o "sensitivo" possui a percepção esotericamente desenvolvida.

O "laboratório" propício ao desenvolvimento da sensibilidade, dentro da Loja Maçônica, é a Cadeia de União.

30 de setembro

O PERDÃO

Perdoar é esquecer uma agressão; contudo, em Maçonaria, substitui-se essa Virtude pela da Tolerância, que é a compreensão elevada sobre o ato agressivo.

Quem "tolera" não se acovarda, nem deixa de se sensibilizar, porém compreende que o agressor obedeceu a impulsos que não conseguiu controlar, como a paixão e a emoção.

As "Posturas" maçônicas disciplinam esse controle, e, por esse motivo, torna-se viável para o maçom a prática da Tolerância.

Perdoar *(per* e *doar)* significa dar-se a si mesmo.

Quando algum animal enfurecido nos ataca, basta um olhar amoroso, um gesto carinhoso para conquistá-lo.

Quem agride espera reação, para então levar avante a agressão; a agressão não correspondida desarma o agressor.

A reação amorosa é fruto de uma disciplina, ou seja, de um exercício que o maçom aprende nas sessões da sua Loja.

O Perdão, quase sempre, é uma ação posterior à agressão, quando ele deveria ser imediato.

Não confunda Tolerância e Perdão com Covardia; ao contrário, é preciso muita coragem para enfrentar o agressor com armas tão frágeis e diferentes. O impulso de perdoar revela um caráter bem formado.

1º de outubro

PERFEIÇÃO

O símbolo que representa a Perfeição é o Círculo construído com o Compasso.

Diz-se que a Maçonaria é uma escola de perfeição buscando o aperfeiçoamento do homem.

O ser humano foi constituído perfeito, porque é obra da Divindade.

Somente Deus cria tudo Justo e Perfeito.

As forças negativas, que as religiões chamam de Diabo, Satanás, Demônio etc., atuando sobre o ser humano, abalam essa perfeição, daí o surgimento dos males.

Os dez primeiros Graus da Maçonaria Filosófica, denominados graus Inefáveis, constituem a Loja da Perfeição.

Jocosamente, quando alguma mulher pergunta por que a Maçonaria não aceita em seu seio a mulher, a resposta é que, sendo a Maçonaria uma Escola de Perfeição e tendo a mulher já nascido perfeita, dela não necessita.

A Maçonaria é uma instituição humana, logo seria um absurdo se ela pretendesse abrigar em seu seio unicamente homens perfeitos.

Talvez o que pretendemos seja perfeito contenha elementos desconhecidos, fora do nosso alcance humano.

Todavia, o ser espiritual, que é eterno, esse é perfeito.

Busque o maçom espiritualizar-se e descobrirá em si a perfeição.

2 de outubro

O PERFUME

Desconhece-se a origem do Perfume, que é toda substância aromática; nem sempre o seu aroma agrada a todos; de conformidade com os costumes e sensibilidade dos povos, o perfume pode ser acre, doce, seco, forte ou ameno.

Os melhores perfumes extraem-se das glândulas dos animais, que emitem odores tão acres e tão fortes que em sua concentração tornam-se repelentes, mas que destilados e manejados pela "arte do perfumador", transformam-se em odor atraente.

Dentro do Grande Templo de Salomão existia o Altar dos Perfumes, que não se confundia com o Altar da queima do incenso.

As abluções para entrar em um templo, na Antiguidade, constituíam na lavagem das mãos e pés em água perfumada; o próprio Mar de Bronze do Templo de Salomão continha água perfumada.

No Ritual Maçônico, quando o Neófito imerge suas mãos no "Mar de Bronze", nele há água perfumada.

Hoje, a tendência de perfumar-se é própria da mulher; no passado, esse hábito era exclusivo dos homens.

Um ambiente perfumado conduz à meditação, seja o perfume emanado de um defumador, seja de essência apropriada.

O perfume dá a sensação de frescura, limpeza e enlevo.

3 de outubro

O PERIGO

Em todas as provas determinadas pela liturgia da Iniciação, o candidato é advertido de que enfrentará "Perigos"; essa prática vem de todos os ritos iniciáticos, em especial da Antiguidade.

O iniciando deveria ser, sobretudo, herói, valente e corajoso, tanto para enfrentar as provas físicas como as intelectuais e psicológicas.

O perigo provoca uma série de reações; o organismo humano extrai de suas glândulas substâncias químicas como a adrenalina, que suprem as forças necessárias para uma reação.

De outro lado, há o instinto que se manifesta como legítima defesa e dá legitimidade à reação.

O perigo provoca o "alerta" para que o atingido possa prevenir, reagir ou escapar de uma situação incômoda.

Em Maçonaria, esse "perigo iniciático" é simbólico, como todo maçom sabe.

Na realidade, o perigo está na própria pessoa quando não controla as suas emoções e paixões.

O pior perigo do homem é o próprio homem.

O maçom previne o perigo, revestindo-se da couraça do conhecimento e da vigilância.

O perigo está presente em toda parte, ainda mais nos atuais dias de violência; a prudência deve acompanhar o maçom em todas as situações.

4 de outubro

O PERJÚRIO

É a quebra de um juramento.

A Maçonaria, de modo prosaico, ameaça com os mais cruéis castigos aquele que desonrar o seu juramento.

O Perjúrio é de difícil constatação, pois não envolve assuntos relevantes.

O Perjúrio pode ser banido da Ordem; contudo, isso nunca aconteceu porque os juramentos prestados não passam de atos iniciáticos que cessaram junto com o cerimonial.

Na realidade, porém, o maçom a todo momento falta aos "compromissos assumidos", como o principal, de amar o seu irmão.

A assistência que o maçom deve dar à sua Loja deveria ser plena e sem reserva; no entanto, o que se vê é a displicência e o desinteresse.

Triste é constatarmos que o maçom da atualidade não é aquele Iniciado em que a Ordem depositou sua confiança e esperança.

Oxalá todo maçom pudesse deter-se em um momento para meditar a respeito de sua atuação e do seu comportamento.

É tão simples ser cordato, amistoso e fraterno!

O mais difícil dos compromissos a serem cumpridos, sem dúvida, é a tolerância!

Ela é o caminho mais curto para o extravasamento do amor fraterno.

5 de outubro

A PERPENDICULAR

A posição vertical ou perpendicular representa o ser humano hígido, de pé e ativo; é a reta que ascende para o reino dos céus; é a escada de Jacó, que na sua verticalidade rompe as nuvens do firmamento.

A perpendicular tem a sua representação no Prumo, que é a joia do Segundo Vigilante e é medida de retidão; o aparelho é formado com um fio a Prumo que, preso em uma extremidade superior, desce esticado, porque no seu extremo inferior está preso a um peso.

A distância das extremidades à parede mede com precisão a perpendicular que, assim, permite a elevação de um muro ou de uma parede sem qualquer desvio.

O Prumo é o emblema da retidão, da verdade e do equilíbrio.

"Estar a Prumo" significa estar em forma correta e precisa em qualquer posição na vida, quer familiar, profissional ou fraternal.

O Prumo exprime a Justiça, a Fortaleza, a Prudência e a Temperança.

Nós todos, maçons, devemos estar constantemente a Prumo porque isso nos trará segurança.

Quem mantém na Loja uma postura correta, diz-se que está a Prumo e com isso participará de forma admirável do cerimonial do ritual.

A horizontalidade é o lugar comum; a perpendicularidade é a exceção.

6 de outubro

A PERSONALIDADE

A *persona*, ou seja, a pessoa, possui características individuais que a tornam um ser diferente de outro ser, sem que seja preciso um maior conhecimento, uma ilustração acurada, um curso universitário.

A Personalidade nasce com o ser humano e o caracteriza. A educação moderna deixa a criança desenvolver-se ao natural, sem coação; como exemplo, podemos citar crianças que têm a mão esquerda desenvolvida, com ela aprendendo a escrever, desenhar e manejar instrumentos; insistindo, a criança pode deixar de utilizar a mão esquerda e atuar como os demais colegas, porém isso mais tarde se refletirá na personalidade.

São as tendências naturais que devem desenvolver-se normalmente.

O maçom atuará sobre os seus Irmãos, demonstrando a sua personalidade, que deve ser respeitada; no campo psicológico, a personalidade revela as tendências familiares; no campo esotérico, cada um de nós possui uma personalidade psicológica; é necessário encontrar a causa desses conflitos para que a vida corra normal e feliz. A Maçonaria, por meio de seus atos litúrgicos, vem em auxílio, por meio da meditação e da influência vibratória coletiva.

Pode-se afirmar que a Maçonaria é um laboratório que amolda e aperfeiçoa a personalidade dos seus filiados.

7 de outubro

PESQUISAS

A pesquisa envolve o trabalho pertinaz em busca de elementos para esclarecer fatos do passado.

A arqueologia não passa de uma ciência pesquisadora. Muitos escritores maçons têm-se dedicado a pesquisar, nas bibliotecas e museus europeus, documentos que possam revelar fatos desconhecidos maçônicos dos séculos passados.

Em nosso país, os fatos maçônicos têm ligações exclusivas com os movimentos libertários, e nossos bons escritores já vasculharam museus e bibliotecas. Resta-nos encontrar os primeiros passos de como nos chegou a Arte Real, se por meio dos ingleses com o mercantilismo, ou mais tarde, com a chegada de D. João VI, em cuja corte, certamente, chegaram maçons ingleses e franceses.

Esse aspecto permanece obscuro.

O sociólogo Gilberto Freire nos deixou algo de curioso ao tentar erguer o véu que cobre esse aspecto, ainda oculto.

Faz-se necessário que os nossos pesquisadores maçons atuem com pertinácia e ousadia.

Cada maçom deveria de*per si* transformar-se em pesquisador para iluminar um pouco mais as densas trevas do passado maçônico Brasileiro.

8 de outubro

A POBREZA

A pobreza não pode ser confundida com a miséria; o vocábulo *pobre* significa "falta" e "ausência".

Será pobre de espírito aquele que negar qualquer posse, atribuindo-a a Deus.

Disse o Divino Mestre que o pobre de espírito herdará o Reino dos Céus.

A pobreza pode ser considerada em qualquer sentido: de riquezas, de saúde, de inteligência.

Os Templários faziam voto de pobreza, no sentido de não admitirem qualquer posse e não no sentido de penúria.

A negação da posse empobrece e enleva a personalidade; basta que o maçom aceite nada possuir, nada do que ele tem é dele, nenhum bem possui, uma vez que tudo pertence a Deus.

A pobreza, no sentido específico da humildade, é uma virtude recomendada pela Maçonaria.

Os bens materiais são os que enferrujam e que a traça consome; ao morrermos, nada levaremos para a outra vida, senão o espírito e talvez o conhecimento.

O maçom deve preocupar-se em adquirir bens intelectuais e morais, que são permanentes, ou seja, eternos.

9 de outubro

O PONTO

Do latim *punctum*, significando "picada", que seria a menor cirurgia praticada no corpo humano.

O Ponto simboliza um espaço mínimo, o nascimento e o princípio de todas as coisas.

O Ponto Geométrico de uma Loja maçônica é encontrado traçando duas diagonais, abrangendo o Oriente e o Ocidente; na intersecção encontrada, ali será colocado o Ara Sagrado (Altar) sobre o qual serão apostos o Livro Sagrado, o Esquadro e o Compasso.

O Círculo, para ser traçado pelo Compasso, deve apoiar-se em um ponto; e esse ponto representa o Sol; o Círculo, o Cosmos.

Os Pontos Cardeais situam-se nos quatro lados do paralelogramo formado pelo piso de uma Loja maçônica, que representa a microimagem do Universo.

Os Pontos Cardeais são: Norte, Sul, Leste e Oeste, que na Loja tomam outra nomenclatura; Oriente, Ocidente, Setentrião e Zênite.

Como intermediário, é fixado outro ponto, denominado meio-dia.

O ser humano é um ponto no Universo.

O ponto, por sua vez, é a concentração da matéria; basta observar pelo microscópio eletrônico um ponto e notar-se-ão múltiplos pontos que o compõem.

O ponto é a expressão máxima da humildade.

10 de outubro

PORTA

Um Templo Maçônico possui apenas a Porta de entrada colocada na parte ocidental da Loja; essa Porta permanece constantemente vigiada por dentro pelo Cobridor Interno e, do lado de fora, pelo Cobridor Externo.

Quando a Loja está em recesso, a porta permanece fechada; somente é aberta para as reuniões nos horários estabelecidos; abre-se para que os Irmãos entrem e saiam, portanto é aberta unicamente duas vezes.

Durante o cerimonial de Iniciação, a porta é aberta mais uma vez para o ingresso do iniciando; todavia, o certo seria que houvesse desde a Câmara das Reflexões até o interior do Templo, uma passagem direta.

Diz-se que a Loja está a coberto quando a porta estiver fechada, isso no sentido material; "estar a coberto" significa, porém, que no Templo está presente o Grande Arquiteto do Universo, com seu poder protetor que a todos "cobre".

O mês de Janeiro, derivado de Janus, o poderoso deus da Mitologia, significa "porta"; janeiro é a porta do ano.

No sentido espiritual, Jesus, o Cristo, foi considerado, porque assim se autodenominava, a "porta", significando que somente por ele o ser humano alcança o Pai, ou seja, o Reino dos Céus.

A Maçonaria Cristã admite a presença de Jesus, em todos os sentidos: histórico, espiritual e pessoal.

A mente humana é a porta para os mistérios da Natureza.

11 de outubro

PRANA

Em sânscrito significa "sopro divino"; dentro do Templo Maçônico, face o surgimento da Egrégora, o ar que circula passa a ser Prana, que é aspirado durante a formação da Cadeia de União, profunda e compassadamente, pois penetrando nos pulmões o purifica.

Quando da formação da Cadeia de União, o Venerável Mestre exercita os Irmãos, fazendo-os respirar uniformemente. E ordena: "respirar" e "expirar"; esse exercício é repetido algumas vezes até a respiração de todos os elos mostrar-se compassada.

Dentro do círculo, forma-se na circunferência uma camada espiritual que beneficia a todos.

É a transformação do ar em prana.

O maçom, no recesso de seu lar, pode obter o prana entregando-se à meditação e pensando fortemente que o ar que expele e aspira lhe beneficiará ao adentrar em seus pulmões.

Essas práticas são salutares, pois beneficiam o organismo.

Sempre que se pratica algo, o pensamento deve acompanhar para, assim, obter o melhor.

O ar que circula no templo, dentro do cerimonial, impregnado pelo perfume do incenso, vibrando com o fundo musical, aos poucos resultará imantado e circulando por dentro de cada irmão.

São as benesses que a Maçonaria propicia.

12 de outubro

A PRECE

A Prece é o contato entre criatura e Criador.

Pela onisciência de Deus, obviamente, o Criador está constantemente em contato com a criatura.

Se cada um de nós tivesse a consciência desse contato permanente, seria desnecessária a prece.

No entanto, nós nos damos conta disso somente quando a necessidade bate à nossa porta e então, desesperados, suplicamos a presença de Deus.

Sabedor dessa fraqueza humana, o Criador previa a atitude da criatura e então deleita-se em ouvi-la suplicar.

A mente humana, pelo seu potencial misterioso e desconhecido, pode perfeitamente "alcançar" onde Deus está.

Não faz mal que nisso haja criatividade e imaginação; na realidade, todos nós, de vez em quando, nos colocamos diante de Deus e lhe pedimos o que desejamos.

O pedido não tem limite; pode ser vaidoso, egoísta e absolutamente inapropriado; porém, o fato de suplicar já alivia a pessoa; a resposta chega à mente instantaneamente, com a mesma velocidade com que partiu.

Por não ser religião, a Maçonaria não cuida desses mistérios; no entanto, o maçom, como criatura humana, ressente-se desse auxílio.

A prece feita em templo, silenciosa e isoladamente, tem o mesmo efeito que aquela feita em alguma igreja.

13 de outubro

A PREDIÇÃO

Antecipar ou prever resultados de um ato e anunciar as suas consequências. Prediz-se o Tempo, o movimento dos astros, o fluxo das marés, a abundância das colheitas, o curso da enfermidade, a evolução dos acontecimentos, o êxito dos negócios, a consequência de nossos atos, a utilidade dos conhecimentos que adquirimos, o bem e o mal que nos conduzem em cada passo que damos e finalmente os prováveis efeitos de tudo o que fazemos e que deixamos de fazer.

A predição pode ser resultado do manejo de dados científicos, especialmente por meio de um computador; pode ser a coleta de opiniões mediante pesquisas de grupos; uma análise dos fatores econômicos para fixar um índice inflacionário, enfim, o cotejo de dados seguros por meio de estudos comparativos.

Porém, a predição pode ser o resultado de uma qualidade inata, uma espécie de dom, próprio de pessoas sensíveis; desse dom, todos nós possuímos alguma parcela que pode ampliar-se por meio do exercício.

O maçom, por ter a oportunidade de aperfeiçoar-se, dentro da ritualística maçônica, pode, com mais facilidade que os profanos, adquirir esse dom e fazer "previsões".

Querer é poder; cada um de nós possui os materiais necessários para a vitória; basta querer.

A premonição pode ser alcançada; deve haver pertinácia e vontade.

14 de outubro

PROFANAR

Do latim *pro*, frente, e *fanum*, templo, significando o que está fora do templo; é a agressão às coisas que consideramos sagradas.

Um templo, antes de nele processarem-se os atos litúrgicos, é consagrado por meio de cerimônia específica pela autoridade maior maçônica.

O recinto, mesmo desocupado, mantém os símbolos e as vibrações.

Dentro do templo, encerrados os trabalhos, os maçons devem continuar em silêncio e respeito, até saírem pela ordem estabelecida, retirando-se em primeiro lugar o Venerável Mestre e depois, obedecida a ordem hierárquica, as demais luzes e oficiais, seguidos pelos mestres, companheiros e aprendizes.

O templo poderá ser usado para assuntos "paramaçônicos" ou profanos, porém mantido o respeito.

Nenhuma reunião poderá prescindir da presença do representante da Loja, que será o guardião da veneração.

O maçom possui seu templo interior, obviamente consagrado, onde os atos litúrgicos repetem-se com mair amplitude e energia.

Consciente disso, o corpo humano passa a ser sagrado, merecendo todo o respeito; a mente do maçom, consagrada ao Grande Arquiteto do Universo, estará dominando todo momento e assim, o comportamento social, familiar e místico terá a sublimidade inata à condição espiritual maçônica.

Em todas as religiões, o corpo do homem é templo de Deus.

15 de outubro

PROFECIA

É a predição do futuro; os antigos oráculos eram presididos pelas pitonisas que prediziam o futuro, isto é, o que estaria por acontecer dentro de um prazo limitado.

As profecias bíblicas dizem respeito a um futuro aleatório, distante.

O estudo dessas profecias tem dado margem a interpretações conflitantes, pois com o passar dos séculos, uma profecia pode ter sido concretizada. As maiores profecias dizem respeito ao "final dos tempos", porém, recebidas com reserva porque o ser humano, sendo espiritualmente eterno, protela esse final.

Nostradamus surgiu há dois séculos e é até hoje, muito discutido e estudado.

A futurologia permanece um mistério, entre coincidências e fatos previsíveis.

O estudo das profecias contidas nas sagradas escrituras, em especial as do Novo Testamento, levam frequentemente, por intermédio de religiosos fanáticos, a desastres sociais.

A profecia subsiste; ela está escrita e à disposição de todos, porém a sua interpretação não merece, em especial em nossos dias, qualquer credibilidade.

O maçom deve conscientizar-se de que seu futuro está escrito para o benefício e não para o sofrimento; nada deve temer porque o futuro pertence a Deus.

16 de outubro

PROGRAMAS

A vida moderna exige que os atos individuais e públicos, grupais ou econômicos, sejam programados.

Hoje, a ciência conta com o computador que é o aparelho eletrônico eficiente para as programações.

Qualquer entidade, religiosa, cultural, recreativa, científica, etc. deve programar as suas atividades, para evitar o caos.

A Maçonaria nada faz sem prévia programação; dentro dos trabalhos modestos de uma Loja Maçônica, o Venerável Mestre somente terá êxito na sua gestão se programar os seus trabalhos; essa programação apresenta partes distintas: programação de sua gestão, que poderá ser anual, consoante o período para que foi eleito, ou abrangendo dois ou mais anos; poderá ser mensal ou semanal, considerando que cada sessão deve obedecer uma programação específica.

Diante dessa prática, o maçom, por sua vez, como reflexo eficaz, deverá programar a sua vida familiar, profissional e espiritual.

Toda programação obedece a experiências passadas, a dos mais capazes e a previsão do que possa advir.

17 de outubro

O PROGRESSO

O vocábulo, que é de origem latina, significa "marcha para a frente".

O Progresso pode ser sinônimo de evolução, apesar de evolução referir-se aos elementos espirituais.

O Progresso visa mais a parte material.

O Binômio "Ordem e Progresso", inserido no Pavilhão Nacional, é de origem positivista, refletindo uma situação material. De nada adiantará progredir no campo material se, paralelamente, não houver evolução espiritual.

Progredir significa avançar, com denodo, pertinácia e vontade.

É inato o impulso que cada maçom possui de avançar, seja no conhecimento, seja no bem-estar da vida.

O Progresso é uma determinação divina.

O "crescei e multiplicai-vos" bíblico não passa de uma ordem progressiva.

A estabilização em um posto, em uma cultura ou em uma crença é nociva, uma vez que tudo progride ao natural.

É preciso que o maçom cultive a vontade de ir além, de subir, de progredir em qualquer situação.

Somente vencerá aquele que compreender que a vida é uma escada progressiva e que cada grau que se vence levará a situações diferentes, mas sempre vantajosas.

18 de outubro

O PROPONENTE

Diz-se assim do maçom possuidor do Grau de Mestre que "propõe" à Loja o nome de um profano para, depois de sindicado, ser Iniciado.

Cada Loja possui seu regulamento de como é feita a proposta, que segue uma tradição; genericamente, o método é idêntico para todas as obediências existentes no país.

O ato de propor um profano reveste-se de cuidados extremos, uma vez que está sendo proposto alguém que irá pertencer a um grupo já coeso e formado.

Não se pode propor um amigo apenas pela amizade.

O proposto deve possuir as condições essenciais de poder unir-se ao grupo sem dissonâncias, mas que possa aderir de imediato à filosofia grupal.

Por exemplo, a proposta derivada de um interesse profissional corporativista pode agradar aqueles que se situam no mesmo patamar, mas desagradar os demais; assim, a proposta não será aceita.

O Proposto deve possuir certo carisma que faça com que seja aceito de bom grado, com simpatia e, sobretudo, com amor.

O Proponente nunca deve esquecer que há risco na sua proposta, a de levar para o grupo alguém que mais tarde desafine e perturbe.

O Proponente deve meditar e usar de sua sensibilidade espiritual para propor alguém totalmente apto para ser assimilado posteriormente.

19 de outubro

AS PROPOSTAS DE CANDIDATOS

Periodicamente, são apresentadas propostas de candidatos profanos à Iniciação, propostas colhidas da bolsa de propostas e informações, que referem dados pessoais e são firmados por um Mestre Maçom, membro do quadro da Loja.

O nome do Proponente é omitido pelo Venerável Mestre que procede à leitura ou decifração; sem a sugestão do nome do proponente, o maçom sente-se livre para a sua apreciação.

Não basta que a comissão de sindicância proceda o estudo da proposta e analise todos os aspectos do candidato.

Faz-se necessária a participação espiritual de toda Loja que, retendo o nome, envia ao Proposto seus fluidos mentais, sua mensagem de amor fraternal, uma vez que o proposto será um "futuro irmão" a quem todo o afeto será dirigido, toda boa vontade, todo o amor.

Ao ser escrutinado para admissão à Iniciação, o Proposto já deve fazer parte da preocupação, já a ser pessoa ansiosamente esperada para uma futura comunhão. A mecânica trivial não basta; é preciso movimentar o coração, a alma e a mente, mesmo que esse candidato não seja conhecido, não tenha contatado com o irmão. É uma expectativa diferente, um adiantamento no bem-querer.

Somente assim o conjunto será harmonioso.

20 de outubro

O PROSELITISMO

O prosélito era o pagão que abraçava o Judaísmo; hoje, em linguagem maçônica, prosélito seria o profano que acorre à Maçonaria.

Em tese, a Maçonaria não efetua trabalho de proselitismo, ou seja, não "arregimenta" novos elementos para iniciá-los nos Augustos Mistérios.

A Literatura Maçônica não visa conquistar novos adeptos, mas tão somente ilustrar maçons e esclarecer os que não o são sobre seu trabalho.

A Maçonaria pode considerar-se um imã que atrai as lima-lhas de ferro e as agrupa.

O profano que é convidado por um maçom, de forma isolada, acede ao convite porque a sua atração é inata; sente o desejo de ingressar na Ordem; é uma aspiração mística.

A Maçonaria não necessita ampliar os seus quadros; é o Grande Arquiteto do Universo que conduz a pessoa de quem deverá participar da Fraternidade Universal.

Nem todos os convidados aceitam o convite; nem todos os iniciados permanecem na Ordem, somente os predestinados.

O maçom, em especial o Mestre, deve sentir-se honrado por ter sido "pinçado" entre milhões para fazer parte da Arte Real.

21 de outubro

PROVAS

A ciência somente admite aquilo que teve a sua veracidade comprovada.

O empírico é fato esotérico e espiritual. Na Filosofia, na Psicologia, na Parapsicologia, enfim, no que não é ciência exata, tem lugar a convicção por meio da Fé.

A Maçonaria maneja sentimentos, virtudes e atos espirituais, posto que usa a materialidade como meio. Nas cerimônias iniciáticas, o candidato é submetido a duras provas; as principais denominam-se de prova do ar, da terra, da água e do fogo, significando os elementos materiais do Universo, contudo, a parte principal é a esotérica, ou seja, a oculta, a secreta, a espiritual.

Na Maçonaria, o maçom não necessita provar nada, porque a sua vida é espontânea, aberta, e o seu amor fraterno o liga aos seus coirmãos.

Aquele que exige prova de alguma coisa estará externando a sua desconfiança para com o irmão.

A Filosofia Maçônica impõe uma "filosofia de vida" diferente da comum.

A única prova admissível, no sentido prático e também esotérico, é a frase célebre de Descartes: *Cogito ergo sum,* -Penso, logo existo.

22 de outubro

A PROVIDÊNCIA

Considera-se o vocábulo em dois sentidos: o suprimento de bens, quando alguém providencia para a sua aquisição; e o que é providencial, ou seja, o que nos vêm por meio de uma força superior, que no caso será Deus.

Em uma linguagem comum, a providência significa o que nos vem de favor, por intermédio daquele que é onisciente e que não deixa a sua criatura desamparada.

Essa providência cuida que os pássaros tenham alimento e que os lírios do campo tenham vistosa "vestimenta" – Então, como não há de cuidar dos elementos mais valiosos da Natureza, que somos nós?

Aqueles que se acanham em reconhecer a existência de Deus, sem se declararem ateus, têm como divindade a providência; seu Deus é aquele que tudo provê, portanto trata-se apenas de uma questão de vocábulo.

A providência tem dois caminhos na sua via; aquele que vem a nós, de forma segura, posto que misteriosa, e aquele que vai "aos outros", sob o manto da caridade.

O maçom deve aceitar ser um "instrumento"; Deus o usa para prover os que necessitam de bens materiais.

A doação abrange os bens materiais como os sociais; uma palavra amiga de conforto, um conselho, um amparo, isso caracteriza também o providencial.

23 de outubro

A PRUDÊNCIA

É uma virtude de comportamento. O prudente prevê o que lhe poderá acontecer se não estiver alerta. Essa virtude pode ser considerada como uma ação de "legítima defesa", porque a Prudência é atributo da defesa.

Prever um acontecimento não significa premonição.

Quem enceta uma viagem de automóvel, se antes de iniciá-la não observa como está de combustível, fatalmente ficará sem motor, e de nada lhe valerá imprecar contra alguém, pois o único responsável foi ele que não foi prudente.

Em nossos dias, de tanta confusão social e familiar, neste mundo tão complicado, quem não for prudente, sucumbirá logo.

A prudência é necessária em todas as circunstâncias e ela faz parte de um feixe de exigências, como a previsão, o conhecimento, a pesquisa etc.

A parábola das virgens imprudentes tem sido o alerta clássico para todos; há dois mil anos, portanto, que a humanidade segue o conselho do divino Mestre.

O imprudente perderá a oportunidade que espera.

A Maçonaria cultiva as virtudes, e no feixe amplo está a Prudência, que é sinônimo de precaução, alerta, vigília e tudo o mais.

O Maçom Prudente guarda os sigilos da instituição e assim evitará a profanação. A Prudência não "ampara" somente a primeira pessoa, mas protege o grupo todo.

24 de outubro

O PRUMO

Trata-se de um instrumento indispensável na construção (alvenaria ou artefatos diversos de pedra, madeira, plásticos etc.), uma vez que a verticalidade da obra é que lhe dá a estabilidade; um muro fora de Prumo terá a tendência de ruir.

Na vida, devemos construir dentro do Prumo; qualquer desvio será prejudicial, em todos os sentidos, inclusive o moral.

Jeová dissera: "Eis que porei um Prumo entre meu povo"; logo, não erraremos em afirmar que na vida é a representação divina; um instrumento que nos faz cumprir a trajetória a nós determinada; somos livres, sim, porém enquanto manejamos o Nível e o Prumo, que são condições para vencer qualquer obstáculo e contornar qualquer empecilho.

O Prumo caracteriza a função do Primeiro Vigilante; é ele que o usará para nos corrigir durante a jornada encetada.

O maçom que titubeia quanto ao uso do Prumo deve buscar o seu Vigilante e com ele aconselhar-se para que haja equilíbrio e retidão em sua obra. O Prumo pode ser manejado por nós, como pode alguém manejá-lo em nós; se o usarmos adequadamente, será dispensado o auxílio de quem tem o dever de nos "aprumar".

25 de outubro

A PSICANÁLISE

É a ciência que estuda o subconsciente, usando métodos apropriados.

Apesar de constituir uma ciência moderna, de um século atrás, o estudo da mente ou da alma, como querem alguns, sempre existiu.

Quem se submete a uma análise estará abrindo a sua mente e revelando, em voz alta, a quem o escuta, todas as suas intimidades, até as mais escabrosas ou ingênuas.

O tratamento consiste, portanto, em uma "autoação", provocada pelo dirigente, que deve ser profissional.

Maçonicamente, e isso é tradicional, é oferecido ao maçom uma garantia plena, a de que tudo o que ele possa revelar de si ou de outrem não se tornará público, pois, ao final dos trabalhos, todos os presentes juram nada revelar do que se passou na reunião.

Quando o assunto necessitar maior cuidado, o maçom é convidado a se colocar "entre colunas", momento em que poderá abrir o seu coração, sem que sofra qualquer admoestação ou crítica.

São métodos de Psicanálise que a Maçonaria usa há séculos.

Na formação da Cadeia de União, também, o maçom põe para fora tudo o que o está pressionando, retirando-se, depois, completamente aliviado.

26 de outubro

A PSICOLOGIA

É palavra de origem grega: *psique*, alma e *logos*, discurso; poder-se-ia traduzir por "colóquio com a alma".

Trata-se de uma ciência que estuda os fenômenos da alma. Essa alma pode ser confundida com a mente.

Ser psicólogo é compreender o comportamento do ser humano, as suas reações, os seus males e aflições.

A Psicologia ensina a observar cuidadosamente o comportamento, seja o próprio, seja o dos outros. Para chegar a essa compreensão, a psicologia apresenta fórmulas científicas e técnicas experimentais, como exemplo, solicitando ao consulente, criança ou adulto, que desenhe uma árvore; desse desenho de um aspecto da Natureza, o psicólogo poderá tirar conclusões científicas de seu comportamento.

A análise profunda de uma simples assinatura pode revelar todo o aspecto psicológico do analisado.

A Maçonaria tem usado esses recursos há séculos; o que pareceria ciência nova, ela já adaptava em benefício do maçom.

A meditação é um meio para o maçom "conhecer-se a si mesmo", obtendo resultados psicológicos importantes.

A Maçonaria tem sido e continuará sendo uma escola da vida.

A alma e a mente são mistérios plenos de véus, mas que permitem que sejam erguidos e observados.

27 de outubro

A PUNIÇÃO

O vocábulo origina-se da palavra "punhal", ou seja, castigo com o punho que maneja o instrumento ou arma. O "punhal" é usado para recordar o castigo aos três companheiros assassinos de Hiram Abiff.

A pena para uma transgressão ou um crime, na Maçonaria, é simbólica.

A penalidade máxima seria o desligamento da Ordem; mas, assim mesmo, com a possibilidade do perdão (graça) do Grão-Mestre, essa exclusão pode ser suspensa.

A rigor, inexiste uma punição maçônica porque as faltas cometidas pelos maçons, no âmbito da Ordem Maçônica, uma vez justificadas, e desde que haja arrependimento, serão toleradas, porque a tolerância é o princípio básico do amor fraterno.

Na cerimônia de Iniciação, previne-se o candidato de que o perjúrio é severamente castigado com uma morte atroz; isso, evidentemente, não passa de alegoria, pois o maçom não pode "manchar" as suas luvas com sangue.

As ameaças maçônicas são literárias; talvez na época da Inquisição, como reação e defesa, a Maçonaria praticasse atos de violência; ignora-se, contudo, qualquer caso ocorrido.

Quem prega o amor fraterno não tem atos nem palavras de violência, pois o que vigora como parte excelsa é a paz, não só do grupo, mas da humanidade.

A punição severa, contudo, o maçom a pratica em si mesmo, atingindo a sua consciência.

28 de outubro

A PUREZA

Pureza adjetiva aquele que é puro. Todo maçom que participa de uma sessão dentro do templo purifica-se quando é aberto o Livro Sagrado e surge a Egrégora.

As vibrações, os fluidos, o som das palavras sagradas, a bateria, a exclamação e a liturgia, no seu todo, são atos de pureza e de purificação.

Nas religiões, a purificação era exercida por meio da queima de incenso; no Judaísmo, era por meio dos sacrifícios; no Catolicismo, era por meio das indulgências; hoje, diante da confissão e dos sacramentos; os evangélicos, por meio da comunhão e assim por diante.

Na purificação, o "pecador" é a mente humana; é preciso "limpar" essa mente que está em tudo.

Logo, para o maçom, afora o que ele possa praticar na sua religião, pois é livre nesse sentido, a purificação decorre de seus pensamentos; a Maçonaria quer seus filiados "puros" no sentido de tolerantes e amorosos.

Esse amor fraterno, que é a vivência em comunidade, aceitando o irmão como ele é, tolerando as suas imperfeições, o desbastamento das arestas na pedra bruta de cada um, o bom propósito de se corrigir quando em falta, isso é a "operação pureza", que a Maçonaria espera de cada maçom.

O bom propósito alivia as pressões, recarrega as baterias e torna o maçom irritadiço em alguém tranquilo, pronto a abraçar a todos, derramando carinhos.

29 de outubro

QUALIDADES DE UM CANDIDATO

A condição exigida para que um candidato possa ser recebido maçom restringe-se a algumas palavras: "ser livre e de bons costumes".

Essa frase é consagrada nos rituais e cria certas confusões, uma vez que essas condições de "liberdade" e "moral" devem ser inatas no candidato e não serem obtidas por meio da Iniciação.

Já foi dito que todo candidato representa um "risco" para o grupo maçônico e que o proponente deve atuar com toda prudência e bom senso.

O que se esquece é que, uma vez que o candidato supere as provas iniciáticas, ele deixa de ser candidato para ser Neófito, Recipiendário e Irmão.

No entanto, as condições virtuosas iniciais devem ser duradouras e, assim, o maçom será sempre livre e de bons costumes, que é o mínimo que se exige para uma cidadania social e maçônica.

A análise do candidato, para constatar se ele é livre, abrange uma série de pesquisas; não se trata da liberdade de ir e vir, mas de "livre pensar", de independência, liberto de compromissos, alguém em quem se possa confiar e receber no seio de uma família.

É o noivo que deve apresentar no noivado as garantias para a felicidade perene da noiva.

O maçom, durante o resto de sua vivência maçônica, deverá manter-se livre e de bons costumes.

30 de outubro

OS QUERUBINS

Procede do hebraico, *K'rub* no singular e *K'rubim* no plural.

O Querubim seria um deus de segunda categoria. Narram as escrituras que após o evento de Adão, caindo em "pecado", Jeová colocou um querubim armado com uma espada de fogo, guardando o caminho que conduzia ao Éden, onde se situava a Árvore da Vida, preservada com rigor após o furto de um dos seus frutos pela serpente.

A espada do querubim é reproduzida pela espada flamíngera maçônica.

Sobre a Arca da Aliança, no Propiciatório, foram colocados dois Querubins, símbolo da vigilância e guarda.

O profeta Ezequiel faz a descrição minuciosa dos querubins como seres alados, de luminosidade intensa, com quatro rostos de animais; verdadeiros "monstros sagrados", plenos de poderes.

Na Corte Celestial, os querubins ocupam a terceira posição. Como são considerados "seres incriados", compreender a sua existência se torna dificílimo; da Corte Celestial são os Anjos os seres mais próximos aos homens, com os quais contatam; conhecem-se inúmeros casos, além dos descritos nas escrituras, do contato com esses seres misteriosos.

A Maçonaria, no Quarto Grau Filosófico, admite a presença da Arca da Aliança, como símbolo; portanto, admite a presença em templo dos querubins como símbolo de "vigilância permanente".

31 de outubro

RABI

Origina-se do hebraico e aramaico *rabbi*, modernizado hoje como "rabino", com o significado de "meu Senhor", foi o título dado pelos discípulos a Jesus.

Os gratuitos "inimigos" da Maçonaria (William Schonebelen, com o seu livro *Maçonaria do Outro Lado da Luz)*, tecem críticas pelo fato de os maçons possuírem o Grau de Mestre, uma vez que esse título seria prerrogativa de Jesus, portanto, haveria, da parte da Maçonaria, profanação e usurpação.

Nada mais pueril, uma vez que sempre existiu o Mestre Escola, o Grau de Mestrado Universitário e o título de Mestre dado aos que se destacam em algum assunto científico.

Na Maçonaria, por não ser religião, o uso da palavra Mestre em nada conflita com o Cristianismo; trata-se de uma nomenclatura inocente, que nunca pretendeu identificar-se com o Cristo, a quem a Maçonaria venera como divindade, em especial nas partes do mundo onde predomina o Cristianismo.

Até na música o dirigente é denominado "maestro", que em italiano quer dizer Mestre, e jamais alguém ousou fazer comparações tão tolas como o citado William Schnoebelen.

Para designar a Deus, a Maçonaria usa as expressões: Senhor e Grande Arquiteto do Universo, como poderia usar tantas outras, inclusive o nome ao próprio Jeová atribuído de "eu Sou".

1º de novembro

RAMALHETE DE FLORES

Trata-se de um buque de flores usados em festividade e em atos fúnebres.

A Maçonaria, em seus trabalhos simbólicos, não usa flores no templo, nem mesmo nos funerais, sobre o féretro, no qual são colocados apenas folhas de acácia; entretanto são admitidas nas festividade sociais extratemplo.

O uso das flores como homenagem vem da Antiguidade.

No Museu Imperial do Cairo está exposto um grande ramalhete de flores secas, obviamente retiradas do túmulo de Tutancâmon, o faraó egípcio, no formato até hoje seguido.

Maçonicamente, a flor representa a cordialidade e a alegria.

No Grau Filosófico 18, vem colocada no trono do Venerável Mestre a Pramanta, que é uma cruz centralizada por uma rosa.

O maçom é admirador das flores porque elas fazem parte da Natureza e, portanto, é como se fizessem parte dele mesmo.

A flor símbolo da Maçonaria é a da acácia, em especial a mimosa pudica, pela sua delicadeza, em forma de miniatura do Sol e com acentuado perfume.

O maçom deveria, na devida época, ter em seu lar, sempre que possível, um ramalhete de acácias para, assim, recordar o personagem de Hiram Abiff, expressão máxima da lenda em que se esteia a Maçonaria.

2 de novembro

RAZÃO

A Razão é a "liberdade do pensamento" que elabora o conhecimento, após momentos de meditação.

Grandes filósofos dedicaram-se a excursionar pela "alma" e pela "mente", como Aristóteles, Platão, Plotino, Santo Agostinho, Descartes, Fénelon, Bossuet, Kant e mais uma plêiade de pensadores do passado.

Os excessos de se pretender tudo esclarecer por meio da razão fizeram com que o pensamento da época conduzisse para o materialismo.

A Maçonaria, que é filosoficamente eclética, usa a razão com equilíbrio, aliando-a ao significado esotérico dos símbolos.

Fé "raciocinada" significa analisar com profundidade os fenômenos ocorridos, isto é, encontrar alguma justificativa plausível; esse comportamento é próprio do filósofo, mas o maçom, homem comum, não possui essa capacidade analítica e, assim, aceita o símbolo como expressão de uma mensagem.

Se não houvesse a "liberdade" de escolha, tudo deveria submeter-se ao crivo da razão e, então, aquele que não souber raciocinar ficaria em uma posição incômoda de ignorância.

O caminho mais curto para compreender um símbolo é "dialogar" com o mesmo; as respostas satisfatórias surgem na própria mente.

3 de novembro

RECEBER A LUZ

Luz, aqui, tem vários significados: o esclarecimento, a divindade, a evolução e o ingresso no universo interior.

O Iniciado na Maçonaria, quando na cerimônia iniciática lhe é retirada a venda dos olhos, "recebe a Luz".

Isso simboliza a revelação de todos os mistérios e o primeiro passo dado em direção ao misticismo.

A cerimônia da Iniciação, com seus símbolos, provas, questionamentos, suporia entregar ao iniciando todas as informações sobre a Arte Real, ou seja, sobre a Maçonaria.

O candidato é submetido à cerimônia com os olhos vendados porque as provas simbólicas devem aparentar mistérios; a escuridão faz supor "perigos" e provoca interrogações.

Por exemplo, durante as provas, há uma que encena uma batalha entre o bem e o mal, com o ruído característico de luta com arma branca; caso o candidato não estivesse vendado, como poderia ele imaginar o curso daquela batalha?

Findas as provas, os olhos são desvendados e, então, ele passa a enxergar, o que equivale a "receber a Luz".

O maçom e todos nós, permanentemente, estamos na escuridão e ansiamos pela Luz.

Essa ansiedade é salutar porque conduz ao conhecimento.

4 de novembro

RECEPÇÃO

O significado da "Recepção" Maçônica é o recebimento na Loja, por ocasião da cerimônia iniciática, do iniciando, agora denominado Neófito.

A Iniciação toma o lugar de um "exame", quando os membros do quadro constatam a respeito da personalidade do novel membro, se resultou vitorioso das provas, como se comportou e assimilou a "filosofia" do ato.

Propor-se profano é um risco e um ato de grande responsabilidade, porque será apresentado ao grupo um novo elemento que nele se integrará; com essa atitude, o grupo demonstrará júbilo.

A recepção, inicialmente, é formal e cerimoniosa; trata-se de uma recepção iniciática e ritualística.

Finda a sessão, na sala dos passos perdidos, o Neófito entra em contato direto com todos os Irmãos, que o abraçam e lhe dão as boas-vindas e, ao mesmo Tempo, lhe oferecem um banquete sóbrio, porém alegre.

O primeiro contato com os Irmãos "desconhecidos" deixa o Neófito constrangido, mas logo sente que a amizade é sincera e com extrema facilidade integra-se ao grupo como se sempre tivesse feito parte dele.

Os maçons, nessa oportunidade, devem exteriorizar o amor fraterno, que é capaz de absorver de imediato a simpatia de um estranho.

5 de novembro

O RECIPIENDÁRIO

Trata-se de uma expressão maçônica.

Recipiendário é aquele que é recepcionado cerimoniosamente, isto é, dentro da cerimônia iniciática.

Por melhor que transcorra um cerimonial iniciático, o iniciando pouco compreendeu do ritual em que tomou parte.

Certa confusão é natural, uma vez que ouviu muito mas pouco viu, e a linguagem ouvida, por lhe ser estranha, embaralhou seus pensamentos.

Cessada a emoção gerada pela cerimônia, o iniciando é recepcionado por meio de "discursos" e palmas.

Nem sequer, posto lhe seja oferecida a palavra, é capaz de tecer qualquer consideração a respeito; apenas mostra-se surpreso, cansado e constrangido porque não esperava tanta consideração e ser homenageado com tanto calor.

Nesse momento, a pessoa deixa de ser candidato e passa a ser denominado Recipiendário, nome um tanto estranho e totalmente desconhecido.

Essa denominação, porém, dura poucos momentos; ao sair do templo, já deixa de ser Recipiendário para ser Neófito.

Na próxima sessão a que comparecer, perde esse título e passa a ser irmão Aprendiz e, já totalmente integrado ao grupo, segue seu destino.

São momentos de emoção e felicidade que todo maçom conserva e não esquece.

6 de novembro

RECONHECIMENTO CONJUGAL

A Maçonaria preocupa-se com a família de seu filiado. Assim, como atividade social, possui o reconhecimento conjugal, que não deve confundir-se com "casamento maçônico".

Inexiste o ato de casamento na Maçonaria, bem como o de balizado e funeral.

A Maçonaria não pratica esses atos porque não é uma religião; apenas no casamento, ela reconhece o enlace entre o seu filiado e a noiva.

A finalidade principal do reconhecimento é a apresentação da noiva às famílias dos maçons, ato puramente social.

A confusão vem do fato de os recém-casados comparecerem à cerimônia com os trajes de casamento, isto é, a noiva com véu e grinalda e o noivo com seu traje específico.

Por ser um ato social, a Loja é aberta em sessão branca, isto é, ornamentada para recepcionar os que não são maçons, com flores, música adequada e, ao final, um banquete no salão de festas.

No cerimonial, o Venerável Mestre não atua como Sacerdote, mas como mero dirigente da Loja.

A prática, que não é obrigatória, tem o dom de integrar a jovem esposa ao grupo feminino, geralmente denominado Sociedade Feminina da Loja, usando o nome da Loja em cujas reuniões sociais as "cunhadas" praticam a caridade, confeccionando enxovais para pobres etc.

7 de novembro

RECONHECIMENTO LITÚRGICO

O reconhecimento entre maçons abrange os maçons da Loja visitada e o maçom "estranho", visitante.

Dentro da Loja, o reconhecimento é feito por meio de "toques" e "palavras", essas sussurradas ao ouvido.

Há um reconhecimento denominado trolhamento, que consiste em submeter aquele que se intitula maçom a uma série de questionamentos; o trolhamento é feito pelo Cobridor, ou seja, o maçom que permanece na sala dos Passos Perdidos enquanto a Loja funciona.

Os meios de reconhecimento constituem a "parte sigilosa" do ritual, e o maçom não a pode revelar.

Esses "segredos", em si, nada significariam, mas, uma vez divulgados, transformariam a Maçonaria em uma instituição vulgar.

O maçom deve ser cioso na preservação desses sigilos e quando cumprimenta um irmão, no mundo profano, deve assegurar-se que ninguém o está observando.

A vulgarização dos rituais é nociva porque quem não os entende é tomado pelo desejo de criticá-los.

O maçom não só deve preservar a Ordem como zelar para que os seus coirmãos também a preservem.

8 de novembro

RECREAÇÃO

Quando oportuno, a Loja necessita suspender seus trabalhos ritualísticos. O Venerável Mestre determina que o Livro Sagrado seja fechado, com o mesmo cerimonial da abertura e os trabalhos suspensos.

Erroneamente, há Veneráveis que não procedem ritualisticamente e entendem que os momentos de Recreação podem passar dentro do templo.

Recreação significa descanso, liberdade no uso da palavra, retirada dos lugares e saída do templo.

Fechado o Livro Sagrado, todos devem, mantendo o mesmo respeito da entrada, retirarem-se para a sala dos passos perdidos, onde poderão ficar à vontade.

O templo é um lugar sagrado, uma vez que foi ritualisticamente consagrado.

Não se confunda esse "sagrado" com um templo religioso; o maçom crê que o Grande Arquiteto do Universo está sempre presente no templo e por esse motivo o venera e respeita.

O templo é um local místico e cerimonioso.

O emprego de um ritual e de uma ritualística é motivo suficiente para o Respeito e a Veneração; dentro do templo deve haver silêncio e cerimônia.

O maçom sabe disso e mantém a tradição a qualquer custo.

9 de novembro

RECRUTAMENTO

Recrutar significa "angariar"; somente um Mestre poderá propor à Loja o nome de um profano que julgue digno de ingressar na Ordem. O recrutamento não é ato social; comumente, são recrutados os amigos íntimos ou parentes, nem sempre aptos para se tornarem coirmãos e comungarem na mística maçônica.

Espiritualmente, o Recrutamento é ato muito sério, porque será trazido para a Ordem um elemento que deve passar pela Câmara das Reflexões, onde "morre", embora simbolicamente, e "ressuscita".

O maçom deve ter a certeza de que não é ele quem recruta, pois ele é um mero instrumento que o Grande Arquiteto do Universo usa para arregimentar mais um elemento "livre e de bons costumes", para fortalecer com mais um elo a Cadeia de União.

Antes de ser proposto um candidato, o maçom deve recolher-se em profunda meditação; buscar inspiração na prece; decidir se envia a sua proposta, dentro do templo; ter certeza absoluta de que a inspiração veio "de cima".

Mais tarde, o novel maçom deve saber como foi recrutado e manifestar a sua gratidão para com o seu "padrinho".

Nada acontece, em qualquer parte, sem a vontade do Criador.

Assim, o maçom saberá que foi "escolhido" para uma missão.

Essa missão, ele descobrirá de per si.

10 de novembro

A RECUSA

A Recusa da Loja em aceitar uma proposta para Iniciação não deveria existir. No entanto, as recusas são frequentes; há Lojas que até possuem um "Livro Negro", onde são anotados os nomes recusados.

Se a proposta de um profano foi "inspiração" vinda do Grande Arquiteto do Universo; se esse candidato foi regularmente sindicado; se a votação do escrutínio secreto foi consciente e o votante, após meditação adequada, teve a certeza de que o seu gesto de votante foi "inspiração divina", então jamais poderá um proposto ser recusado.

A recusa processa-se pela colocação de uma "bola negra"; quem a colocar deverá ter a mesma consciência de quem fez a proposta – as responsabilidades são as mesmas. Os critérios são idênticos.

A recusa pode resultar em rejeitar alguém que poderia vir a ser "o melhor amigo", o irmão fiel e amado.

Toda ação em Loja deve ser precedida de um estudo consciente para evitarem-se injustiças e leviandades.

11 de novembro

REENCARNAÇÃO

O retorno de um morto à vida, passado um período longo, para que não se confunda com ressurreição, é fenômeno aceito exclusivamente por questão da Fé.

Simplesmente, o retorno da alma sem o corpo envolve conhecimentos profundamente esotéricos.

Atuando nisso, a razão exige "provas".

Os aspectos lendários das notícias de que uma alma retornou em um outro corpo fazem com que se fortaleça a descrença.

A Reencarnação ou metempsicose ou palingenesia ou, finalmente, transmigração da alma, constitui conhecimento altamente místico e que a humanidade, muito lentamente, está esclarecendo.

Maçonicamente, um dos pontos básicos é a crença em uma vida futura; ou seja, na "subida" da alma a páramos superiores.

A Maçonaria aceita a existência de um Oriente Eterno, onde as almas dos que morrem se localizam.

A Maçonaria aceita a Fraternidade Branca Universal, ou seja, a presença e atuação dos maçons mortos junto aos maçons vivos.

Essa aceitação, todavia, para o maçom, isoladamente, é facultativa.

12 de novembro

A REFLEXÃO

Vem do vocábulo e raiz "reflexo", lembrando "espelho". A reflexão pode ser sinônimo de meditação; a meditação é ato íntimo da mente, mas que não chega obrigatoriamente a uma conclusão, enquanto a reflexão é ato conclusivo. Nenhum ato pode o maçom praticar sem tê-lo, antes, "refletido".

Reflexão é análise, profunda e ativa.

No Grau de Mestre, coloca-se na Câmara do Meio a "prancheta da Loja", para que nela se tracem os objetivos a alcançar.

Na Iniciação, a Maçonaria usa a Câmara das Reflexões, onde o candidato é colocado para que busque em si, no seu passado íntimo, todos os reflexos de suas ações, para que, sendo más, possa se arrepender delas; sendo boas, possa orgulhar-se.

Se o mundo refletisse antes de tomar qualquer decisão, este mundo não seria o acúmulo constante de perturbações e violências.

A Maçonaria orienta com insistência todos os seus filiados a respeito do valor da reflexão.

13 de novembro

A RÉGUA DAS 24 POLEGADAS

A polegada é uma medida antiga que se afastou do sistema métrico francês; contudo, ainda é usada, posto que esporadicamente, por nós, brasileiros.

A maçonaria a adota porque simboliza o dia com as suas 24 horas.

Assim, a régua maçônica mede 0,66 (sessenta e seis centímetros (a polegada é a 128 parte do pé, ou seja, 0,0275).

O tamanho da régua já sugere que é um instrumento destinado à construção.

Filosoficamente, o maçom deve pautar a sua vida dentro de uma determinada medida, ou seja, deve programá-la corretamente e não se afastar dela.

A programação é necessária para que a vida resulte equilibrada e vitoriosa.

Essa programação compreende as 24 horas do dia, o que equivale a programar as horas de trabalho, lazer e descanso.

14 de novembro

REGULARIDADE

Regular é sinônimo de legitimidade; diz-se regular o maçom que está em dia com os seus compromissos perante a sua Loja; regular é uma Loja que está filiada a um Poder Central e que cumpre com todas as suas obrigações administrativas. Regular é a Potência Maçônica que cumpre as Regras Internacionais das demais Instituições congêneres e que possui o reconhecimento de todas as demais Potências Internacionais.

Regular é sinônimo de obediência, de cumprimento dos preceitos que aceitou a Loja ao receber sua Carta Constitutiva; do cumprimento do maçom de seus deveres. A Regularidade Maçônica faz com que todos os filiados de uma potência regular estejam amparados espiritualmente e reconhecidos por toda a Fraternidade Universal.

Uma Loja que surge espontaneamente, formada por um grupo de maçons separados de suas Lojas mãe e que obviamente não é Regular, pode adquirir a sua Regularidade por meio de um processo administrativo junto à Potência que jurisdiciona o território onde está instalada.

Por sua vez, o maçom irregular pode adquirir sua regularidade uma vez que preencha as exigências administrativas da Potência Regular a que desejar filiar-se.

A rigor (mas é tolerado), o maçom não pode "visitar" e assistir aos trabalhos de uma Loja irregular.

15 de novembro

A RELIGIÃO

Vem do latim: *re-ligare,* isto é, tornar a ligar. A religião visa ao retorno a Deus daquele que o "abandonou", em um regresso aos preceitos contidos no Livro Sagrado de sua Fé.

Deve-se distinguir religião de seita, doutrina ou qualquer princípio similar. A Maçonaria pode ser uma religião no sentido estrito do vocábulo, isto é, na harmonização da criatura com o Criador. É a religião Maior e Universal; o contato com a Parte Divina; é a comunhão com o Grande Arquiteto do Universo, é o culto diante do Altar dentro de uma Loja ou no Templo Interior de cada maçom.

O "tornar a ligar" é ato que ocorre dentro da Cadeia de União, ligando os elos que se encontravam dispersos; a Cadeia de União é um ato religioso.

Denominam-se religiões as filosofias – há milhares delas – que conduzem o ser humano às Igrejas, movidos pelo temor de um castigo divino ou pela esperança de um prêmio após a morte.

Todo ato capaz de unir Deus à criatura pode se considerar religião, independente da nomenclatura.

O maçom deve ser religioso nas suas atitudes, pois não é criatura de viver isolado e só.

Resumindo, o maçom será religioso quando praticar o bem e considerar o próximo como irmão.

16 de novembro

RENASCIMENTO

Nascer de novo é o significado do termo, maçonicamente, para um renascimento é necessária uma morte; o candidato à Iniciação morre previamente na Câmara das Reflexões para – durante o cerimonial apropriado – "tornar à vida".

Jesus foi o primeiro "filósofo" que disse a Nicodemos que, para ele poder entrar no Reino dos Céus, cumpria-lhe nascer de novo. Nicodemos não entendeu a mensagem e retorquiu: "Como posso eu retornar ao ventre de minha mãe?". Jesus referia-se ao "renascimento espiritual"; Nicodemos devia renascer dentro de si mesmo e descobrir o mundo universal interior.

O Renascimento Maçônico é semelhante ao preconizado por Jesus. O candidato, para absorver a Filosofia Maçônica e tornar-se um elemento capaz de confraternizar com os maçons, deve tornar-se "criança", alimentar-se como criança com alimento leve e apropriado; frequentar o "jardim da infância", o "aprendizado" e obter – cumprido o período regulamentar – a habilitação suficiente para iniciar a "construção" de Templos, sobretudo o seu próprio templo.

De criança, caminhar como Pedreiro Livre, no desempenho da construção.

17 de novembro

RESERVA MENTAL

Os juramentos feitos na Maçonaria, na realidade, são "compromissos" e devem ser prestados com a máxima transparência.

Na Idade Média é que surgiu a "Reserva Mental", quando os hereges eram obrigados a abjurar a sua crença; faziam-no usando a Reserva Mental, isto é, o ato de abjurar era ato mecânico do sentido da fala; em sua mente, era desmentido de imediato.

Quando um candidato, durante o cerimonial iniciático, presta os seus juramentos, o Venerável Mestre solicita que eles devem ser prestados "sem Reserva Mental", isto é, espontaneamente, livremente e com sinceridade.

O juramento, todavia, é feito exclusivamente durante o ato místico iniciático e não mais repetido.

Os juramentos dizem respeito à fidelidade grupal quanto aos "sigilos recebidos" que devem ser mantidos reservados com o fito de a Maçonaria não se tornar vulgar.

O maçon "tem palavra"; o seu sim será sim; o seu não, não.

Isso é uma questão de bom caráter e honra.

O maçom é uma pessoa "aberta, franca, pura".

18 de novembro

A RETIDÃO

O maçom tem por obrigação demonstrar que é possuidor da virtude da Retidão.

Esse vocábulo significa que as ações dos maçons devem ser retilíneas, sem contornos, subterfúgios e desvios.

O comportamento social e ético, esotérico e espiritual, deve para o maçom ser "transparente".

Simbolicamente, o maçom "transita" a sua jornada sobre a Régua das Vinte e Quatro Polegadas, significando que durante todo o dia deve manter-se correto.

19 de novembro

A RETÓRICA

Constitui uma das sete ciências ou artes liberais.

É a eloquência do discurso; são as palavras usadas com acerto, sem prolixidade; é a expressão do pensamento franco, sincero e elegante.

Dentro do templo, quem fizer uso da palavra deve demonstrar conhecimento de Retórica, pois é dever o cultivo dessa arte, para que os presentes possam ilustrar-se cada vez mais.

A Maçonaria é uma escola, especialmente no grau de companheiro; o objetivo para aquele que usa da palavra, e todos adquirem esse direito e têm essa oportunidade, é medi-la, para construir e jamais destruir.

O maçom é temperante até em seu discurso, assim estará agradando a seus Irmãos, que já o admiram pela eloquência simples, clara e judiciosa.

20 de novembro

ROCHA

Símbolo por excelência do reino mineral.

Simboliza a estabilidade e a firmeza, a imutabilidade.

Os alicerces construídos sobre rochas são inabaláveis e resistentes.

Jesus cognominou Simão, o Pedro, de rocha, destinada a ser a pedra angular da igreja terrena, enquanto ele, o Cristo, é a pedra angular da cidade celestial.

A rocha é representada no templo maçônico pela pedra bruta informe, e o dever do maçom é desbastá-la, porque assim desbasta a si próprio.

Quando o maçom, por qualquer motivo, desanima, deve ter em mente que ele é rocha e, assim, "resistente", pode enfrentar os vendavais da vida.

A pedra maçônica é o granito porque é composta da maioria dos metais e representa a terra, um dos quatro elementos da natureza.

Diz-se da pessoa que possui fé inabalável que é uma rocha viva.

Queira o maçom, sempre, ser essa rocha viva, para amparar a si próprio e aos demais do grupo.

21 de novembro

AS ROMÃS

Encimando as colunas, veem-se em cada uma delas três Romãs, sendo uma entreaberta para que apareçam as sementes.

A Romã, fruto originário do Oriente, simboliza a união dos maçons representados pelas suas sementes unidas em bloco.

Todavia, representa também a substância afrodisíaca, uma vez que o rei Salomão ingeria seu vinho para enfrentar o desempenho sexual junto às suas novecentas mulheres.

A substância afrodisíaca não atua simplesmente no sexo, mas sim em todo o sistema nervoso, dando energia muscular e celeridade mental.

Não se exige que o maçom usufrua em sua alimentação da Romã e muito menos que sorva o vinho produzido de seus frutos, aliás, em desuso entre nós; apenas em Jerusalém ainda é fabricado, mais por tradição que por costume.

Contemplando-se as Romãs, são evocados os feitos de Salomão, que tem estreito relacionamento com a Maçonaria, pelo menos quanto à construção do templo.

Nada existe em uma Loja que não tenha raízes em fatos passados.

O maçom tem obrigação de conhecer esses fatos.

22 de novembro

A ROSA

Sempre foi considerada a "rainha das flores", decantada pelos poetas em todos os tempos como símbolo da beleza, da graça, da perfeição, da fartura, da ternura, do amor e da própria mulher, especialmente quando em botão.

Em Maçonaria, afora os eventos sociais, não são usadas flores ornamentais.

Apenas no Grau 18, príncipe Rosa-Cruz, é admitida a Rosa, inserida sobre uma Cruz, lembrando o mártir do Cristianismo.

Essa Cruz, colocada sobre o trono da "Venerança", é denominada de Pramanta.

No Cristianismo, a rosa simboliza a ressurreição, ou seja, Jesus, o filho de Deus, já revestido com as características do Cristo ressurreto.

A flor característica da Maçonaria é a acácia, que no Brasil floresce no mês de junho, quando do equinócio do inverno.

23 de novembro

ROSA-CRUZ

A Fraternidade Rosa-Cruz tem origem muito remota e, de certo modo, perdida no Tempo; teria sido formada com o intuito de regenerar a humanidade, matendo sigilo profundo até o século XVII.

Posteriormente, um grande expoente, Cristiano Rosenkreutz, teria revelado ao mundo os princípios da Fraternidade, que até hoje subsiste como Sociedade Esotérica.

No ano de 1654, Johann Valentin Andrea lançou um livro intitulado *Reforma Geral do Mundo Inteiro,* acompanhado da *Fama Fraternitatis da Honra da Ordem dos Rosacruzes.*

Essa Fraternidade foi confundida muitas vezes com a Maçonaria e, de certo modo, a Maçonaria moderna assimilou muitos princípios esotéricos do grande movimento.

Por mera coincidência, a Maçonaria Filosófica possui um grau denominado Rosa-Cruz, mas que nada tem a ver com a antiga Fraternidade.

A Maçonaria admite todo movimento que tenda à regeneração humana, e a filiação à Fraternidade Rosa-Cruz não é impedida.

O maçom, aliás, tem o dever de ilustrar-se e conhecer os movimentos esotéricos para fortalecer a sua convicção na Arte Real.

24 de novembro

A SABEDORIA

A Sabedoria, a Força e a Beleza são as três Colunas-Mestras da Maçonaria, no sentido esotérico.

É a Trilogia sempre em evidência, pois são os principais atributos da humanidade.

O Livro Sagrado é também denominado Livro da Sabedoria.

Na antiga Grécia, a Sabedoria era simbolizada pela deusa Atena e, em Roma, por Minerva.

Na Maçonaria, no Templo, ao Oriente, é colocada a estátua de Minerva, porque o Venerável Mestre representa a coluna da sabedoria.

A Sabedoria traz consigo a Prudência, a Tolerância, a Paz e o Perdão.

Quando Jeová perguntou ao rei Salomão o que desejava para reinar, respondeu que lhe fosse dada Sabedoria, e, na realidade, assim sucedeu, tanto que hoje, para expressar de forma concreta essa virtude, basta nomear o nome do rei Salomão, símbolo maçônico da sabedoria.

Oxalá todo maçom pudesse em suas súplicas aspirar que o Grande Arquiteto do Universo lhe desse Sabedoria!

25 de novembro

SACERDOTE

Do latim *sacerdos*, vocábulo composto de *sacer* e *dare*, significando "o que pode dar", no sentido de "sacrifício"; portanto, Sacerdote seria a pessoa habilitada a dar sacrifícios em nome do pedinte.

A humanidade, em todos os povos, cultos ou incultos, sempre contou com a presença do Sacerdote, representante da divindade; personagem dos mais respeitados, pelo poder místico que possui.

Os Sacerdotes e os Reis dominavam a terra; na rivalidade, verdadeiras guerras foram iniciadas; até pouco Tempo, a autoridade dos Papas rivalizava com a dos reis.

Justamente como ponto de equilíbrio teria surgido a Maçonaria da Antiguidade.

Um agrupamento de homens sábios, servindo de intermediários e diluidores das acirradas competições.

Maçonicamente, o Sacerdote é o oficial que abre o Livro Sagrado e lhe faz a leitura, pois essa tarefa, pelo seu misticismo, transforma-se em ato oficiante, de oferenda, obediência e respeito.

Esotericamente, cada maçom constrói seu próprio templo, passando ele, misticamente, a ser Sacerdote desse templo.

O maçom precisa meditar sobre isso.

26 de novembro

SACO DE BENEFICÊNCIA

Em tempos passados, as bolsas ou recipientes destinados a recolher a coleta eram confeccionados em aniagem, ou seja, com fibras de juta, para demonstrar que se destinavam a coletar óbulos para os humildes e necessitados.

Posteriormente, passou a denominar-se de bolsa beneficente ou tronco de solidariedade, confeccionados com panos nobres, como veludo, cetim etc.

O "giro" da bolsa beneficente obedece a um ato litúrgico dos mais importantes, porque quando o maçom deposita o seu óbulo, estará depositando a si mesmo, ou seja, os seus benéficos fluidos fluindo das pontas de seus dedos,. "Imantando" o óbulo.

O Hospitaleiro, que é o oficial que procede o giro e a coleta, sigilosamente, distribuirá o fruto a quem dele necessitar, excluídos os próprios maçons.

Se um maçom vier a tornar-se um necessitado, o auxílio que receberá será da Loja, com todo o afeto e eficiência; não receberá esmola, mas auxílio obrigatório.

Tu, maçom, ao depositares teu óbulo, sejas altruísta e distribuas parte do que o bom Deus te propiciou.

27 de novembro

SACRIFÍCIO

O vocábulo origina-se do latim: *sacrum e facere*, que significa "tornar sagrado". O vulgo usa o vocábulo como ato doloroso de desprendimento, que não condiz com a etimologia da palavra.

Quando o maçom coloca o seu óbulo dentro da Bolsa Beneficente, estará cometendo um "Sacrifício", ou seja, tornando sagrado o seu óbulo, ou tornando sagrado a si mesmo, dando-se, esotericamente, a quem necessita de auxílio.

Nos Altares hebreus, os Sacrifício constava da queima das oferendas, porque o odor desprendido da fumaça era agradável ao Senhor; essa prática que envolvia o fogo denomina-se Holocausto.

Toda vez que um maçom procura vencer as suas fraquezas, estará sacrificando ao Senhor; essa atitude passa a ser um ato sagrado e, portanto, sacerdotal.

Todo ato humano deve ser consciente; nada deve ser feito impensadamente; tudo deve ser "armado" com precedência na mente.

28 de novembro

SACRILÉGIO

Trata-se da profanação do que é sagrado.
Não se restringe o Sacrilégio às coisas materiais, como a profanação de um recinto sagrado; toda vez que um ser humano viola o seu corpo, por exemplo, prejudicando-o com a Intemperança, o uso de drogas e até um simples cigarro, estará cometendo um Sacrilégio.
Toda vez que a mente for violada, haverá um ato sacrílego, como ocupar a mente com vaidades e pensamentos negativos.

29 de novembro

SAGRAÇÃO

Quando um Templo Maçônico se encontra concluído, por meio de um cerimonial litúrgico ele é consagrado e nele podem funcionar as Lojas e desenvolverem-se as iniciações.

Por ocasião da Iniciação, o Neófito é considerado um "templo vivo", e a sua sagração ocorre paralelamente à sua proclamação.

Considera-se o Iniciado como tendo em si o Templo Espiritual pronto a receber o Espírito Divino.

É isso que valoriza o maçom.

30 de novembro

SAGRADO

O Sagrado constitui um paralelo com o oculto; o Sagrado envolve o mistério, o santificado, a presença Divina.

Dizia o Senhor aos seus discípulos que não se deveria atirar pérolas aos porcos.

Na vida, surgem quotidianamente oportunidades de preservar o que é Sagrado, como, por exemplo, a Natureza, sempre tão violentada.

As coisas "santas" devem ser preservadas. Mesmo que o maçom não saiba distinguir quais são, deve esforçar-se para conhecê-las, uma vez que, constantemente, na Loja são apregoadas.

O maçom faz parte das "coisas santas" e por esse motivo deve preservar-se e encontrar o seu lugar no templo.

1º de dezembro

O SAL

O Sal (cloreto de sódio) faz parte dos três princípios herméticos, com o Enxofre e o Mercúrio.

O Sal é o elemento que dá sabor aos alimentos; filosoficamente, o homem é o Sal da Terra, ou seja, o elemento que dá "sabor" à Criação.

Foi muito usado nas Parábolas de Jesus. Esse elemento é encontrado em toda a Natureza, mesmo onde não existam salinas; animais, vegetais, minerais, todos contêm Sal.

Em Maçonaria, faz parte do cerimonial da Iniciação e do Grau 4, Mestre Secreto, pois, encerrada a cerimônia iniciática, os presentes comem pão espargido com sal e bebem vinho, simbolizando o elemento completo, material e espiritual.

Nas Sagradas Escrituras, os primitivos cristãos eram denominados por Jesus: "Vós sois o Sal da Terra", significando que o cristão fora transformado em um elemento "com sabor".

O Sal acentua o sabor e se torna o elemento que desperta o sentido do gosto.

Os Pães Ázimos, usados pelos Sacerdotes Israelitas, não continham Sal nem fermento, simbolizando a fuga do Egito; no deserto, esses dois condimentos não eram encontrados.

Na Câmara das Reflexões, é apresentado um recipiente com Sal para o maçom meditar sobre seu valor.

2 de dezembro

A SALA DOS PASSOS PERDIDOS

Muitos maçons ignoram que a sala dos Passos Perdidos é uma das antecâmaras do templo e o seu comportamento reflete os hábitos profanos, quando deveria ser um local de respeito e de satisfações, momentos de troca de cumprimentos, de observação, de tratos sobre a próxima entrada em templo, passando pelo Átrio Purificador.

O nome "Passos Perdidos" traduz desorientação, mas apenas inicial, uma vez que de imediato surgirá o rumo certo, em especial quando o Mestre de Cerimônias estender o convite para o ingresso no Átrio.

Não podemos esquecer que ao adentrar o edifício onde a Loja se localiza, estaremos ingressando em uma Loja maçônica, não em clube, nem em dependências profanas.

Muitos confundem essas situações e apresentam-se totalmente despreparados, provocando discussões, elevando a voz, fumando, quando não bebericando (há Lojas que mantêm um bar nas dependências da sala dos Passos Perdidos) bebidas alcoólicas.

O comportamento do maçom deve ser preparatório para o ingresso em templo; uma preparação educada e consciente, aptos para a purificação no Átrio.

O maçom deve sê-lo a todo o Tempo; permanentemente, uma vez que difere do profano.

3 de dezembro

O SALÁRIO

"Todo operário é digno de seu Salário" é a palavra de ordem cristã e, maçonicamente, é a recompensa do esforço e da boa vontade.

O maçom recebe periodicamente o seu salário com o significado de premiação; esse prêmio corresponde ao recebimento de maiores conhecimentos.

Passa, assim, o Salário a ser parcela intelectual e espiritual.

O maçom, dentro do seu rito, recebe o Salário contínuo até chegar ao ápice de seu grau, quando receberá a "coroa".

O Salário do pecado é a morte; o Salário do fiel é a Vida Eterna.

O maçom assíduo aos seus trabalhos é digno de receber o Salário Maçônico, como um direito a que se faz jus.

Porém, a máxima franciscana do que é dando que se recebe deve servir de norma para o maçom.

Nada deve esperar se não tomar a iniciativa da dação.

É a Lei Divina.

4 de dezembro

OS SALMOS

As Sagradas Escrituras contêm 150 Salmos coletados em um livro; o vocábulo Salmo vem do grego, Salmos, significando um poema cantado e acompanhado por instrumentos musicais.

Em hebraico, esse livro denomina-se *Sepher Tehilim*, significando: Livro dos Louvores.

Setenta e Três Salmos são atribuídos ao rei Davi; doze a Ásafe; dois ao rei Salomão; um a Moisés; um a Etã, doze aos filhos de Coré.

O Livro dos Salmos descreve, como louvor, a criação e demais acontecimentos históricos, iniciando com a criação e concluindo com o cativeiro.

Outros tratam da glória de Jerusalém e seu grande templo, tanto do passado como do futuro; outros são proféticos.

Os Salmos são cantados; o Sacerdote dá a cada Salmo uma entonação diferente. O cântico demonstra o valor dos sons, que são vibrações que penetram naqueles que ouvem.

Alguns Salmos, como o 133, são usados nas cerimônias maçônicas, por ocasião da abertura do Livro Sagrado. O Oficiante ajoelha-se, toma entre as mãos o Livro e lhe faz a leitura, emprestando à sua voz todo sentimento, respeito e veneração.

O Salmo 133 inicia: "Oh! Quão bom e agradável é os Irmãos viverem em união".

5 de dezembro

"SANCTUM SANCTORUM"

Quando Moisés, no deserto, após a fuga do Egito, construiu o tabernáculo, colocou nele três compartimentos: o mais interno e preservado denominou "Santo dos Santos", onde era guardada a Arca da Aliança, o objeto considerado o mais sagrado daquele Tempo.

No *Sanctum Sanctorum,* palavra latinizada, somente tinha acesso o Sumo Sacerdote. Nos grandes Templos construídos depois – em local definitivo, pois o tabernáculo era desmontado e armado em outro lugar, consoante o progresso da marcha – o Santo dos Santos era separado por um véu, pois o povo não podia ver sequer o que existia lá dentro.

No Terceiro Templo, o de Herodes, quando Jesus expirou na Cruz, o véu do templo rompeu-se.

Esse véu era confeccionado com o couro de boi, e para rompê-lo seria necessário um grande esforço.

O rompimento desse véu simbolizou a retirada da intermediação entre o Senhor e a criatura humana.

Em Maçonaria, no Grau 4, coloca-se no Oriente a Arca da Aliança e esse local passa a ser, simbolicamente (palidamente) denominado *Sanctum Sanctorum*.

No Templo Interior de cada maçom existe esse local sagrado, que sugere a existência de profundos mistérios; o maçom, porém, poderá revelá-los de acordo com os conhecimentos adquiridos.

6 de dezembro

SÃO JOÃO

João significa "porta", "entrada", "início"; diz-se o primeiro mês do ano, Janeiro, em homenagem a Janus, que em latim é João.

Em Maçonaria, cultivam-se, como personagens bíblicos e padroeiros, São João Batista e São João Evangelista.

São João Batista comemora-se a 24 de junho, solstício de inverno, quando nas Lojas maçônicas são adotados os *Lowtons*, ou seja, os filhos menores dos maçons; a Loja assume o compromisso de, na falta dos pais, encaminhar os jovens para a vida.

As Lojas Maçônicas são denominadas também de Lojas de São João.

São João Batista foi o precursor do Messias; batizou a Jesus e admoestou o rei Herodes pelo seu mau comportamento.

São João Evangelista foi o discípulo amado e autor de um Evangelho e do Livro do Apocalipse.

A Maçonaria venera esses dois luminares, tanto pelo que o Cristianismo ensina como pela vida dessas personagens.

A Maçonaria Simbólica possui apenas essas duas personagens, a quem rende tributo.

7 de dezembro

O SELO

O Chanceler, um dos oficiais da Loja, é detentor de um "Selo" tradicional, composto de uma plaqueta de metal tendo invertido o emblema da Loja; esse Selo era usado para "lacrar" a correspondência ou oficializar um documento.

O Selo é usado nas iniciações, quando o Experto ameaça o Iniciando de o marcar com fogo – obviamente, um ato simbólico, pois apenas é colocado sobre a pele do peito.

Pode-se afirmar que a Iniciação marca com fogo espiritual o maçom e essa marca é indelével.

Todo maçom deve conscientizar-se de que está marcado permanentemente, o que constitui como que uma separação do vulgo profano.

A chancela usada não é muito comentada pelos autores maçônicos, embora todos saibam que qualquer símbolo, por mínimo que pareça ser, tem o seu lugar, tanto na ritualística como na mente.

O maçom é "selado" uma única vez, e essa marca, que desaparece após um banho, "materializa" a Iniciação, uma vez que é o único sinal material que o Neófito leva para sua casa.

Não se confunda "selar" com "tatuar", pois a tatuagem é uma gravação permanente que atinge a epiderme. Toda vez que passarmos pela mesa do Chanceler, deve vir à nossa mente o ocorrido na Iniciação.

8 de dezembro

O SETENTRIÃO

Ao norte da Abóbada Celeste, no ocaso do firmamento, vemos nos tetos das Lojas, nuvens espessas e negras: é o Setentrião; sob esses símbolos está o trono do Primeiro Vigilante.

Essa escuridão é um alerta para o maçom, uma vez que, embora tenha em si permanentemente a Luz (o Sol), surgem momentos de fraqueza, isolamento e tristeza.

Esse alerta, que é visualizado onde não existem estrelas, serve para sinalizar o perigo da caída.

Todos nós estamos sujeitos a sermos vitimados pelo "opositor", ou seja, pelo mal que pode apresentar-se como vício, maldade, desamor e descaso.

Genericamente, a humanidade afirma "crer em Deus"; todavia, não o invoca; somos cristãos de fachada, de tradição, mas não amamos o Senhor e isso em especial nestes dias de trevas e de turbulência espiritual.

As trevas do Setentrião nos advertem que sempre há escuridão onde a luz não chega; se, fechados em um quarto, não abrirmos a janela, a luz do Sol não aparece.

Devemos abrir todas as nossas janelas, para que a Luz seja abundante. Quando visualizamos o Setentrião da Loja, de imediato contemplamos o Sol e a Lua, assim dissipando em nossa mente a escuridão.

9 de dezembro

O SOL

Nas Lojas, o Sol ora é colocado na parede frontal onde se situa o Triângulo Luminoso (Delta), à direita do Venerável Mestre, ora colocado na Abóboda Celeste sobre o trono do Segundo Vigilante.

O Sol, como a Lua, são os dois maiores luminares do Firmamento, simbolizando a presença constante da Luz, luminares que na formação do mundo foram criados para beneficiar a Natureza.

O Sol dá calor e é indispensável para a vida, tanto dos animais como dos vegetais; nós o temos constantemente visualizado porque não há trevas enquanto é dia, afora alguns momentos quando surge um eclipse total, quando a Lua o encobre.

O Astro Rei atua sem que o homem lhe dê muita importância, porque ele está constante e fielmente ao seu lado.

Existem, porém, momentos em que o maçom permanece na escuridão, embora em plena luz solar; é a escuridão na alma, na mente, que dá o obscurantismo, cegando a visão e emergindo a mente no "Buraco Negro" do Universo.

Devemos usufruir da luz solar e bendizer ao Grande Arquiteto do Universo por essa dádiva, mas devemos nos sentir iluminados dentro de nós mesmo e, sobretudo, espargir essa Luz para que alcance os Irmãos menos afortunados. Nós fazemos parte desse sistema solar.

10 de dezembro

O SOM

Na vida tudo vem expresso em sons; na Loja, afora o fundo musical, apresentam-se os sons da palavra, dos timbres e da respiração.

O da Respiração é uma questão vital, constante e quase imperceptível.

O da Palavra é o mais Harmônico; o dos timbres, a sonoridade é normalizada dentro dos rituais.

O Som surgido da palavra caracteriza cada maçom, que se expressa com maior ou menor intensidade, mas que produz sons adequados às suas personalidades; a palavra é facilmente identificável.

Os sons harmoniosos de um discurso, técnica e animicamente produzidos, atingem o objetivo e são captados com interesse e amor.

Portanto, quando usarmos da palavra, dentro ou fora da Loja, imprimamos doçura, firmeza e, sobretudo, harmonia.

O som atinge o alvo e, por um fenômeno físico, tem retorno e volta para quem o produziu; volta alimentado de bem-querer, satisfação e positivismo.

Não desperdicemos nossas palavras; devemos proferi-las com boa intenção, porque se forem duras, o seu retorno será também muito duro.

A palavra é um dom divino; não falemos em vão, egoísta e vaidosamente; seja o nosso sim, sim; o nosso não, não.

11 de dezembro

A TERRA

O primeiro dos elementos da Natureza é a Terra; trata-se de um mineral de múltiplos aspectos e constitui a parte principal do Globo Terrestre, pois sob os oceanos encontramos a mesma terra das superfícies.

Em Maçonaria, durante a Iniciação, o candidato é submetido à prova da Terra.

O maçom conhece essa prova, que repassa todas as dificuldades que em sua vida enfrenta.

Uma a uma, o candidato as vence, e no esforço despendido toma consciência de que essa luta lhe será permanente.

Posteriormente, o maçom prossegue na vivência dessas provas que não esquece, que lhe são úteis no dia a dia.

O viver possui várias metas, mas a principal é a vida que deve ser vencida constantemente; diante de qualquer dificuldade, o maçom deve retroceder seu pensamento e recordar a sua Iniciação mística.

Somente assim ele encontrará saídas, e com facilidade, porque terá a auxiliá-lo os seus Irmãos, os quais, por sua vez, passaram pelas mesmas provas iniciáticas.

A Iniciação tem essa finalidade; um alerta permanente para enfrentar o infortúnio.

Assim agindo, será sempre vitorioso.

12 de dezembro

A TORRE DE BABEL

A confusão que se originara pelas diversas línguas com que falavam os Operários, arregimentados de todas as partes; essa destruição simboliza que toda construção deve ser muito bem planejada e feita em honra ao Criador.

Hoje, Torre de Babel significa a "confusão" filosófica de uma seita ou religião; em Maçonaria é aplicada pelo surgimento de uma avalanche de ritos, fruto da simples imaginação e vaidade do homem despreparado, que inova sem cuidar dos fundamentos, que devem ser sólidos.

Na prática da vida, cada maçom tem a sua Torre de Babel para destruir, uma vez que a confusão impera entre os ignorantes.

Para exemplificar, nos Estados Unidos da América do Norte, surgiram nesse último século para mais de três mil seitas, todas dizendo-se cristãs e únicas em verdade.

O maçom precisa separar o joio do trigo para que não caia em embustes fáceis.

O fanatismo que deve ser constantemente combatido pelo maçom medra com facilidade dentro das Torres de Babel.

O maçom deve estar sempre alerta para essas confusões.

13 de dezembro

O TRONO DO VENERÁVEL MESTRE

O trono do Venerável Mestre é visualizado o Tempo todo da duração de uma sessão da Loja, pois o dirigente da Loja encontra-se centralizado.

Nossa atenção deve ser permanente, uma vez que o Venerável Mestre atua como se fosse um maestro de orquestra, tendo o malhete, em vez da batuta.

A ritualidade obedece ao seu comando e o ritual encontra desenvolvimento por meio desse comando, feito com a maior perfeição possível, dentro da capacidade maçônica de cada presente.

Estar aos pés de um trono induz à veneração que, por sua vez, é uma fonte de inspiração; o Venerável Mestre é o modelo a ser seguido, uma vez que foi guindado ao posto pela vontade da maioria.

Nos momentos de indecisão, na jornada de vida, devemos visualizar em nossa mente o trono da Loja e obedecer em espírito aos preceitos que nos foram ensinados, aplicando-os aos casos que surgem. Assim, viveremos pelo menos com tranquilidade.

A comunhão entre os Irmãos da Loja faz com que jamais nos sintamos sós; é um dos aspectos do amor fraterno.

Aspirar maior proximidade, ocupando o Oriente, será uma medida judiciosa e proveitosa.

14 de dezembro

O 1º E 2º VIGILANTES

Como o próprio nome define, os Vigilantes, em seus tronos, vigiam a Loja, e nessa vigilância são diligentes e cautelosos, evitando a presença de estranhos e mantendo o comportamento maçônico.

O comportamento maçônico compreende não só a compostura, mas que cada maçom tenha em si o espírito de Fraternidade.

Quando o Primeiro Vigilante percorre as Colunas, ele estará fixando seu olhar no olhar do irmão e assim, capacitar-se-á a responder ao Venerável Mestre que todos os presentes são maçons; o olhar Vigilante perscruta o íntimo do irmão, encontrando-o despido de vaidades e pleno de bons propósitos.

No que respeita aos que ocupam as colunas, esses devem ver no Vigilante a autoridade do cargo, respeitando-o, mantendo a postura ao falar, não se locomover sem permissão, esotericamente, o Primeiro Vigilante comanda o Setentrião e protege a todos das tempestades e anomalias.

A Segunda Vigilância empresta harmonia e beleza às Colunas e comanda a sua própria, dando ordens ao Guarda do Templo e zelando pela segurança da Loja.

A ele são desviadas a mesma obediência e respeito.

Comanda, outrossim, o nascer da luz, uma vez que se situa ao nascente.

Os Vigilantes são os substitutos legítimos do Venerável Mestre.

15 de dezembro

O ZODÍACO

Era o 117º rito maçônico, ora em desuso, também conhecido sob a denominação do rito astrológico e era composto de 12 Graus, abrangendo os 12 signos do Zodíaco.

Nos Templos maçônicos, existem 14 colunas, sendo 12 Zodiacais; no cimo de cada coluna vai a figura estilizada do signo correspondente.

A razão da colocação dessas colunas não está clara. O Grande Templo de Salomão possuía essas 12 colunas, porém no Átrio e não na nave do templo.

A Astrologia ainda não é considerada uma ciência, apesar dos múltiplos seguidores.

O povo tem por hábito consultar os jornais que trazem uma coluna sobre os efeitos dos signos do dia, denominada horóscopo.

Esses servem mais como conselhos, porque afirmar o que está escrito nas estrelas é um tanto utópico e fantasioso.

Os Astros influiriam na pessoa? Há muita dúvida sobre isso; contudo, a crença popular é forte.

O maçom não deve seguir esses horóscopos; o futuro está nas mãos de Deus e o destino é construído pelo próprio homem.

16 de dezembro

SANTO

A palavra "Santo" significa "ser puro e escolhido".

Vulgarmente, denomina-se Santo a tudo o que for sagrado.

Em hebraico diz-se *kadosch,* e é o nome do 30° Grau Maçônico Filosófico no Rito Escocês Antigo e Aceito.

A Maçonaria não venera os Santos da Igreja Católica, mas toma os seus exemplos como filosofia de vida.

Na Maçonaria Filosófica existe o Grau denominado de Santo André.

Santificado significa "sancionado", aquele que é escolhido e aceito.

Uma vida santificada significa o viver corretamente, temendo a Deus e exteriorizando amor ao próximo, que são as virtudes maçônicas por excelência.

17 de dezembro

A SAUDAÇÃO

A Saudação é um gesto feito às pessoas conhecidas, às íntimas, aos parentes e às autoridades.

Tirar o chapéu, o sinal com a mão direita, o aceno, a continência, o aperto das mãos, o abraço e o ósculo são gestos de Saudação.

Os maçons saúdam-se entre si com aperto de mão simbólico, uma espécie de sinal místico, e também com o "tríplice abraço".

Algumas Lojas, e em especial os corpos filosóficos, usam o ósculo na face.

Existe a Saudação dentro do templo, e cada Grau tem um gesto específico.

A Saudação pode ser feita sem o maçom estar "de pé e à ordem".

Saúda-se o Oriente, visando o Delta Sagrado, representação da divindade (Deus).

O Delta Sagrado, representando a presença espiritual e o Venerável Mestre, como autoridade máxima da Loja, são saudados pelo respeito.

Quando o maçom adentra ao templo, faz a Saudação tríplice que inclui os Vigilantes.

A Saudação é sobretudo é um gesto carinhoso e de afeto.

18 de dezembro

SAÚDE

A Saúde é o estado normal e hígido do ser humano. Todos temos a obrigaçao de manter um comportamento para com o nosso próprio corpo, preservando-o de todas as agressões.

O maçom, com o seu tríplice voto, "Saúde, Força e União", relembra os compromissos assumidos perante os seus co Irmãos.

Na correspondência maçônica, a saudação inicial é feita com as letras iniciais: "S∴F∴U∴" ou "S∴S∴S∴".

Os votos de boa saúde, o maçom os faz como resultado do seu interesse amistoso e fraterno, a todo quem considera irmão.

O aperto social das mãos a algum desconhecido, mas que com ele contata, por qualquer motivo, deve "insinuar" a condição de maçom; se receber o sinal correspondente, então o aperto da mão seguirá o tríplice abraço,

O afetivo aperto das mãos e o caloroso abraço traz aos partícipes alegria e entusiasmo.

Sempre que puder, o maçom deve exprimir por meio da Saudação todo o amor fraterno que dedica ao seu irmão.

19 de dezembro

SEFIROT

Sefirot é plural de *sefira*, palavra hebraica significando "número", de onde deriva *saphar*, significando "numerar".

Na cabala tem o significado de "Esplendor".

Os *Sefirot* são os números de 1 a 10 da Cabala; são os dez atributos de Deus.

Os dez são representados pela Árvore da Vida.

Cada número tem um nome, a saber: *Kether*, Coroa; Chokmah, Sabedoria; *Binah*, Inteligência: Chesed, Bondade; Geburah, Rigor; Tiphareth, Beleza; Netzach, Glória; Hod, Vitória; Yesod, Fundamento; Malkuth, Reino.

A Numerologia está estreitamente ligada à Maçonaria; portanto, a Cabala, com sua Árvore da Vida, tem relacionamento íntimo com a Arte Real.

A Cabala, livro que é atribuído a Enoch, é de difícil interpretação, pois é necessário ser hebreu para absorver o seu esoterismo.

O nome das pessoas, pelo valor das letras que o compõem, analisado numerologicamente, revela à luz da Cabala o destino do maçom.

20 de dezembro

O SEGREDO

A fonte de todo o conhecimento derivou da construção do Grande Templo de Salomão, porque Jeová ditou ao rei Davi todas as minúcias, medidas materiais e modo de trabalhar.

Concluído o complexo que constitui o templo, os operários e artífices, que não eram hebreus (os hebreus não participaram da construção) foram devolvidos às respectivas regiões, porém com a recomendação de manterem secretos os princípios da construção.

As obras célebres subsistentes no mundo têm a presença desses pioneiros, desses excelentes construtores, os Pedreiros Livres, os franco-maçons, aqueles que deram início à Maçonaria, de seis mil anos atrás, como vem constatado nas Sagradas Escrituras.

A Maçonaria da Idade Média, face à perseguição que sofreu da parte do clero, retornou à manutenção do segredo; essa atitude era necessária, pois significava a preservação da própria vida.

Hoje, os "segredos" são outros, mas simbolizam os mesmos, e se conservam por tradição.

O maçom preserva os segredos que lhe são revelados.

21 de dezembro

O SELO DE SALOMÃO

O Selo de Salomão é constituído de uma estrela de seis pontas, o "senário", que simboliza o homem com seus braços abertos, pernas abertas, sendo a sexta ponta o membro viril.

O Selo é o hexagrama formado por dois triângulos invertidos. Esse Selo denomina-se também "Estrela de Salomão".

Os Cristãos veem no Selo a dupla personalidade de Jesus, a divina e a humana.

A estrela flamígera de cinco pontas corresponde ao microcosmo humano; a estrela de seis pontas representa o macrocosmo, ou seja, o mundo.

O Selo de Salomão, para a Maçonaria, vale como uma expressão da construção do templo; é o hexagrama sagrado, porque simboliza, outrossim, a edificação do Templo Interior.

Entre tantos polígonos, os dois, o pentagrama e o hexagrama são expressões relevantes no simbolismo maçônico.

22 de dezembro

OS SENTIDOS

O ser humano possui dois grupos de sentidos; os cinco de todos conhecidos, como a Audição, o Olfato, o Paladar, o Tato e a Visão.

Não há qualquer dificuldade sobre o significado de cada sentido.

O segundo grupo diz respeito aos Sentidos Espirituais, ou seja, a duplicidade dos mesmos sentidos físicos, como por exemplo, a Audição e a Visão Espirituais.

O Olfato, que identifica os odores contidos no Cosmos; o Gosto que distingue o néctar do alimento espiritual, do qual quem ingere não sentirá mais fome e do sedento, não mais sede; a Audição, que consegue distinguir a música das esferas de Platão e os sons dos cânticos da Corte Celestial; e o Tato, que absorve as vibrações emanadas do alto, dos Páramos Celestiais e, sobretudo, da voz da consciência, além de o Tato receber as vibrações transmitidas pelos seus Irmãos, quando do aperto das mãos na Cadeia de União.

O maçom é um ser dúplice; meio material, meio espiritual. Não basta, porém, que ele saiba disso, é preciso que use os seus dons e, assim, o conhecimento o levará a lugares ignotos e misteriosos.

23 de dezembro

A SERPENTE

É um réptil que sempre simbolizou a Inteligência; é-lhe atribuída uma função mística porque anualmente muda a sua pele, que abandona como se fora um invólucro provisório.

É a Natureza renovando-se, simbolizando a terra, porque a Serpente locomove-se rastejando.

Sendo um ovíparo, o seu ovo é similar ao "ovo cósmico".

Uma Serpente segurando com os dentes a própria cauda simboliza o "Círculo Vital".

Foi usada como símbolo da Sabedoria e da Prudência.

A Serpente de Bronze é o nome de um Grau Maçônico filosófico (Cavaleiro da Serpente de Bronze).

O Grau teve origem na saga de Moisés, ao atravessar o deserto conduzindo o povo hebreu que fugira do Egito. Certa feita, surgiram no deserto milhares de Serpentes venenosas, cuja picada causava dores insuportáveis e poderia causar até a morte.

Moisés determinou que se construísse uma longa haste e, enroscada nela, uma Serpente de bronze; quem a contemplasse ficava imunizado da picada.

A serpente é símbolo da medicina e da farmácia.

Dizia o salmista: "Sede prudentes como as Serpentes e simples como as pombas".

É a lição para os maçons.

24 de dezembro

SERENÍSSIMO

Do latim *serenus,* significando a postura e o comportamento das dignidades reais.

A República de Veneza recebeu o título de *Sereníssima República di Venezia.*

Na Maçonaria, surgiu esse título para distinguir os maçons originários da realeza francesa.

Hoje, os Grão-Mestres das Grandes Lojas maçônicas são denominados "Sereníssimos". Trata-se de um título de distinção que, ao mesmo Tempo, revela o respeito que os maçons têm para com a autoridade suprema da Obediência a que pertencem.

Por outro lado, os Grão-Mestres devem fazer jus ao título que portam, mostrando-se serenos, virtuosos, compreensíveis e justos.

Para o maçom, o Grão-Mestre representa o poder a que deve submeter-se por uma questão de obediência hierárquica.

O Grão-Mestre comunica-se com os seus jurisdicionados por meio da Palavra Semestral, que circula na cadeia da união, presença esotérica que se materializa por meio da palavra que circula de ouvido a ouvido.

25 de dezembro

O SILÊNCIO

O Aprendiz maçom cultiva a virtude do Silêncio, porque não tem ainda a capacidade do comentário; deve apenas ouvir, meditar e tirar as próprias conclusões, até poder "digerir" o alimento que lhe é dado.

Esse Silêncio significa que o conhecimento que o Mestre lhe transmite é absorvido sem qualquer dúvida ou reação, até o momento em que se torna capaz de emitir, por sua vez, conceitos superiores e que podem até conduzir ao sadio debate.

No Grau 4, Mestre Secreto, da Maçonaria Filosófica, o Silêncio é a "palavra de ordem"; o gesto para expressar o Silêncio é a colocação de dois dedos sobre os lábios.

Esse Silêncio significa que o conhecimento que o Mestre Secreto adquiriu é esotérico e deve permanecer "oculto".

O Silêncio está estreitamente ligado ao mistério, à prudência e à segurança.

São Paulo dizia que a língua é uma espada de dois gumes, que pode ferir ao ser usada.

O maçom pensa duas vezes antes de emitir opinião, porque tem obrigação de emiti-la de forma correta e que jamais possa ofender a quem a ouve.

26 de dezembro

O SIMBOLISMO

O Simbolismo é a ciência interpretativa dos símbolos.

O Símbolo é apresentado para expressar um objeto, um instrumento, uma joia, bem como para atingir resultados mais filosóficos, mais esotéricos, mais místicos e mais espirituais; por exemplo: o Sol é o símbolo da luz; o cordeiro é o símbolo da Simplicidade e da Candura; a pomba é o símbolo da Paz.

A Filosofia Maçônica apresenta-se por meio de símbolos; esses símbolos, embora estáticos e comuns, expressam conceitos os mais profundos. Surge a viabilidade do "dialogar" com os símbolos; a contemplação de um símbolo dentro de uma Loja maçônica desperta na mente outras situações, imagens e conceitos.

Apesar de o símbolo se apresentar como um objeto estático, a sua interpretação altera-se constantemente, porque a mente humana é que busca no símbolo a resposta que almeja, de que necessita.

Paralelamente, a Maçonaria possui a "linguagem simbólica", usando expressões próprias, só por ela conhecidas e que identificam o maçom quando na presença de outro irmão.

O maior Símbolo da Natureza é o homem.

O maior Símbolo da Maçonaria é o maçom.

27 de dezembro

SINAL

Maçonicamente, o Sinal é representado por um gesto ou uma postura; em cada grau de um rito, são feitos sinais diferentes e denomina-se de "reconhecimentos".

Um maçom reconhece um outro quando um deles faz um sinal convencional e em resposta recebe outro correspondente.

O Sinal pode ser gutural, cordial, ventral, de socorro, de saudação, penal etc. O sinal faz parte do aspecto sigiloso maçônico.

A postura é um conjunto de sinais; geralmente, o Sinal é feito estando de pé; pode ser feito com as mãos, os braços, os pés ou as pernas; esses sinais obedecem a formas geométricas, como a esquadria.

Na Maçonaria Filosófica, há um sinal curioso: quando um maçom aponta, abrindo a boca, o paladar.

Os cristãos fazem o sinal da cruz.

Existe uma linguagem dos sinais, usada pelos surdos-mudos, formando com os dedos da mão as letras do alfabeto.

Os cegos possuem o alfabeto braille.

O maçom, quando fizer um sinal, deve concentrar-se para que resulte perfeito, uma vez que no sinal há a presença do misticismo.

28 de dezembro

O SOCORRO

O Socorro é prestado a alguém que se encontra em perigo; no entanto, abrange também aqueles que estão necessitados. Em uma calamidade pública, passado o perigo, como no caso de um terremoto, a população atingida, mas já fora de perigo, continua recebendo socorro de entidades locais, vizinhas, estrangeiras, enfim, a demonstração da existência da solidariedade humana.

Maçonicamente, a Instituição tem obrigação de socorrer os seus filiados. A formação da Cadeia de União para atender, de forma esotérica, o irmão necessitado, será uma atitude de socorro que a Loja pratica em favor do maçom em perigo.

Existe no Grau de Mestre o Sinal de Socorro que, nos dias atuais, já não visa alcançar de modo simbólico outro maçom que corra em socorro do necessitado. Esse sinal é místico e mágico, pois invoca a Fraternidade Universal, que logo que acionada, vem atender o pedido.

É a força mental; são as vibrações existentes no Cosmos que se reúnem e se dirigem para o ponto solicitado.

O Socorro abrange duas situações: aquela que é solicitada e aquela que atende. O socorrido recebe o auxílio e se recupera; o socorrente cumpre uma obrigação e, dando, recebe por sua vez um retorno auspicioso.

Todo maçom é obrigado a socorrer o irmão necessitado.

29 de dezembro

O SOFISMO

É o falso raciocínio, que conduz a uma solução, por sua vez, também falsa.

Como exemplo, vem a história daquele jesuíta que, caminhando dentro dos jardins do claustro, é inquirido por um guarda se não vira alguém passar correndo. O jesuíta, enfiando as mãos dentro das largas mangas de seu hábito, cruzando os braços, diz: "Por aqui não passou". Obviamente, ninguém passaria pelas suas mangas.

Quando, durante a cerimônia de Iniciação, é solicitado ao Neófito o juramento convencional, o Venerável Mestre adverte que "jure sem reserva ou sofisma".

O maçom tem o dever de ser "transparente"; o seu sim deve ser sim; o seu não, "não".

Não há lugar para o maçom servir-se do sofisma.

30 de dezembro

A SOLIDARIEDADE

Do latim *solidum*, ou seja, "união".
A Solidariedade é a correspondência daqueles que estao unidos por um ideal.
A Solidariedade é ação recíproca.
O maçom cultiva a Solidariedade, não apenas no aspecto da sociabilidade, mas na forma do misticismo, na permuta dos pensamentos, na Cadeia de União, nos bons e maus momentos.

31 de dezembro

SOLSTÍCIO

O vocábulo "solstício" vem do latim *solstitium*, palavra composta de *sol* e *stara*, significando encontrar-se o Sol parado.

O Sol para, aparentemente, em duas ocasiões a cada ano, a cada transladação sua em torno da terra; isso acontece nos pontos solsticiais de Câncer e de Capricórnio.

Forma as eclípticas, ou seja, as posições mais afastadas do equador, que é a linha imaginária que divide a esfera terrestre em dois hemisférios iguais – o hemisfério austral, que é o verão, e o hemisfério boreal, que é o inverno.

Maçonicamente, comemoram-se esses solstícios: o do inverno, 21 de junho, e do verão, 21 de dezembro.

Em 24 de junho, comemora-se o dia de São João, o Evangelista, patrono da Maçonaria, quando é levada a efeito a festa de adoção de Lowtons.